beck'sche reihe

bsr

Die Geschichte der deutschen Außenpolitik von den ersten Gehversuchen des nur eingeschränkt handlungsfähigen Teilstaates bis zum weltweiten Engagement des vereinigten Deutschland im 21. Jahrhundert ist das Thema dieser Einführung. Gregor Schöllgen, einer der besten Kenner der Geschichte der internationalen Beziehungen, beleuchtet darin die Sicherheits- und Verteidigungspolitik und fragt nach den Grundzügen der Außenwirtschafts- und Währungspolitik; er berichtet von der europäischen Integration, den transatlantischen Beziehungen und vom Verhältnis der Bundesrepublik zu den Staaten der Dritten Welt; und er sagt, welche Persönlichkeiten der deutschen Außenpolitik seit 1949 ihren Stempel aufgedrückt haben.

Gregor Schöllgen, geboren 1952 in Düsseldorf, ist Professor für Neuere Geschichte an der Universität Erlangen. Er arbeitete als Gastprofessor in New York, Oxford und London und ist Autor zahlreicher zeitgeschichtlicher Bücher, darunter zuletzt „Willy Brandt. Die Biographie" (Taschenbuchausgabe 2003); „Der Auftritt. Deutschlands Rückkehr auf die Weltbühne" (2003); „Ulrich von Hassell 1881–1944. Ein Konservativer in der Opposition" (bsr 1560).

Gregor Schöllgen

Die Außenpolitik der Bundesrepublik Deutschland

Von den Anfängen bis zur Gegenwart

Verlag C.H. Beck

1. Auflage. 1999
2. Auflage. 2001

Originalausgabe

3., erweiterte und aktualisierte Auflage. 2004

Gesamtherstellung: Druckerei C. H. Beck, Nördlingen
Umschlagabbildung: Bundeskanzler Gerhard Schröder und der französische Staatspräsident Jacques Chirac 2002 in Brüssel, Süddeutscher Verlag Bilderdienst
Umschlagentwurf: Groothuis+Malsy, Bremen
Printed in Germany
ISBN 3 406 51093 0

www.beck.de

Inhalt

Vorwort zur erweiterten und aktualisierten Auflage

Das Buch erzählt die Geschichte der deutschen Außenpolitik von den ersten Gehversuchen des nur eingeschränkt handlungsfähigen Teilstaates während der frühen fünfziger Jahre des 20. bis zum weltweiten Engagement der Macht in der Mitte Europas zu Beginn des 21. Jahrhunderts. Weil die Außenpolitik eines Landes immer auch durch die weltpolitischen Rahmenbedingungen bestimmt und bedingt ist, werden diese, wo nötig und möglich, in die Darstellung einbezogen.

Außenpolitik wird hier in einem umfassenden Sinne verstanden, schließt also jene Bereiche mit ein, die gerade im deutschen Fall von der auswärtigen Politik im traditionellen Verständnis nicht zu trennen sind. Das gilt insbesondere für die Sicherheits- beziehungsweise Verteidigungspolitik, es gilt für die europäische Integration und die damit in hohem Maße verbundene Außenwirtschafts- und Währungspolitik, und es gilt schließlich auch für jenen Bereich, der im zeitgenössischen Selbstverständnis bis 1990 gerade nicht als Außenpolitik firmieren durfte: die deutsch-deutschen Beziehungen. Weil aber die beiden Teilstaaten ihre jeweilige Identität nicht zuletzt aus der gegenseitigen Abgrenzung bezogen und weil das Verhältnis zu Ost-Berlin die Außenpolitik der Bundesrepublik wie kein zweiter Faktor dauerhaft belastet hat, mußten die auswärtigen Beziehungen der von Bonn zunächst ignorierten, dann zwangsläufig akzeptierten und schließlich, mangels Alternative, stabilisierten DDR einen angemessenen Ort in der Darstellung finden.

Die erste Auflage des Buches, welche die Entwicklung bis zum Ende der Ära Kohl und zur Schwelle des ersten Kampfeinsatzes deutscher Soldaten seit dem Zweiten Weltkrieg verfolgte, erschien 1999, eine zweite, unveränderte 2001. Für die neue Auflage wurde der Text durchgesehen, aktualisiert und um ein Kapitel über die ereignisreiche Entwicklung seit 1999 erweitert.

Erlangen, im Januar 2004 *Gregor Schöllgen*

1. Einführung

Die Anfänge waren bescheiden. Nicht etwa mit einer würdevollen Zeremonie, die der langen Tradition des Hauses angemessen gewesen wäre, sondern mit einer trockenen administrativen Verfügung des Bundeskanzlers wurde am 15. März 1951 im rheinischen Bonn das „Auswärtige Amt“ wiedereingerichtet. Kein zweites Bundesministerium konnte auf eine vergleichbare Geschichte zurückblicken. Immerhin ging das Auswärtige Amt, das am 4. Januar 1870 durch den preußischen Außenminister Otto von Bismarck aus der Taufe gehoben worden war, seinerseits aus dem 1808 eingerichteten preußischen Außenministerium hervor. Später hat das Amt zwar einige organisatorische Umstrukturierungen erlebt: So wurde im Dezember 1918 die Trennung zwischen der diplomatischen und der konsularischen Laufbahn aufgehoben und der einheitliche Auswärtige Dienst etabliert; und im Zuge der Parlamentarisierung des Deutschen Reiches ist auch das Auswärtige Amt im Februar 1919 in ein Reichsministerium umgewandelt worden, so daß sein Leiter nun nicht mehr das Amt eines Staatssekretärs, sondern das eines Reichsministers bekleidete.

Unbeschadet dieser Strukturreformen aber ließen die Arbeit des Auswärtigen Amtes und das Selbstverständnis seiner Mitarbeiter über alle Wandlungen hinweg ein ungewöhnlich hohes Maß an Kontinuität erkennen. Das galt für den gerade außenpolitisch folgenreichen Übergang von der Ära Bismarck zur Wilhelminischen Epoche ebenso wie für den Wechsel vom Kaiserreich zur Weimarer Republik oder auch für deren Weg in das „Dritte Reich“. Von wenigen Diplomaten abgesehen, die den Mut zum Widerstand fanden und diese Entscheidung in der Regel mit ihrem Leben bezahlen mußten, flankierte das traditionsreiche Auswärtige Amt den Weg Adolf Hitlers von der Revision über die Expansion in den Krieg. Zwar unterschieden sich die Angehörigen des Amts in diesem Verhalten nicht von den Mitarbeitern anderer Behörden, doch kam der Diplomatie bei der Vorbereitung von Revision, Expansion und Krieg naturgemäß eine besondere Bedeutung zu.

Gleichwohl riß die Tradition des Auswärtigen Dienstes mit dem Zusammenbruch des „Dritten“ und dem Ende des Deutschen Reiches keineswegs ab. Zwar hatte 1948/49 im sogenannten Wilhelmstraßen-Prozeß gegen den ehemaligen Staatssekretär und Botschafter Ernst Freiherr von Weizsäcker und andere, dem dreizehnten der Nürnberger Prozesse, mancher Repräsentant des Auswärtigen Amts auf der Anklagebank gesessen und war verurteilt worden. Doch nahmen – wie in anderen Bundesministerien – im Auswärtigen Amt beziehungsweise seiner kurzlebigen Vorläuferin, der am 1. April 1950 im Bundeskanzleramt eingerichteten „Dienststelle für Auswärtige Angelegenheiten“, auch solche Beamte die Arbeit auf, die schon der Regierung Hitler ihre Dienste zur Verfügung gestellt hatten; zudem wurde das Amt, wie gesehen, unter seinem alten Namen wiedereingerichtet; vor allem aber konnte die traditionsreiche Behörde auch fast ihr ganzes Archiv, praktisch unzerstört, wieder von den alliierten Siegern übernehmen.

Trotz dieser offenkundigen Kontinuitäten im Amtsnamen, beim Personal oder auch in der Überlieferungstradition kam dennoch kaum jemand auf die Idee, bei der Wiedereinrichtung des Auswärtigen Amtes im März 1951 von einer Wiederaufnahme der alten außenpolitischen Tradition zu sprechen. Das hatte mit dem Rahmen des demokratischen Verfassungsstaates zu tun, der maßgeblich von den Westmächten mitgestaltet worden war und in dem sich auch der Auswärtige Dienst von Anfang an fest verankert wußte. Vor allem aber ist die Bundesrepublik weder zum Zeitpunkt der Wiedereinrichtung dieses Ministeriums noch zu einem späteren Zeitpunkt jemals wirklich in der Lage gewesen, in vollem Umfang souverän Außenpolitik treiben zu können. Dafür wiederum gab es eine Reihe von Gründen, von der selbstgesetzten Beschränkung der Bonner Republik, nur als Provisorium agieren zu wollen, über die alliierten Vorbehalte, unter denen die Bundesrepublik Außenpolitik treiben mußte, bis hin zur festen Einbindung des westdeutschen Teilstaates in zahlreiche inter- und vor allem supranationale Organisationen.

Diese im Vergleich mit Staaten von ähnlichem Gewicht einzigartige politische und völkerrechtliche Situation mußte für die Wirkungsmöglichkeiten und das Selbstverständnis des Auswärtigen Amtes schon deshalb beträchtliche Konsequenzen haben, weil es ohnehin in Deutschland eine Tradition gab, den Auswärtigen Dienst weniger mit der Formulierung der außenpolitischen Leitlinien und Konzepte als vielmehr mit deren Umsetzung zu befassen. Genaugenommen nahm diese Tradition schon 1870, bei der Begründung der Behörde, ihren Anfang. Mit der Namensgebung „Auswärtiges Amt“ wollte der preußische Außenminister Otto von Bismarck klarstellen, daß es sich dabei um eine ihm, dem Kanzler zunächst des Norddeutschen Bundes, dann des Deutschen Reiches, nachgeordnete Behörde handelte.

An diesem Selbstverständnis hat sich über alle Wandlungen und Brüche hinweg wenig geändert, auch nicht nach der Gründung der Bundesrepublik Deutschland, im Gegenteil: Nicht nur nahmen zahlreiche Institutionen, wie der Bundestag, der Bundesrat, das Bundesverfassungsgericht oder auch die Bundesbank in unterschiedlich starkem Maße, direkt oder indirekt, Einfluß auf die Außenpolitik; vielmehr legte Artikel 65 des Grundgesetzes ausdrücklich fest, daß der Bundeskanzler „die Richtlinien der Politik“ bestimmt und „dafür die Verantwortung“ trägt.

Hinzu kommt, daß – wie in anderen Staaten der westlichen Welt auch – der Weg an die Spitze der Regierung in der Regel zwar durch die innenpolitischen Gefilde führte und führt, daß aber praktisch alle Bundeskanzler, einmal im Amt, ihre außenpolitischen Neigungen entdeckten. So wurde das Kanzleramt über die Jahrzehnte zum eigentlichen Zentrum deutscher Außenpolitik. Von hier aus wies Konrad Adenauer der jungen Republik den Weg in die westlichen Gemeinschaften; von hier aus verpflichtete sich die Bundesrepublik unter Willy Brandt gegenüber ihren östlichen Nachbarn zur Akzeptanz des territorialen Status quo und erweiterte damit ihren Handlungsspielraum nicht nur nach Osten; von hier aus steuerte Helmut Kohl den Kurs der deutschen Politik hin zur Vereinigung der beiden Staaten; von hier aus gab schließlich Gerhard Schröder der deutschen Außenpolitik 2002/03 eine neue Ausrichtung.

Die Leitung des Auswärtigen Amtes vermochte der deutschen Außenpolitik immer dann erkennbar ein eigenes Profil zu geben, wenn sie nicht nur ihrerseits ein entsprechendes Format besaß, sondern wenn die Kanzler, wie im Falle Ludwig Erhards, gezwungen waren, ihre Aufmerksamkeit vorrangig auf die inneren, insbesondere die wirtschaftlichen Angelegenheiten zu konzentrieren. Auch das galt für das Deutsche Reich wie für die Bundesrepublik gleichermaßen. So konnten sich beispielsweise Bernhard von Bülow als Leiter der Behörde von 1897 bis 1900, Gustav Stresemann als Außenminister des Deutschen Reiches von 1923 bis 1929 und Gerhard Schröder und Willy Brandt als Außenminister der Bundesrepublik Deutschland von 1961 bis 1966 beziehungsweise von 1966 bis 1969 als Außenpolitiker mit eigenen Konzepten profilieren. Daß sie alle auch das Zeug zum Kanzler hatten und, von Schröder abgesehen, auch einmal diese Position eingenommen haben, spricht für sich.

Neben diesen institutionellen Begrenzungen der Wirkungsmöglichkeiten des Auswärtigen Amtes gab es seit 1949 einen selbstgesetzten Vorbehalt deutscher Außenpolitik, den so kein zweites vergleichbares Land kannte: Dezidiert vertraten die Gründungsväter der Bonner Republik die Auffassung, daß ihr Staat ein Provisorium sei und solange ein solches bleiben müsse, bis das Ziel der Wiedervereinigung mit dem anderen Teil Deutschlands, der vorerst keine Möglichkeit zur Selbstbestimmung besaß, erreicht sei. In „freier Selbstbestimmung die Einheit und Freiheit Deutschlands zu vollenden“, lautete die Aufforderung des Grundgesetzes an das Volk und also an die Politik.

Die Konsequenzen dieses Selbstverständnisses für die Außenpolitik waren selbst dann noch beträchtlich, als sich für die meisten Bundesbürger, in durchaus realistischer Einschätzung der weltpolitischen Gegebenheiten, die Forderung nach einer staatlichen Wiedervereinigung Deutschlands längst auf ein halbherzig formuliertes Lippenbekenntnis reduziert hatte. In der praktischen Handhabung nämlich durfte Deutschlandpolitik, also die Gestaltung der direkten oder indirekten Beziehungen Bonns zu Ost-Berlin, nicht Außenpolitik sein, und das bedeutete: Obgleich die Maxime der Wiederherstellung der staatlichen Einheit Deutschlands die Deutschlandpolitik zwangsläufig ins Zentrum des außenpolitischen Geschäfts stellte, konnte sie nicht von der eigentlich zuständigen Behörde, also vom Auswärtigen Amt aus, betrieben werden. Die Folgen dieser Situation, insbesondere in den fünfziger und sechziger Jahren, waren mitunter grotesk.

Institutionell fand das Paradoxon deutscher Außenpolitik seinen Niederschlag in der Gründung einer eigenen Behörde, die als

Ministerium zunächst für „Gesamtdeutsche Fragen", dann für „innerdeutsche Angelegenheiten" firmierte. Bis zum Ende der alten Weltordnung zeigten sich die Relikte des zitierten Selbstverständnisses unter anderem in den Veröffentlichungen des Auswärtigen Amtes: Bis in den November 1989 hinein wurden zum Beispiel in die Publikationen und Dokumentationen des Hauses jene Passagen der Regierungserklärungen nicht aufgenommen, die sich auf die Deutschlandpolitik bezogen. Das gilt nicht zuletzt auch für die entscheidende deutschlandpolitische Aussage der Regierungserklärung Bundeskanzler Willy Brandts vom 28. Oktober 1969: „Auch wenn zwei Staaten in Deutschland existieren, sind sie doch füreinander nicht Ausland".[1]

Doch selbst wenn sich die Bundesrepublik vor 1989 mit der DDR einvernehmlich auf eine wie immer geartete staatliche Vereinigung hätte verständigen können, wäre diese damit noch nicht realisierbar gewesen. Denn die Wiedervereinigung Deutschlands war keine deutsche Angelegenheit. Die alliierten Sieger des Zweiten Weltkrieges hatten die beiden deutschen Teilstaaten 1955 nur bedingt in die staatliche Souveränität entlassen und sich die Entscheidung bezüglich Berlins und Deutschlands als Ganzem ausdrücklich vorbehalten.

Zwar schienen die Westmächte während der fünfziger Jahre, etwa auf den drei Genfer Außenminister- beziehungsweise Gipfeltreffen, die Wiederherstellung der deutschen Einheit aktiv betreiben zu wollen; zwar trugen sie dieses Ziel rhetorisch bis zum Ende der alten Ordnung mit; doch gab es eigentlich schon am Ende der vierziger Jahre zwischen ihnen und der Sowjetunion ein stillschweigendes Einverständnis, wonach die Wiedervereinigung Deutschlands nicht nur nicht anzustreben, sondern gerade zu verhindern sei.

Zwei Tendenzen der Weltpolitik haben in den fünfziger und frühen sechziger Jahren dafür gesorgt, daß das Thema deutsche Einheit auch förmlich von der Tagesordnung abgesetzt wurde. Da waren einmal die dramatischen Entwicklungen in der außereuropäischen Welt – in Korea, in der Straße von Taiwan, in Vietnam oder auch in Kuba. Und dann gab es die alles überragende nukleare Bedrohung in Form zweier Potentiale, mit denen schließlich die mehrfache Vernichtung der Menschheit möglich gewesen wäre. Angesichts dieser Herausforderungen, angesichts aber auch der neuerlichen Zuspitzung der Berlin-Frage seit dem Herbst 1958, einigten sich Washington und Moskau stillschweigend darauf, mit der Deutschen Frage die eigentliche Ursache des Kalten Krieges auf dem spätestens 1955 erreichten Niveau einzufrieren.

Eine Auflösung dieser Ordnung, die im Kern eine sowjetische gewesen ist, war nur unter der Voraussetzung denkbar, daß die Entwicklung der Kontrolle durch die Moskauer Führung entglitt – und eben das galt bis 1989 als kaum vorstellbar. Die Revolution der Weltpolitik bewirkte eben jenen Zusammenbruch der sowjetischen Kontrolle, besiegelte das Ende der alten Ordnung und eröffnete mit diesem fundamentalen Wandel der internationalen Rahmenbedingungen erstmals seit 40 Jahren der deutschen Politik einen unerwarteten Handlungsspielraum, den sie ebenso zügig wie umsichtig nützte.

Als der „Zwei-plus-Vier"-Vertrag am 15. März 1991 endgültig in Kraft trat, wurde nicht nur nach fast einem halben Jahrhundert ein deutscher Nationalstaat wiederhergestellt; vielmehr erhielt die Bundesrepublik damit auch erstmals in ihrer vierzigjährigen Geschichte die vollständige außenpolitische Souveränität. Allerdings war diese längst durch andere Verpflichtungen und Verflechtungen stärker eingeschränkt als durch jene alliierten Vorbehalte, über die sich der außenpolitische Handlungsspielraum der beiden deutschen Staaten bis zum Ende der alten Ordnung definiert hatte und die jetzt zu den Akten gelegt worden waren.

Die Rede ist von der festen Einbindung der Bundesrepublik Deutschland in inter- und supranationale Organisationen, allen voran in die europäischen Gemeinschaften. Ihr lag eine Fülle von Motiven zugrunde, die noch zu betrachten sein werden. Als Folge dieser Zielsetzungen, aber auch einer anfänglich nicht absehbaren Verselbständigung des Integrationsprozesses hatten die Mitglieder der europäischen Gemeinschaften am Ende der weltpolitischen Ordnung beträchtliche nationalstaatliche Kompetenzen auf diese Organisationen übertragen, ein Trend, der sich auf dem Weg zur Europäischen Wirtschafts- und Währungsunion in den neunziger Jahren mit Macht weiter verstärkte.

Nicht zu Unrecht ist darauf hingewiesen worden, daß die Situation der „Europäischen Union", wie sich die Gemeinschaft seit Inkrafttreten des Vertrages von Maastricht am 1. November 1993 nennt, an der Schwelle zum 21. Jahrhundert schon deshalb mit derjenigen des Deutschen Reiches nach seiner Gründung vergleichbar sei, weil ihr das parlamentarische Fundament fehle. Tatsächlich war und ist die Willensbildung „hauptsächlich beim Europäischen Rat" angesiedelt,[2] der sich aus den Staats- und Regierungschefs der Mitgliedstaaten zusammensetzt. Er war in den Gründungsverträgen der Gemeinschaft nicht vorgesehen und ursprünglich auch kein Organ der EG. Erst mit der „Einheitlichen Europäischen Akte" wurde er am 1. Juli 1987 in das Vertragswerk eingegliedert. Das war durchaus sinnvoll, legte und legt doch der Europäische Rat die Leitlinien der Gemeinschaftspolitik fest. Seine Beschlüsse stellten und stellen nicht selten Aufträge an den Ministerrat dar, der aus den jeweiligen Fachministern besteht und als das wichtigste gesetzgebende Organ der EU zu betrachten ist. Aber weder der Europäische Rat noch der Ministerrat noch die Kommission, die Exekutive der Gemeinschaft, waren selbst zu Beginn des 21. Jahrhunderts, mit Inkrafttreten des Vertrages von Nizza, dem Parlament in jener umfassenden Weise verantwortlich, die beispielsweise das Grundgesetz für den Deutschen Bundestag vorschreibt.

Darüber hinaus hat die Europäische Union die immer wichtiger werdende Rahmenkompetenz für die Rechtssetzung auf den Gebieten des Wirtschafts-, Verkehrs- und Wettbewerbsrechts und damit die Möglichkeit an sich gezogen, eine Angleichung des nationalen Rechts zu erzwingen. Auch darin gleicht sie dem Deutschen Reich von 1871. Diese Rechtsordnung der Europäischen Union geht wesentlich weiter, als das im Völkerrecht üblich ist. Im Gegensatz zu allen anderen supranationalen Organisationen verfügt die EU über Hoheitsrechte. Sie vermag also staatliche Gewalt wie eine nationalstaatliche Regierung auszuüben. Für die in den Verträgen genannten Bereiche kann sie damit „Recht setzen (im Wege des Erlasses von Gesetzen) und es durchsetzen (Erlaß von Verwaltungsakten und Sanktionierung ihrer Mißachtung)".[3] Vor allem aber gibt es den Europäischen Gerichtshof, der mit seinen Entscheidungen europäisches Recht setzt und es zugleich bewahrt. Als letztinstanzliche Rechtsprechung sind seine Urteile unanfechtbar.

Schließlich besitzt die Europäische Union nicht nur bereits seit dem 1. Juli 1968 die Hoheit auf dem Gebiet der Außenzölle, sondern seit dem 1. Januar 1999 mit der Verwirklichung der Währungsunion auch die vollständige Kompetenz auf dem Gebiet der Geld- und Währungspolitik. Die ganze Tragweite dieser Entscheidungen wird erkennbar, wenn man bedenkt, daß auch die Protokolle über die Satzung der Europäischen Zentralbank (EZB) und das Europäische Zentralbanksystem (EZBS) zum EG-Vertrag gehören und „insofern wie der Vertrag selbst für die EU Verfassungsrang genießen".[4] Anders als das Bundesbankgesetz, das vom Bundestag mit einfacher Mehrheit modifiziert werden kann, können die besagten Protokolle nur durch einstimmig zu ratifizierende Verträge geändert werden, da in der EU, allen Änderungsversuchen und Absichtserklärungen zum Trotz, auch beim Inkrafttreten der Währungsunion nach wie vor das Veto-Recht galt.

So sieht sich die Bundesrepublik Deutschland also heute, mehr als ein halbes Jahrhundert nach ihrer Gründung, in einer Situation, die der des Jahres 1949 zumindest in einer Hinsicht vergleichbar ist: Außenpolitisch ist sie, wenn auch aus anderen Gründen als ein halbes Jahrhundert zuvor, nur eingeschränkt handlungsfähig. So gesehen, hat sich für die jetzt wieder in Berlin residierende Macht in der Mitte Europas – trotz des Zusammenbruchs der alten Weltordnung, des Falls der Deutschland teilenden Mauer, der Wiedererlangung der staatlichen Souveränität und der ungewollten Übernahme der Rolle einer europäischen Großmacht mit weltpolitischem Gewicht – wenig geändert.

In ihrer Außenpolitik war und ist die Bundesrepublik darauf verwiesen, den Handlungsspielraum zu nutzen, den die Rahmenbedingungen ihr lassen beziehungsweise öffnen. Darin unterscheidet sie sich einerseits zusehends weniger von anderen: In einer immer dichter vernetzten, dem Globalisierungssog ausgesetzten Welt kann kein Land, auch keine Großmacht im modernen Sinne, mehr autonom und souverän Außenpolitik betreiben. Andererseits hat keine zweite Regierung eines vergleichbaren Landes unter den Bedingungen der Ordnung des Kalten Krieges eine solche Fähigkeit entwickelt beziehungsweise entwickeln müssen, die Grenzen der Handlungsfreiheit zu erkennen, zu akzeptieren und im Interesse des eigenen Landes zu nutzen, wie die deutsche.

Schließlich ist es höchst unwahrscheinlich, daß die deutsche Politik die Gunst der Stunde hätte nutzen und zwischen dem 9. November 1989 und dem 15. März 1991 die Vereinigung

Deutschlands durchsetzen können, wenn sie nicht zuvor, in den Jahren 1970 bis 1973 und in realistischer Einschätzung der gegebenen weltpolitischen Realitäten, jenen territorialen Status quo in Europa ausdrücklich anerkannt hätte, der dann mit der deutschen Vereinigung in einem zentralen Punkt überwunden worden ist. Nicht minder unwahrscheinlich ist die Vorstellung, daß jene sogenannte neue Ostpolitik und mit ihr die Vergrößerung des deutschen Manövrierraums für die Verbündeten der Bundesrepublik ohne deren umfassende Integration in den Westen akzeptabel gewesen wäre, mit der nach der großen Katastrophe des Zweiten Weltkrieges alles begann.

2. Souveränität durch Integration 1949–1955

Die Bilanz war katastrophal. Als mit der Unterzeichnung der bedingungslosen deutschen Kapitulation in Reims und Berlin-Karlshorst am 7. beziehungsweise in der Nacht vom 8. auf den 9. Mai 1945 in Europa endgültig die Waffen schwiegen, ging nach mehr als fünfeinhalb Jahren eine Auseinandersetzung zu Ende, deren Verlauf, deren Methoden und deren Ergebnisse alles in den Schatten stellten, was die Menschheit in ihrer wechselvollen Geschichte bis dahin durchlebt hatte. Niemand in Deutschland, und erst recht niemand außerhalb der deutschen Grenzen, hätte damals die Prognose gewagt, daß es nur drei Jahre später auf dem Boden des vollständig geschlagenen Deutschen Reiches, von dem die Katastrophe ausgegangen war, wieder einen deutschen Teilstaat geben, daß dieser 1955 die weitgehende außenpolitische Souveränität besitzen und wenige Jahre später erneut über eigene Streitkräfte verfügen würde.

Diese unerhört rasche Entwicklung, in deren Verlauf aus Gegnern innerhalb weniger Jahre Verbündete wurden, ist nur zu verstehen, wenn man die weltpolitischen Rahmenbedingungen und insbesondere den Umstand in Rechnung stellt, daß die 1941, nach dem deutschen Überfall auf die Sowjetunion, begründete „Anti-Hitler-Koalition“ von Anfang an ein Kompromiß gewesen ist. Kaum war der gemeinsame Gegner besiegt, weitete sich der latente Gegensatz zwischen der Sowjetunion einerseits, den drei Westmächten andererseits fast zwangsläufig zu einem offenen Konflikt zwischen den vormaligen Verbündeten aus.

Es war Winston S. Churchill, der bereits am 5. März 1946 in einer öffentlichen Rede auf die sich abzeichnende neue Lage hinwies. Mitten durch Europa, so formulierte der britische Kriegspremier und jetzige Oppositionsführer unter bewußter Benutzung eines Bildes, das Hitlers Propagandaminister Joseph Goebbels geprägt hatte, senke sich ein „Eiserner Vorhang“, der das befreite Europa von einem immer stärker dem „sowjetrussischen Einfluß" ausgesetzten Teil des Kontinents trenne.[1] In Deutschland verlief diese Linie zwischen der von den Sowjets und den von den drei Westmächten besetzten Zonen. Gewiß, schwere Krisen gab es auch in Polen, in der Tschechoslowakei, im Iran, in Finnland, in Griechenland und in der Türkei; doch nirgends in Europa oder an seinen Rändern prallten die Gegensätze so unmittelbar und so heftig aufeinander wie auf dem Territorium des vormaligen gemeinsamen Gegners.

Hier lagen die eigentlichen Ursprünge nicht nur des Kalten Krieges, sondern damit auch der Teilung Deutschlands. Welche der Siegermächte dafür die entscheidende Verantwortung zu tragen hatte, war auch eine Frage der Perspektive. Fest steht, daß die Vereinigten Staaten von Amerika, denen angesichts der gegebenen wirtschaftlichen und militärischen Kräfteverhältnisse auf westlicher Seite die ausschlaggebende Rolle zufiel, seit 1946 auch dadurch auf die sowjetische Herausforderung reagieren zu müssen meinten, daß sie die drei Westzonen unter ihrer Regie zunächst immer stärker zusammenführten und schließlich in eine vorerst freilich stark eingeschränkte staatliche Unabhängigkeit entließen.

Dieser Weg zur Gründung der Bundesrepublik Deutschland ist hier nicht im einzelnen nachzuzeichnen. Von herausragender Bedeutung war freilich der Entschluß der Westmächte, dem sowjetischen Versuch, West-Berlin durch eine Blockade im wahrsten Sinne des Wortes auszuhungern und damit ihrer eigenen Besatzungszone einzuverleiben, entgegenzutreten und ihn durch die berühmte Luftbrücke zu vereiteln. Nach einjähriger Anstrengung war das Mitte Mai 1949 geschafft, und die Folgen waren beträchtlich. Nicht nur rückten West-Berliner und Westdeutsche sowie Westalliierte auf Dauer eng zusammen, vielmehr half diese Luftbrücke den Deutschen auch, sich relativ rasch mit dem Gedanken einer Teilstaatsgründung abzufinden, wenn auch unter dem Vorbehalt, ein „Provisorium" zu errichten.

Nachdem das „Grundgesetz" am 23. Mai 1949 in Kraft getreten war, versammelte sich am 7. September der am 14. August gewählte Deutsche Bundestag zu seiner ersten Sitzung. Fünf Tage später, am 12. September 1949, wählte die Bundesversammlung Theodor Heuss zum ersten Bundespräsidenten, und am 15. September wurde der 73jährige Konrad Adenauer durch den Bundestag mit einer Stimme Mehrheit, seiner eigenen, zum Bundeskanzler gewählt. Die Rechtsgrundlage der Beziehungen zwischen dem neuen Staat und den alten Besatzungsmächten, die jetzt nicht mehr durch Militärgouverneure, sondern durch „Hohe Kommissare" vertreten waren, bildete vorläufig ein Besatzungsstatut. Es war am 10. April 1949 veröffentlicht worden, trat am 21. September in Kraft und schränkte die Bewegungsfreiheit der deutschen Politik nach innen erheblich ein; von einer äußeren Souveränität konnte ohnehin keine Rede sein.

Die Repräsentanten des Bonner Teilstaates hatten drei Nahziele vor Augen: Westintegration, äußere Sicherheit und Gleichberechtigung. Das war ein außerordentlich ambitiöses Programm. Um es realisieren zu können, war ein Höchstmaß loyalen Verhaltens gegenüber den Westmächten erforderlich, das von Kritikern dieser Politik auch durchaus anders interpretiert werden konnte, und natürlich hing alles von den internationalen Rahmenbedingungen ab. Diese bestimmten letztendlich die Strategie der Westmächte, auch in der Deutschen Frage, und damit den Preis, den die Deutschen zu zahlen hatten: Die Verankerung ihres Rumpfstaates in der westlichen Welt ging mit der Teilung der Welt, des Kontinents und des Landes einher.

Der Wunsch nach Aussöhnung mit dem französischen Nachbarn war ein wesentlicher Grund für Adenauers Bestrebungen, die Bundesrepublik in den Westen zu integrieren, aber er war beileibe nicht der einzige. Abgesehen von ihrer Entschlossenheit, die Deutschen auch vor sich selbst zu schützen, waren die Gründungsväter der Republik und mit ihnen die Mehrzahl der Deutschen der Auffassung, daß die Bundesrepublik auch deshalb fest in den westlichen Kulturkreis eingebunden werden müsse, weil Deutschland, erst recht der westlichste seiner drei Teile, in ihm historisch beheimatet sei. Diese Auffassung gewann um so mehr an Boden, je deutlicher sich im Zuge des Kalten Krieges der west-östliche Gegensatz ausbildete.

Schließlich aber sollte die Verankerung der Bundesrepublik in der westlichen Staatengemeinschaft jedem Verdacht vorbeugen, daß die Bundesrepublik eine „Schaukelpolitik" zwischen West und Ost treiben, also gewissermaßen an die Außenpolitik der Weimarer Republik anknüpfen wolle. Vor allem während der zwanziger Jahre war die deutsche Außenpolitik versucht gewesen, durch Annäherung an die isolierte Sowjetunion einen gewissen Druck auf die westlichen Nachbarn der Berliner Republik auszuüben. Den Westmächten, an deren Seite die Bonner Republik jetzt Schritt für Schritt rückte, war dieses Changieren noch allzu gut im Gedächtnis. Das stellte die deutsche Politik schon bei den ersten politischen Gehversuchen nach 1949 in Rechnung, und es ist bemerkenswert, wie sorgfältig sie bis zum Ende des Kalten Krieges darauf bedacht gewesen ist, alles zu unterlassen, was diesem Mißtrauen hätte Nahrung geben können.

Selbstverständlich verbanden die Politiker der ersten Nachkriegsgeneration mit ihrem Angebot und ihrer Zustimmung zu einer weitestgehenden Integration der Bundesrepublik in die westliche Staatengemeinschaft auch Erwartungen. Die beiden wichtigsten waren die Erlangung politischer Gleichberechtigung für den jungen Staat und eine Garantie seiner äußeren Sicherheit. Die Geschichte wollte es, daß die äußeren Umstände sich seit Kriegsende in einer Weise änderten, welche die westlichen Siegermächte nur wenige Jahre nach der Katastrophe zum Umdenken zwangen. Wie nach dem Ende des Ersten Weltkrieges war die sowjetische Herausforderung auch jetzt der eigentliche Anstoß: Die rheinische Republik wurde nun auch zunehmend gebraucht, und zwar als Partner und Verbündeter. Indem die zuständigen Sieger sie schrittweise in die äußere staatliche Souveränität entließen und damit die Forderung verbanden, sich an der Behauptung ihrer äußeren Sicherheit zu beteiligen, leisteten sie zugleich dem deutschen Verlangen Vorschub, eine prinzipiell gleichberechtigte Rolle neben den westlichen Bündnispartnern einzunehmen.

Schon jetzt stellte sich für die deutsche Politik jedoch unausweichlich die Frage, ob und in welchem Maße das Bestreben, den Teilstaat fest in den Westen zu integrieren und ihn so zu einem gleichberechtigten Partner seiner Verbündeten zu machen, mit jenem Gebot der Wiedervereinigung Deutschlands kollidierte, das seit 1949 das oberste Ziel der deutschen Politik war. Denn daß im Grunde schon mit der Geburtsurkunde die staatliche Teilung des Landes besiegelt war, mußten auch die Optimisten spätestens am 7. Oktober 1949 zur Kenntnis nehmen, als auf dem Gebiet der SBZ ein zweiter Teilstaat gegründet wurde, der sich „Deutsche Demokratische Republik" nannte und unverkennbar als „Gegenstaat"[2] zur Bundesrepublik fungieren sollte.

Dennoch oder eben deshalb hielt man dort nicht nur am Gebot der Wiedervereinigung fest, sondern ging zunächst ganz selbstverständlich davon aus, daß es sich bei dem wieder zu vereinigenden Deutschland um dasjenige in den Grenzen von 1937 handelte, also um die Bundesrepublik, die DDR und eben auch jene Gebiete östlich von Oder und Neiße, die gemäß den Potsdamer Beschlüssen vom 2. August 1945 unter polnischer Verwaltung standen. Diese Forderung wurde von allen maßgeblichen politischen Kräften der Republik geteilt, auch und in besonderem Maße von der SPD unter ihrem ersten Vorsitzenden Kurt Schumacher.

Wieweit sich die großen Parteien in der Zielsetzung selbst einig waren, zeigt die Entschließung des Deutschen Bundestages zur nationalen Einheit am 14. September 1950, die auf Antrag des Vorsitzenden des Ausschusses für gesamtdeutsche Fragen, des SPD-Abgeordneten Herbert Wehner, zustandegekommen war. Sie enthielt die beiden Kardinalbekenntnisse zur deutschen Einheit. Danach erklärte der Bundestag „den unerschütterlichen Willen des ganzen deutschen Volkes zu seiner nationalen Einheit" und stellte ausdrücklich fest, „daß kein Terror den Freiheitswillen der Menschen in der sowjetischen Besatzungszone" habe „brechen können" und daß das deutsche Volk „in der Anerkennung der Oder-Neiße-Linie" ein „Verbrechen an Deutschland" sehe.[3] Noch stand man unter dem unmittelbaren Erlebnis der Vertreibung von Millionen von Menschen, noch gab es hunderttausendfach direkte familiäre Bindungen zwischen West- und Ostdeutschland, noch sah man sich politisch wie moralisch in der Pflicht, die „Landsleute im Osten" nicht ihrem Schicksal zu überlassen.

Aber ganz gleich, worauf sich die Forderung nach Wiedervereinigung auch bezog, es blieb die vor allem von den Sozialdemokraten gestellte Frage, ob sich nicht die konsequente Westintegration der Bundesrepublik, die Festigung ihrer Eigenstaatlichkeit sowie die Ausbildung einer eigenen Identität und die deutsche Wiedervereinigung gegenseitig ausschlossen. Konrad Adenauer vertrat dezidiert die Auffassung, daß ein wiedervereinigtes Deutschland, das wie schon die Bundesrepublik fest in den Westen integriert und damit auch bündnispolitisch eingebunden war, für die Westmächte, womöglich sogar für die Sowjetunion, akzeptabler sei als ein weitgehend unabhängiges. Zudem war er der Überzeugung, daß eine in der westlichen Gemeinschaft prosperierende Bundesrepublik auf den anderen deutschen Teilstaat eine zunehmende Anziehungskraft ausüben werde. Daraus entwickelte sich die sogenannte „Magnettheorie“ in ihren diversen Varianten und Variationen, deren erste Fassung übrigens aus den Reihen der SPD gekommen war. Daß die Entwicklung der Jahre 1989/90 diese Einschätzung weitgehend bestätigt hat, heißt jedoch nicht, daß sie in den fünfziger und sechziger Jahren auch nur als halbwegs realisierbar gelten durfte. Vorderhand sah es nämlich eher so aus, als behielten die Kritiker Adenauers recht mit der Vermutung, die Integration der Bundesrepublik in den Westen und die dadurch erzielte Gleichberechtigung würden den Weg zu einer Wiedervereinigung gerade versperren.

Einen ersten Schritt hin zu einer eingeschränkten Gleichberechtigung tat die Bundesrepublik am 22. November 1949 mit der Unterzeichnung des sogenannten Petersberger Abkommens, benannt nach jenem Ort, dem Petersberg bei Bonn, auf dem die Hohen Kommissare ihren Sitz genommen hatten. Das Abkommen enthielt Zugeständnisse beider Seiten. So durfte sich der junge Teilstaat jetzt internationalen Organisationen wie der OEEC anschließen und eigene Handels- und konsularische Beziehungen mit anderen Ländern aufnehmen: Damit konnte die Bundesrepublik ihre ersten außenpolitischen Gehversuche unternehmen. Zudem sahen die Abmachungen eine deutliche Verringerung, wenn auch noch keineswegs das Ende der Demontagen vor. Im Gegenzug trat die Bundesrepublik dem Militärischen Sicherheitsamt und der Internationalen Ruhrbehörde bei.

Der deutsche Beitritt zu diesen im Januar beziehungsweise April 1949 gegründeten alliierten Kontrollinstitutionen war problematisch und im Innern der jungen Republik höchst umstritten. Tatsächlich handelte es sich beim Petersberger Abkommen um eine Art Kompensationsgeschäft. Insbesondere für Frankreich waren die Demontagen ja auch deshalb wichtig, weil durch sie einem raschen Wiederaufbau der deutschen Schwer- und damit auch Rüstungsindustrie vorgebeugt werden sollte. Die Gründung eines westdeutschen Staates war in Paris als Katastrophe empfunden und nur unter Zähneknirschen mitgetragen worden. Der Bonner Beitritt zum Sicherheitsamt, vor allem aber zur Ruhrbehörde, erleichterte das westliche und namentlich das französische Zugeständnis in der Demontagefrage.

Das galt erst recht für den nächsten Schritt, der zugleich der erste auf dem Weg zur Westintegration der Bundesrepublik sein sollte: den deutschen Beitritt zur sogenannten Montanunion. Ihre Gründung ging auf einen Plan zurück, der in wesentlichen Punkten von Jean Monnet, einem französischen Wirtschaftsexperten, entwickelt worden war, und dann vom französischen Außenminister Robert Schuman der Öffentlichkeit vorgestellt wurde. Schon dessen Erklärung vom 9. Mai 1950 ließ erkennen, daß es den Initiatoren um mehr ging als um ein reines Wirtschaftsabkommen: „Die Vereinigung der europäischen Nationen erfordert, daß der Jahrhunderte alte Gegensatz zwischen Frankreich und Deutschland ausgelöscht wird ... Die französische Regierung schlägt vor, die Gesamtheit der französisch-deutschen Kohlen- und Stahlproduktion unter eine gemeinsame Oberste Aufsichtsbehörde (Haute Autorité) zu stellen, in einer Organisation, die den anderen europäischen Ländern zum Beitritt offen steht.“[4]

Am 20. Juni 1950 begannen die Verhandlungen zwischen Frankreich, der Bundesrepublik, Italien und den drei Benelux-Staaten. Großbritannien, das durch die französische Initiative in Zugzwang geriet und wohl auch gebracht werden sollte, blieb den Gesprächen mit der Begründung fern, sich nicht vorzeitig auf Prämissen festlegen zu können, deren Auswirkungen auf die britische Politik nicht absehbar waren.[5] Aber natürlich spielte auch die Skepsis gegenüber dem Gedanken der Supranationalität eine Rolle. Am 18. April 1951 konnte der Vertrag über die „Europäische Gemeinschaft für Kohle und Stahl“ (EGKS) unterzeichnet werden. Er war auf 50 Jahre angelegt und schrieb einen wirtschaftlichen Verbund der westeuropäischen Schwerindustrie mit supranationaler Lenkungsbehörde fest.

Was auf den ersten Blick wie eine radikale Kehrtwendung der französischen Besatzungspolitik aussah, war eine Flucht nach vorn. Die Montanunion bot Paris nicht nur wirtschaftliche Vorteile, beispielsweise für die auf den Rohstoffimport angewiesene französische Stahlindustrie, sondern auch die Möglichkeit zu einer zumindest indirekten Kontrolle der deutschen Schwerindustrie, vor allem auch der des Ruhrgebiets. Unter anderem deshalb stieß das Vorhaben im Innern, und insbesondere bei der Opposition im Bundestag, auf heftigen Widerstand. Kurt Schumacher sah in Schumans Plan „die Fortsetzung der alten Politik französischer

Herrschaftsansprüche mit europäischen Worten ... Die Sozialdemokratische Partei Deutschlands will Europa, ein starkes, lebenskräftiges Europa ... Nur so kann die Gefahr des Kommunismus überwunden werden."[6]

Kaum einen überraschte daher der nächste Streit, der über die Aufnahme der Bonner Republik in den Europarat entbrannte. Natürlich war an dem Beitritt zu diesem im Januar 1949 gegründeten Gremium, der am 2. Mai 1951 erfolgte, nichts auszusetzen. Allerdings hatte Frankreich daran die Bedingung geknüpft, daß gleichzeitig das Saarland als assoziiertes Mitglied aufgenommen würde. Sicher bedeutete das vorderhand einen Rückschlag für den von der Bundesregierung eingeschlagenen Kurs, grundlegend zu ändern oder gar aufzuhalten vermochte er die Entwicklung aber nicht. Vielmehr gewann der Integrationsprozeß noch an Tempo und Intensität.

Der Anstoß dafür, daß die Westintegration der Bundesrepublik nunmehr auch auf den militärischen Bereich ausgedehnt wurde, kam einmal mehr von außen: Am 25. Juni 1950 überfielen Truppen des kommunistisch geführten Nordkorea den südlichen Teil des Landes. Der Korea-Krieg, der erst am 27. Juli 1953 mit einem Waffenstillstand beendet wurde, zementierte die Blockbildung in Europa, er erleichterte die Durchsetzung der westlichen Militärorganisation, und er besiegelte die Westintegration der Bundesrepublik durch ihre Erweiterung um die militärische Komponente. In der westlichen Welt nämlich hatte kaum jemand einen Zweifel, daß sich Vergleichbares in Europa wiederholen könne. Vor diesem Hintergrund und angesichts der Tatsache, daß es inzwischen in der DDR eine „Volkspolizei" mit etwa 60000 Mann, also – zusammen mit den sogenannten Betriebskampfgruppen – paramilitärische Streitkräfte gab, gewann die 1949/50 im Westen geführte Diskussion über einen westdeutschen Verteidigungsbeitrag unüberhörbar an Intensität.

In diese Richtung ging auch das Kommuniqué der Außenminister Großbritanniens, Frankreichs und der USA, das nach ihrem Treffen sowie einer anschließenden Tagung des NATO-Rats in New York am 19. September veröffentlicht wurde. Daß es darin eher vage hieß, ein deutscher Verteidigungsbeitrag sei Gegenstand der Erörterungen gewesen, hatte seinen Grund in der Haltung Frankreichs, für das der Gedanke einer deutschen Wiederaufrüstung nur fünf Jahre nach Beendigung des Zweiten Weltkrieges einem Alptraum gleichkommen mußte. Im übrigen enthielt das Kommuniqué ein für die Bundesrepublik wichtiges Bekenntnis: die Westmächte würden „jeden Angriff gegen die Bundesrepublik oder Berlin, gleichgültig von welcher Seite er ausgeht", so behandeln, „als wäre es ein Angriff gegen sie selbst".[7]

Vor allem aber bot die Frage einer deutschen Beteiligung an der Verteidigung des Westens für Adenauer über die Erhöhung der Sicherheit hinausweisende Vorteile. Der Kanzler war überzeugt, daß diese Entwicklung nicht nur zu einer Beschleunigung der Westintegration, sondern auch zu Fortschritten in der Gleichberechtigungsfrage führen könne. Für ihn gingen die Wiederbewaffnung Deutschlands und die Revision beziehungsweise die Ablösung des Besatzungsstatuts Hand in Hand. Am 17. August 1950 signalisierte Adenauer in einem Gespräch mit den Hohen Kommissaren seine grundsätzliche Zustimmung zu Churchills Plan einer Europaarmee. In diesem Rahmen hielt er es für denkbar, „eine deutsche Verteidigungsmacht ... in Form von freiwilligen Formationen bis zu einer Gesamtstärke von 150000 Mann" aufzustellen.[8] Knapp zwei Wochen später präzisierte Adenauer seine Angebote – und seine Forderungen – in zwei Memoranden für den Vorsitzenden der Alliierten Hohen Kommission, John McCloy. Von dieser folgenreichen Initiative waren weder seine eigene Partei noch das Kabinett noch gar das Parlament unterrichtet.

Das erste Dokument brachte „eindeutig zum Ausdruck", daß der Bundeskanzler „eine Remilitarisierung Deutschlands durch Aufstellung einer eigenen nationalen militärischen Macht" ablehnte.[9] Damit waren alle anderen Möglichkeiten einer Bewaffnung, etwa durch Beteiligung an einer Europaarmee, offengelassen. Im zweiten Memorandum ging es um die Frage der Neuordnung der Beziehungen der Bundesrepublik zu den Besatzungsmächten: „Wenn der deutsche Mensch Opfer jeder Art bringen soll, so muß ihm wie allen anderen westeuropäischen Völkern der Weg zur Freiheit offen sein ... Die Bundesregierung hält es daher für notwendig, daß die Beziehungen Deutschlands zu den Besatzungsmächten auf neue Grundlagen gestellt werden."[10]

Daß sich gegen die lauter werdende Forderung nach einem deutschen Verteidigungsbeitrag zahlreiche Stimmen im In- und Ausland erhoben, war vorhersehbar. In der Bundesrepublik ging der Widerstand, abgesehen von der Kommunistischen Partei, nicht nur von der Sozialdemokratie aus, sondern auch von großen Teilen der Bevölkerung und der evangelischen Kirche, allen voran vom Präses ihrer Synode, Gustav Heinemann, der damals Innenminister im ersten Kabinett Adenauer war und über dieser Frage im Oktober 1950 seinen Rücktritt einreichte. Die Haltung der vier alliierten Sieger des Zweiten Weltkrieges zu der sich abzeichnenden Militarisierung Westdeutschlands war höchst unterschiedlich. Sie reichte von strikter Ablehnung im Falle der Sowjetunion über tiefe Skepsis, die naturgemäß in Frankreich weit verbreitet war, bis hin zu Erwartungen, die vor allem in den Vereinigten Staaten an eine Revision des Besatzungsstatuts geknüpft wurden.

Washington machte eine solche Revision von der Bereitschaft der Bundesregierung abhängig, für die deutschen Auslandsschulden einzustehen, und zwar sowohl für die der Nachkriegs- als auch für die der Zwischenkriegszeit. Anfang der fünfziger Jahre ging es den Amerikanern dabei offenkundig weniger um das Geld selbst als vielmehr ums Prinzip. Nachdem sich die Bundesrepublik anläßlich der Revision des Besatzungsstatuts, von der noch zu reden sein wird, am 6. März 1951 grundsätzlich zur Übernahme der Auslandsschulden bereit erklärt hatte, begannen im Februar 1952 die Verhandlungen in London, die auf deutscher Seite unter der Leitung des Bankiers Hermann Josef Abs geführt wurden. Es dauerte ein Jahr, bis am 27. Februar 1953 das sogenannte Londoner Schuldenabkommen von der Bundesrepublik und 18 weiteren Staaten unterzeichnet werden konnte. Darin erklärte sich Bonn zur Rückzahlung von sechs Milliarden D-Mark für Vor- und sieben Milliarden für Nachkriegsschulden bereit. Das war zweifellos eine bedeutende, aber gemessen an den ursprünglichen Forderungen noch moderate Summe.

Das Abkommen hatte gewichtige, aber keineswegs alle Bedenken gegen die Revision oder gar Kündigung des Besatzungsstatuts und gegen einen deutschen Verteidigungsbeitrag ausgeräumt, der ja durch Adenauer aufs engste mit der Forderung nach dessen Revision verknüpft worden war. Der französische Widerstand konnte eigentlich keinen überraschen, der in Rechnung stellte, daß Deutschland nur etwa zehn Jahre zuvor die größte Katastrophe der neueren europäischen Geschichte ausgelöst und zum dritten Mal innerhalb von nur sieben Jahrzehnten gegen seinen westlichen Nachbarn Krieg geführt hatte. Angesichts des wachsenden englischen und insbesondere amerikanischen Drucks, angesichts auch der erheblichen Abhängigkeit Frankreichs von den Vereinigten Staaten in nahezu jeder Hinsicht hatte Paris keine Wahl, als abermals die Flucht nach vorn anzutreten.

Am 24. Oktober 1950 gab der französische Ministerpräsident René Pleven vor dem französischen Parlament eine Erklärung ab, in der er von der Gefahr eines Wiedererwachens „des deutschen Militarismus" sprach und „für eine gemeinsame Verteidigung die Schaffung einer europäischen Armee" vorschlug, „die mit den politischen Institutionen des geeinten Europas verbunden" sein und „soweit dies irgend möglich ist, eine vollständige Verschmelzung der Mannschaften und der Ausrüstung herbeiführen" sollte.[11] Plevens Vorschlag zielte mithin auf eine zumindest indirekte Kontrolle der deutschen Wiederaufrüstung durch Frankreich. Überdies mußte der Plan, der von einer vollständigen Verschmelzung der Mannschaften und der Ausrüstung ausging, die deutsche Wiederbewaffnung erheblich verlangsamen.

Die Geschichte dieser „Armee des geeinten Europas" ist die Geschichte ihres vierjährigen Scheiterns, und sie gehört zu den unerfreulichsten Kapiteln der europäischen Einigungsbestrebungen überhaupt. Die Gründe für dieses Desaster lassen sich heute mehr oder weniger eindeutig erkennen. Zu ihnen zählen die bleibenden Bedenken und Vorbehalte in Frankreich selbst, das Abseitsstehen Großbritanniens und das ungeklärte Verhältnis der Europaarmee zur NATO. Das wurde bereits am 18. Dezember 1950 deutlich, als der NATO-Rat in Brüssel dem sogenannten Spofford-Plan zustimmte, wonach sich parallele Verhandlungen über einen deutschen Beitrag sowohl zur Europaarmee als auch zur NATO nicht ausschließen sollten. Tatsächlich begannen am 9. Januar 1951 zunächst die Verhandlungen über einen möglichen NATO-Beitritt der Bundesrepublik auf dem Petersberg.

Erst fünf Wochen darauf, am 15. Februar 1951, wurde in Paris die „Conférence pour l'Organisation de l'Armée Européenne" eröffnet. Teilnehmer waren neben Frankreich und Deutschland die Benelux-Staaten sowie Italien. Seit Oktober setzte sich die Sprachregelung „La Communautée Européenne de défense" durch. Die Verhandlungen über diese „Europäische Verteidigungsgemeinschaft" (EVG) gestalteten sich außerordentlich kompliziert und langwierig. Erst nachdem Großbritannien und die USA noch zusätzliche Sicherheitsgarantien in Aussicht gestellt hatten, konnte der EVG-Vertrag am 27. Mai 1952 in Paris unterzeichnet werden.

Schon während der Verhandlungen über die EVG hatte man das in Bonn erhoffte Entgegenkommen der Besatzungsmächte erkennen können. So kam es am 6. März 1951 zur ersten Revision des Besatzungsstatuts: Im Gegenzug zur formellen Anerkennung der deutschen Auslandsschulden ließen die Alliierten die Zügel des Besatzungsregimes etwas lockerer und gestatteten der Bundesrepublik mehr außenpolitische Handlungsfreiheit. Mit der Wiedereinrichtung des Auswärtigen Amtes am 15. März 1951 wurde der neue Spielraum zielstrebig genutzt. Der erste Außenminister der Bundesrepublik war niemand anders als Konrad Adenauer selbst, der das Amt dann auch bis zur Erlangung der – fast vollständigen – Souveränität im Mai 1955 für sich beanspruchen sollte.

Natürlich waren die außenpolitischen Möglichkeiten der Bundesrepublik auch nach der Einrichtung des Auswärtigen Amtes ziemlich begrenzt. Noch durfte man zum Beispiel keine diplomatischen Beziehungen aufnehmen. Dennoch lassen sich schon für diese Vor- und Frühphase deutscher Außenpolitik einige Schwerpunkte identifizieren. Das gilt vor allem für das Bemühen Bonns, die Kontakte zur außereuropäischen Welt wiederaufzunehmen. Der Bundesrepublik kam dabei zugute, daß Deutschland aufgrund der Bestimmungen des Versailler Vertrages vom 28. Juni 1919 alle Kolonien hatte aufgeben müssen. Da diese fortan als Mandatsgebiete des Völkerbundes von anderen Mächten verwaltet wurden, fungierte das Reich nirgends als letzte Kolonialmacht. Deutschland war folglich auch nicht mit den Auswirkungen der Dekolonisierung und Befreiung konfrontiert, die nach 1945 viele Staaten Europas vor gewaltige Probleme stellten.

Bemerkenswert gut ließen sich zunächst die Kontakte zu den Staaten des Nahen und Mittleren Ostens an. Bereits seit 1952, also schon kurz nach Wiedereinrichtung des Auswärtigen Amtes, wurde mit Ägypten, Libanon, Syrien, Irak und Jordanien über die Aufnahme diplomatischer Beziehungen verhandelt. Gerade hier konnte Deutschland an eine weitgehend ungebrochene außenpolitische Tradition anknüpfen. Allerdings sollte sich der Nahe

Osten in der Zeit des Kalten Krieges zu einem der explosivsten Krisengebiete der Erde überhaupt entwickeln, und auch das war indirekt eine Spätfolge der deutschen Politik. Denn ohne die systematische Verfolgung und Ermordung des europäischen Judentums, ohne die fast sechs Millionen Opfer, die der deutsche Vernichtungswahn gefordert hatte, wäre es im Mai 1948 wohl kaum zur Gründung eines unabhängigen Staates Israel in Palästina gekommen.

Die Beziehungen beider deutscher Teilstaaten zu Israel mußten besonderer Natur sein. Lehnte die DDR bis zu einer anderslautenden Entscheidung der Volkskammer vom 12. April 1990 die Übernahme jedweder historischen Verantwortung für das ab, was vor 1945 in deutschem Namen geschehen war, da sie sich eben nicht als Nachfolgerin des Deutschen Reiches begriff, bekannte sich die Bundesrepublik frühzeitig und eindeutig zur Schuld Deutschlands: Seit März 1952 wurde in Den Haag über ein sogenanntes Wiedergutmachungsabkommen verhandelt. Am 10. September 1952 konnte es von Adenauer und dem israelischen Außenminister Moses Sharett in Luxemburg unterzeichnet werden. Darin verpflichtete sich die Bundesrepublik, innerhalb von zwölf Jahren drei Milliarden D-Mark an den Staat Israel zu zahlen und auf diese Weise unter anderem die Eingliederung von 500000 jüdischen Flüchtlingen zu unterstützen. Das war ein erster Schritt auf dem langen und schwierigen Weg einer Annäherung zwischen Tel Aviv und Bonn.

Indem die Bundesrepublik sich zu den Wiedergutmachungszahlungen bereiterklärte und damit den Aufbau und die Konsolidierung Israels förderte, nahm sie eine vorübergehende Verschlechterung des Verhältnisses zu den anderen Staaten des Nahen Ostens in Kauf. Zwar konnten im Oktober 1952 diplomatische Beziehungen mit Ägypten und ein Jahr darauf mit Irak auf Botschafterebene hergestellt werden, Jordanien und Syrien waren indessen erst 1956 beziehungsweise 1961 zur Eröffnung einer Botschaft in der Bundesrepublik bereit. Insgesamt aber bestätigten auch diese verspäteten Einrichtungen fremder Missionen in Bonn den allgemeinen Trend recht guter Beziehungen zwischen der Bundesrepublik und vielen Staaten der Dritten Welt. Nicht von ungefähr kamen die ersten Staatsbesucher, beginnend mit Kaiser Haile Selassie I. von Äthiopien, aus solchen Ländern.

Die Grundlage dieser Entwicklung war im März 1951 durch die besagte Revision des Besatzungsstatuts geschaffen worden. Eine wichtige Etappe auf dem weiteren Weg zur Souveränität in den auswärtigen Angelegenheiten war die Aufhebung des Kriegszustandes durch die drei Westmächte. Nachdem Großbritannien diesen Schritt am 9. Juli 1951 getan hatte, folgten Frankreich und die USA am 13. Juli beziehungsweise am 24. Oktober. Damit hatten insgesamt 46 Staaten den Kriegszustand aufgehoben.[12] Schließlich konnte am 26. Mai 1952, also einen Tag vor Unterzeichnung des EVG-Vertrages, in Bonn der „Vertrag über die Beziehungen zwischen der Bundesrepublik Deutschland und den Drei Mächten" unterzeichnet werden. So lautete der offizielle Titel des Dokuments, das nach einer Wortschöpfung des Staatssekretärs im Bundeskanzleramt, Otto Lenz, allerdings unter dem populäreren Titel „Deutschland-Vertrag" firmierte.[13] Er wurde ausdrücklich „auf der Grundlage der Gleichberechtigung" abgeschlossen und gestand der Bundesrepublik die „volle Macht" über ihre inneren und äußeren Angelegenheiten zu, allerdings „vorbehaltlich der Bestimmungen dieses Vertrages".[14] Diese wiederum bezogen sich insbesondere auf die Rechte der Westmächte in bezug auf Deutschland als Ganzes und auf Berlin.

In Moskau und Ost-Berlin wurde diese Entwicklung im Verhältnis der Bundesrepublik zu den westlichen Besatzungsmächten mit größter Aufmerksamkeit verfolgt. Der zitierte Vorstoß Plevens war gerade einmal vier Wochen alt, als DDR-Ministerpräsident Otto Grotewohl zur Feder griff. In seinem Schreiben an Konrad Adenauer vom 30. November 1950 schlug er die Bildung eines gesamtdeutschen konstituierenden Rates vor, der paritätisch aus Vertretern beider deutscher Teilstaaten zusammengesetzt sein sollte. Die Aufgaben dieses Rates sollten die Vorbereitung der Bildung einer gesamtdeutschen Regierung, die Organisation gesamtdeutscher Wahlen sowie die Beratung der vier alliierten Mächte bei der Ausarbeitung eines Friedensvertrages sein. Vorbedingung dieser wie aller folgenden Offerten war freilich der Abbruch der EVG-Verhandlungen durch die Bundesregierung.

Am 15. Januar 1951 lehnte der Bundeskanzler den Vorschlag Grotewohls ab. Er konnte sich dabei auf eine breite Zustimmung nicht nur der Regierungsparteien, sondern in diesem Falle auch der oppositionellen Sozialdemokraten stützen. Die Forderung, die Adenauer für die Bundesrepublik im Gegenzug erhob, sollte während der kommenden Jahre in allen Vorschlägen des Westens Priorität besitzen: Danach hätte der erste Schritt in freien gesamtdeutschen Wahlen zu einer verfassungsgebenden Nationalversammlung bestanden, zu der sämtliche Parteien zugelassen werden sollten. Zur großen Überraschung westlicher Beobachter ging Ost-Berlin auf diese Forderung ein. Denn am 15. September 1951 präzisierte Otto Grotewohl seine Vorschläge, stimmte freien Wahlen zu einer Nationalversammlung in ganz Deutschland zu, und zwar zu gleichen Bedingungen für alle Parteien, und am 9. Januar 1952 wurde dann sogar noch der Entwurf für ein Wahlgesetz auf der Basis des Reichstagswahlgesetzes der Weimarer Republik nachgereicht.

Dieses Entgegenkommen, das eine nicht unbeträchtliche Beweglichkeit nahezulegen schien, war indessen eine unmittelbare Reaktion auf Ereignisse, die mit Deutschland, ja mit Europa nichts oder doch nur wenig zu tun hatten. Auch in diesem Falle spielten die Entwicklungen in Ostasien eine kaum zu überschätzende Rolle: Zum einen hatten sich die Vorgänge im Korea-Krieg ganz offenkundig verselbständigt. Die massive militärische Intervention Chinas war von Moskau aus nicht mehr zu steuern. Vor allem aber gewann mit Ausbruch des Korea-Krieges Japan für die amerikanische Politik und Kriegführung unvermittelt an Bedeutung und Gewicht. Die japanischen Inseln wurden zu einer unverzichtbaren Nachschubbasis für ihre in Korea kämpfenden Truppen. Die Konzilianz, die Grotewohl am 15. September, nur wenige Tage nach Unterzeichnung eines Friedens- und vor allem eines Sicherheitsvertrages zwischen Japan und den USA, signalisierte, war auch ein Versuch zu verhindern, daß nach Japan nunmehr die Bundesrepublik fest im westlichen Block verankert wurde. In Bonn war man von diesem Schritt gleichermaßen überrascht und beeindruckt: Sollte der Kreml, ohne den Grotewohls Initiativen kaum denkbar waren, tatsächlich bereit sein, den hohen Preis einer Wiedervereinigung Deutschlands zu zahlen, um die Westintegration der Bundesrepublik zu verhindern?

Jedenfalls schien die Sache dort so dringend, daß sich Josef Stalin am 10. März 1952 persönlich mit gleichlautenden Noten an die Regierungen der drei Westmächte wandte und im Kern die Wiederherstellung eines um die Gebiete östlich von Oder und Neiße verkleinerten, im wesentlichen neutralen deutschen Staates vorschlug. Einen Monat später, am 9. April 1952, kam der oberste Sowjet den westlichen Vorstellungen sogar einen entscheidenden Schritt entgegen und stimmte, ähnlich wie zuvor Grotewohl gegenüber seinen deutschen Ansprechpartnern, dem Primat freier Wahlen in Gesamtdeutschland zu. Indem die Westmächte gegenüber Stalin, ähnlich wie Bonn gegenüber Ost-Berlin, unter anderem darauf bestanden, daß die Wahlaufsicht durch die damals von den USA und ihren Verbündeten dominierten Vereinten Nationen durchgeführt werden sollte, trugen sie maßgeblich zum Scheitern der sowjetischen Initiative bei.

Es sei hier dahingestellt, ob es sich bei Stalins Vorschlag eines unter bestimmten Bedingungen wiedervereinigten Deutschlands um ein erstzunehmendes Angebot handelte oder aber um eine langfristig angelegte Strategie, mit der die Westmächte aus Deutschland herausgedrängt und das dann schutzlose Land dem von Moskau kontrollierten Staatengürtel einverleibt werden sollte. Mit der Zurückweisung der sowjetischen Offerte durch die drei Westmächte rückte die Wiedervereinigung jedenfalls zunächst einmal in weite Ferne. Das war nüchtern denkenden Politikern, wie namentlich Konrad Adenauer, klar, der im Zuge seiner auch öffentlich vorgetragenen Attacken gegen die Stalin-Noten offenbar schon von dieser Erkenntnis geleitet wurde und deshalb jetzt mehr denn je auf eine „Politik der Stärke" gegenüber „Sowjetrußland" setzte.

Für eine solche Politik schien die Zeit reif zu sein. Denn als am 20. Januar 1953 der Republikaner Dwight D. Eisenhower das Amt des Präsidenten der Vereinigten Staaten von Amerika antrat, stand er bei seinen Wählern im Wort, die „Containment"-Politik seines demokratischen Vorgängers durch eine Politik des „Rollback", des offensiven Zurückdrängens des Kommunismus, zu ersetzen. Ein Jahr später fand diese Maxime ihre sicherheitspolitische Ergänzung in der Doktrin der „Massive retaliation", die jedem Aggressor Gegenmaßnahmen bis hin zu einer massiven nuklearen Vergeltung in Aussicht stellte. Daß sich die amerikanische Führung, wenn es darauf ankam, doch nicht zu einer militärischen Aktion entschloß, welche die Vereinigten Staaten in eine direkte militärische Konfrontation mit der Sowjetunion hätte bringen können, hatte in erster Linie mit dem sich abzeichnenden atomaren Patt zu tun: Am 20. August 1953 hatten die Sowjets ihre erste Wasserstoffbombe gezündet und damit einmal mehr den amerikanischen Vorsprung auf diesem Gebiet eingeholt.

Angesichts dieser zusehends bedrohlichen Entwicklung wollte es Eisenhower nicht auf eine direkte militärische Machtprobe ankommen lassen. Im übrigen deutete, jedenfalls vorübergehend, auch einiges auf den weltweiten Abbau der Spannungen hin. Am 5. März 1953 starb Josef Stalin, und noch bevor Nikita Chruschtschow im September 1953 offiziell die Nachfolge antrat, konnte am 27. Juli der Waffenstillstand für Korea unterzeichnet werden. Ein knappes Jahr darauf, am 21. Juli 1954, wurde in Genf der Waffenstillstand für Vietnam unter Dach und Fach gebracht. Nach einer verheerenden militärischen Niederlage zogen damit die Franzosen die bittere Konsequenz aus ihrem vergeblichen, acht Jahre währenden Versuch, sich nach dem Zweiten Weltkrieg wieder in ihrer alten Kolonie zu etablieren.

In Bonn, und dort vor allem vom Bundeskanzler und Außenminister Adenauer, wurde mit zunehmender Sorge registriert, daß sich die westliche „Politik der Stärke" auf rhetorische Offensiven beschränkte. Ob es sich, wie damals gemunkelt wurde, bei der Vermittlung des Waffenstillstandes für Vietnam um eine sowjetische Vorleistung gehandelt hatte, die durch das Scheitern der EVG im französischen Parlament abgegolten werden mußte, sei dahingestellt. Fest steht jedenfalls, daß der EVG-Vertrag am 30. August 1954 in der französischen Nationalversammlung scheiterte. Genau genommen scheiterte er indirekt: 264 Abgeordnete sprachen sich dafür aus, zwölf enthielten sich der Stimme und 319 Abgeordnete votierten dagegen, daß der EVG-Vertrag dem Parlament zur Ratifizierung vorgelegt wurde.

Problematisch war das Scheitern der EVG weniger in militärischer Hinsicht. Mit der NATO stand ja eine Alternative bereit, und schon seit Ende Juni 1954 hatten in Washington amerikanisch-britische Besprechungen in dieser Angelegenheit stattgefunden. Schwerwiegender waren die politischen Folgen, welche die Entscheidung der französischen Nationalversammlung zeitigen sollte. Mit Recht hat Adenauer den 30. August deshalb als „schwarzen Tag" für Europa[15] beziehungsweise als das „große Unglück", ja als „furchtbaren" und „entscheidenden Rückschlag" bezeichnet.[16]

Tatsächlich war den wenigsten Zeitgenossen bewußt, daß der EVG-Vertrag „in erster Linie" den Sinn hatte, die europäische Einigung zu fördern.[17] Denn Artikel 38 sah ausdrücklich die Möglichkeit der Gründung einer „Europäischen Politischen Gemeinschaft" (EPG) vor, und am 10. September 1952 hatte die Konferenz der EGKS-Außenminister dann auch die Realisierung dieses Artikels beschlossen. Sie hatte damit einen Vorschlag des italienischen Ministerpräsidenten Alcide De Gasperi aufgegriffen, der wie Adenauer, Schuman und Monnet zu den Vätern des modernen Europagedankens gehörte. Diese überzeugten „Europäer" verbanden mit der EPG die Überlegung, daß nur ein politisch voll integrierter Kontinent die Chance habe, sich in Zukunft gegenüber der Sowjetunion, aber eben auch gegenüber den USA zu behaupten. Gerade in dieser Hinsicht hatte das Ende der EVG weitreichende Folgen: Mit der Europaarmee war auch die EPG vorläufig gescheitert.

Das unrühmliche Ende von EVG und EPG bedeutete aber nicht nur einen Rückschlag für Europa, sondern auch für Deutschland. Wie wollte man jetzt noch den Westmächten die Wiedervereinigung schmackhaft machen? Ohnehin erlahmte deren Bereitschaft zur Unterstützung des deutschen Wunsches in dem Maße, in dem der nukleare Wettlauf an Tempo gewann und die Sowjets diese Karte auch in der Deutschen Frage spielten. Das hatte schon im Januar und Februar 1954 die Außenministerkonferenz in Berlin deutlich gemacht, die erste dieser Art seit fünf Jahren. Die auf Deutschland bezogenen Forderungen des Westens waren durch den britischen Außenminister Eden vorgetragen worden: Erst nach freien Wahlen in Gesamtdeutschland und der Wiederherstellung der staatlichen Einheit Deutschlands war die Unterzeichnung eines Friedensvertrages mit den alliierten Siegern des Zweiten Weltkrieges vorgesehen. Angesichts der Debatten über die „Stalin-Noten" des Jahres 1952 war es höchst unwahrscheinlich, daß sich die Sowjetunion auf diesen sogenannten ersten Eden-Plan, der von der Reihenfolge der einzelnen Schritte lebte, einlassen würde.

Wenige Wochen später hatte man Gewißheit. Am 25. März 1954 veröffentlichte die Regierung der UdSSR eine Erklärung über die Anerkennung der Souveränität der DDR, in der, analog zum Deutschland-Vertrag zwischen der Bundesrepublik und den westlichen Alliierten, auch auf einige einschränkende Vorbehalte hingewiesen wurde. Konnte man verkennen, daß die anvisierte Aufhebung des Besatzungsstatuts und die Erlangung weitgehender Souveränität durch die Bundesrepublik diese Entwicklung mitverursacht, in jedem Falle aber beschleunigt hatte? Auch das vorläufige Scheitern dieser Politik am 30. August 1954 änderte daran nichts, im Gegenteil mußte jetzt so rasch wie möglich eine alternative Lösung gefunden werden.

Insgesamt waren die Ausgangsbedingungen während der anstehenden Verhandlungen für die Bundesrepublik günstiger als in den voraufgegangenen Jahren, da der EVG- und damit der Deutschland-Vertrag in seiner alten Fassung nicht in Bonn Schiffbruch erlitten hatte, sondern in Paris. Zur Debatte stand ein ganzes Paket von Abmachungen, die auf mehreren Konferenzen ausgehandelt und unterzeichnet wurden. Den Anfang machte die sogenannte Londoner Neunmächtekonferenz vom 28. September bis zum 3. Oktober 1954. An ihr nahmen Belgien, die Bundesrepublik Deutschland, Frankreich, Großbritannien, Italien, Kanada, Luxemburg, die Niederlande und die Vereinigten Staaten teil. Hier einigte man sich im Prinzip darauf, das Besatzungsstatut aufzuheben und die Bundesrepublik in eine fast vollständige Souveränität zu entlassen. Im Gegenzug erklärte sich Bonn bereit, sowohl der NATO als auch dem Brüsseler Pakt, also der am 17. März 1948 von Großbritannien, Frankreich und den Benelux-Staaten gegründeten „Westunion", beizutreten.

Drei Wochen später nahmen dann diese und andere Vereinbarungen konkrete Vertragsformen an. Vom 19. bis zum 23. Oktober 1954 fanden in Paris insgesamt fünf Konferenzen zwischen den drei Westmächten und der Bundesrepublik, den neun Unterzeichnern der Londoner Akte, den 14 NATO-Staaten und der Bundesrepublik, den fünf Westunionsstaaten, der Bundesrepublik und Italien sowie schließlich eine Zweimächtekonferenz zwischen der Bundesrepublik und Frankreich statt. Im Ergebnis wurden auf diesen Konferenzen vereinbart: die Neuregelung des Verhältnisses der drei westlichen Siegermächte des Zweiten Weltkrieges zur Bundesrepublik, deren Beitritt zur NATO, die Aufnahme der Bundesrepublik und Italiens in die Westunion, die damit gleichzeitig in „Westeuropäische Union" (WEU) umbenannt wurde, sowie ein deutsch-französisches Abkommen über ein Saarstatut.

Letzteres ging auf eine Forderung zurück, deren Erfüllung Paris zur Voraussetzung für seine Zustimmung zu jenen Verträgen erhob, die dann tatsächlich zwischen dem 27. und 30. Dezember 1954 nach erregten Auseinandersetzungen das Parlament passierten. Die Bereitschaft der Bundesregierung, sich darauf einzulassen, setzte sie im Innern erneut heftiger Kritik aus. Das Statut sollte die Stellung des Saarlandes bis zum Abschluß des Friedensvertrages regeln. Es sah für dieses einen autonomen Status im Rahmen der WEU vor, definierte es aber nicht als „europäisches Territorium". Vielmehr sollte das Saarland auch weiterhin durch eine Währungs- und Zollunion mit Frankreich verbunden bleiben. Paris wollte das Saarstatut, das am 5. Mai 1955 in Kraft trat, durch einen Volksentscheid bestätigt sehen. Offensichtlich hatte man im Herbst 1954 an der Seine wenig Zweifel, daß sich die Mehrheit der Saarländer für das Statut entscheiden würde, waren sie doch in den voraufgegangenen Jahren, verglichen mit der französischen Besatzungszone, durchaus bevorzugt behandelt worden.

Dennoch lehnten am 23. Oktober 1955 mehr als zwei Drittel der Saarbewohner, die sich an der Abstimmung beteiligt hatten, und das waren immerhin 96 %, das Statut ab und votierten damit für die Rückkehr ihres Landes nach Deutschland. Erstmals hatte sich das bundesdeutsche „Wirtschaftswunder" als unwiderstehlich attraktiv erwiesen. 35 Jahre später, nach dem unerwarteten Fall der Berliner Mauer und im Zuge der ersten freien Wahlen zur Volkskammer der DDR, sollte sich das erneut zeigen, allerdings in ungleich gravierenderen Dimensionen. Am 27. Oktober 1956 zogen die Bundesrepublik und Frankreich die Konsequenzen aus dem Volksentscheid, indem sie vertraglich festlegten, daß das Saarland zum 1. Januar 1957 in die Bundesrepublik eingegliedert werden sollte. Am 6. Juli 1959 wurde schließlich auch vorzeitig die wirtschaftliche Rückgliederung abgeschlossen.

Indem sich Adenauer in Paris gegen heftigen Widerstand aus dem eigenen Land zur Unterzeichnung des Saarabkommens bereit fand, beseitigte er zugleich das letzte Hindernis auf dem Weg zu einer grundsätzlichen Neuregelung des Verhältnisses der Westmächte zur Bundesrepublik. Auf der Basis des sogenannten zweiten Deutschland-Vertrages, der gegenüber der ersten Fassung für die Bundesrepublik weitere Vorteile brachte, wurde endlich die Besatzungszeit in der Bundesrepublik beendet. Die Hohen Kommissare wurden durch Botschafter der drei Westmächte ersetzt, und die Stationierung ihrer Truppen erfuhr durch jeweils bilaterale Verträge eine Neuregelung. Ausdrücklich bekräftigten die drei Westmächte ihre Sicherheitsgarantien für die Bundesrepublik und für Berlin, ausdrücklich bestätigten sie auch den Alleinvertretungsanspruch der Bundesrepublik.

Die Frage, ob es sich dabei um ein einseitiges Entgegenkommen handelte oder ob die Westmächte ihrerseits ein Interesse an der Festschreibung dieses Alleinvertretungsanspruchs hatten, ist relativ eindeutig zu beantworten: Indem die Bundesrepublik diesen Anspruch erhob, trat sie zugleich die Nachfolge des Deutschen Reiches an. Damit hatten die Westmächte den Ansprechpartner gewonnen, den sie für die Handlungen, Verträge oder auch Verbrechen des Deutschen Reiches in die Pflicht und in die Verantwortung nehmen konnten. Das war um so wichtiger, als die DDR ja jedwede historische Bindung und damit Verantwortung ablehnte.

Auch in der geänderten Fassung des „Vertrages über die Beziehungen zwischen der Bundesrepublik Deutschland und den Drei Mächten" vom 23. Oktober 1954 behielten sich Washington, London und Paris „die bisher von ihnen ausgeübten oder innegehabten Rechte und Verantwortlichkeiten in bezug auf Berlin und auf Deutschland als Ganzes einschließlich der Wiedervereinigung Deutschlands und einer friedensvertraglichen Regelung" vor.[18] Daran hat sich bis zum Inkrafttreten des „Zwei-Plus-Vier"-Vertrages am 15. März 1991 nichts geändert. Gemäß Artikel 5.2 des Deutschland-Vertrages verfügten die drei Westmächte solange über die „bisher innegehabten oder ausgeübten Rechte in bezug auf den Schutz der Sicherheit von in der Bundesrepublik stationierten Streitkräften", bis die deutsche Gesetzgebung entsprechende „wirksame Maßnahmen" bereitstellen konnte.[19] Das geschah mit der Notstandsgesetzgebung des Jahres 1968. Der umstrittene Artikel 7.3, der auch das wiedervereinigte Deutschland zur umfassenden Westbindung verpflichtet hätte, wurde hingegen nicht in die geänderte Fassung des Deutschland-Vertrages übernommen.

Als besonders wichtig erwies sich der häufig unterschätzte Beitritt der Bundesrepublik zum sogenannten Brüsseler Pakt, der ja ursprünglich auch gegen den Fall „der Wiederaufnahme einer deutschen Angriffspolitik“ gegründet worden war. Mit dem deutschen Beitritt entfiel diese antideutsche Stoßrichtung. Schließlich gab die Bundesregierung im Rahmen des WEU-Vertrages eine einseitige Erklärung auf Gewaltverzicht ab. Auf diese hat sich Bonn bis Mitte der sechziger Jahre immer wieder berufen, wenn die Sowjetunion oder einer ihrer Verbündeten einen Vorstoß zur Unterzeichnung eines Gewaltverzichtsabkommens unternahm, mit dem nach damaliger Auffassung eben auch der Status quo im geteilten Deutschland festgeschrieben worden wäre.

Aus französischer Sicht schließlich bedeutete die WEU, die im Unterschied zur NATO eine automatische Beistandspflicht gegen jeden bewaffneten Angriff auf einen Partner vorsieht, auch einen Ersatz für die EVG, ja insofern sogar gegenüber dieser einen Gewinn, als Großbritannien Gründungsmitglied des Brüsseler Paktes und damit der WEU war. Tatsächlich sollte die WEU in der Sturmphase der europäischen Desintegration der sechziger Jahre mitunter die letzte institutionelle Brücke Großbritanniens nach Westeuropa bilden. Da es sich bei der WEU um ein rein europäisches Unternehmen handelte, hoffte man in Paris zudem, eine weitgehende Kontrolle über die deutsche Wiederaufrüstung ausüben zu können.

Diese Annahme war jedenfalls in einem Punkt zutreffend. In den Anlagen I–III des Protokolls Nr. III zum WEU-Vertrag findet sich nämlich der einseitige Verzicht der Bundesrepublik auf die Herstellung bestimmter Waffen auf ihrem eigenen Territorium. Dazu zählten neben weitreichenden und gelenkten Geschossen, wie sie Deutschland in der Endphase des Zweiten Weltkrieges in Form der V-Raketen entwickelt hatte, strategischen Bombern oder auch Kriegsschiffen, außer zur Selbstverteidigung, insbesondere atomare, bakteriologische und chemische Waffen. Wie gesagt, der Verzicht bezog sich auf die Herstellung solcher Waffen auf eigenem Territorium. Das schloß folglich nicht aus, daß die Bundesrepublik beispielsweise Atomwaffen besaß und stationierte. Es mußte sich nur jemand finden, der Deutschland diese Waffen zur Verfügung stellte, und das galt im Herbst 1954 als höchst unwahrscheinlich. Daß sich diese Situation nur wenige Jahre später ändern könnte, glaubte man nicht nur in Paris zu diesem Zeitpunkt ausschließen zu können.

Nachdem der Deutsche Bundestag am 27. Februar 1955 die Pariser Verträge gegen die Stimmen der SPD ratifiziert hatte, traten sie am 5. Mai 1955 in Kraft. Damit war die Bundesrepublik, von den zitierten Vorbehalten und Einschränkungen abgesehen, souverän. Am 7. Mai fand die konstituierende Sitzung des WEU-Rates statt, und zwei Tage später, am 9. Mai 1955, wurde der junge Teilstaat schließlich in die NATO aufgenommen. Damit war nicht nur die politische und militärische Westintegration der Bundesrepublik völkerrechtlich vollzogen und besiegelt. Vielmehr war die rheinische Republik auf den Tag genau zehn Jahre nach der bedingungslosen Kapitulation des Deutschen Reiches „nicht mehr isoliert", wie Adenauer schon nach Unterzeichnung des EVG-Vertrages prognostiziert hatte; ihre Vertreter saßen jetzt im Kreise „dieser ganzen Nationen am gleichen Tisch".[20] Fortan ließ sich auch von einer Außenpolitik der Bundesrepublik im engeren Sinne sprechen.

Es liegt auf der Hand, daß dieser Prozeß nicht nur von den westlichen Nachbarn der Bundesrepublik mit Neugier, Interesse und gelegentlich mit Argwohn begleitet wurde, sondern auch von ihren östlichen, allen voran von der Sowjetunion. Am 15. Januar 1955 veröffentlichte der Kreml eine Erklärung, in der sich Warnung und Angebot die Waage hielten. Dem unmißverständlichen Hinweis, daß die Ratifizierung der Pariser Abkommen „mit der Wiederherstellung Deutschlands als einheitlichen, friedliebenden Staat nicht zu vereinbaren" sei, folgte in sorgfältig gewählten Formulierungen der Hinweis, daß es noch „ungenutzte Möglichkeiten zur Erreichung eines Abkommens in der Frage der Wiedervereinigung Deutschlands unter gebührender Berücksichtigung der rechtmäßigen Interessen des deutschen Volkes" gebe. Dieses müsse „durch die Abhaltung allgemeiner freier Wahlen in ganz Deutschland, einschließlich Berlin, die Möglichkeit haben, seinen freien Willen zu äußern, damit ein einheitliches Deutschland als Großmacht wiederersteht und einen würdigen Platz unter den anderen Mächten einnimmt".[21] Zehn Tage später untermauerte die Sowjetunion ihr Angebot, indem sie als letzte der alliierten Sieger den Kriegszustand mit ganz Deutschland für beendet erklärte und ihre Nachrichtenagentur TASS an diesem 25. Januar von der möglichen Freilassung der noch etwa 10000 deutschen Kriegsgefangenen sprach.

Indessen vermochte auch das nichts mehr an der Entscheidung der Bundesregierung zu ändern. Die Weichen waren gestellt, und am 5. Mai waren von den drei beziehungsweise vier wichtigsten Zielen deutscher Politik nach 1945 zwei erreicht worden. Die Bundesrepublik war auf praktisch allen Ebenen fest in die westlichen Gemeinschaften integriert und seit 1955 zu einem erheblichen Teil, aber eben nicht vollständig souverän. Die Totalintegration hatte ihr die Teilsouveränität beschert. Anders sah es mit der Gleichberechtigung und der Wiedervereinigung aus: Gleichberechtigt im vollen Sinne wäre man ja nur dann gewesen, wenn man wie die Anderen eine nicht unter äußeren Vorbehalten stehende Außenpolitik hätte treiben können. Diese alliierten Vorbehalte bezogen sich aber gerade auf den ausdrücklichen deutschen Wunsch nach Wiedervereinigung. Eine Aufhebung dieser Vorbehalte und damit die Herstellung einer vollen Gleichberechtigung wäre mithin nur möglich gewesen, wenn die Deutschen entweder das selbst auferlegte Gebot der Wiedervereinigung definitiv aufgegeben oder aber diese Wiedervereinigung erlangt hätten. Da beides nicht der Fall war, blieb die Gleichberechtigung bis 1991 ein in letzter Konsequenz unerfüllter Wunsch. Damit waren zwei Hauptziele der Bonner Außenpolitik nach 1955, Wiedervereinigung und Gleichberechtigung, gerade auf Grund ihrer gegenseitigen Bedingtheit nicht erreichbar, jedenfalls nicht aus eigener Kraft und nicht auf absehbare Zeit.

3. Etablierung im Westen 1955–1966

Der Eintritt in einen Klub ist eine Sache, die Mitgliedschaft eine andere. Diese Erfahrung mußte die Bundesrepublik nach Erlangung ihrer fast vollständigen Souveränität immer wieder machen, und nicht selten handelte es sich dabei um eine ernüchternde Lektion. Die Orientierung im westlichen Bündnis fiel Bonn vor allem deshalb schwer, weil die NATO, zumal seit den ausgehenden fünfziger Jahren, zunehmend in eine Krise geriet. In dem Maße, in dem ihre wichtigsten Verbündeten, Frankreich und die Vereinigten Staaten von Amerika, auf mitunter beinahe feindselige Distanz zueinander gingen, fanden sich die deutschen Außenpolitiker zwischen allen Stühlen plaziert. Und die transatlantischen Spannungen zwischen Paris und Washington nahmen ihrerseits um so stärker zu, je mehr die beiden Supermächte USA und Sowjetunion die Konsequenzen aus der krisenhaften Entwicklung in den ausgehenden fünfziger und sechziger Jahren zogen, mit der Deutschen Frage die eigentliche Ursache des Kalten Krieges auf dem 1955 erreichten Niveau einfroren und damit als akuten Spannungs- und Gefahrenherd weitgehend ausschalteten.

Zweifellos hatte die Gründung der Bundesrepublik Deutschland und ihre konsequente Westintegration der sowjetischen Führung einige Entscheidungen abgenommen. Jedenfalls legte sich Moskau unmittelbar nach Inkrafttreten der Pariser Verträge auf die „Zwei-Staaten-Theorie“ fest. Danach gab es auf dem Boden des Deutschen Reiches westlich der Oder-Neiße-Linie, die für die Sowjetunion längst den Charakter einer definitiven Grenze angenommen hatte, zwei deutsche Staaten mit unterschiedlicher Gesellschaftsordnung. Daran ließen Nikolaj Bulganin und Nikita Chruschtschow auf der Genfer Gipfelkonferenz des Juli 1955, der ersten seit Potsdam, wenig Zweifel.

In der Bundesrepublik, die ebensowenig wie die DDR als Partner am Genfer Verhandlungstisch saß, las man mit mißtrauischer Aufmerksamkeit die „Direktive der Regierungschefs an die Außenminister“ vom 23. Juli 1955, die das ganze Ausmaß westlichen Entgegenkommens gegenüber der UdSSR offenbarte. Zwar übernahm hier, jedenfalls rhetorisch, nochmals ein sowjetischer Politiker die Formel von der „Wiedervereinigung Deutschlands“ – übrigens zum letztenmal bis zum Beginn der „Zwei-plus-Vier“-Gespräche beziehungsweise bis zum Besuch Bundeskanzler Kohls in der Sowjetunion im Februar 1990. Doch rangierten im abschließenden Kommuniqué die „Interessen des deutschen Volkes“ auf der gleichen Ebene wie die „europäische Sicherheit“.[1] Adenauer intervenierte umgehend in Washington und London, und das nicht ohne Erfolg. Auf der Folgekonferenz der vier Außenminister, die vom 27. Oktober bis zum 16. November 1955 gleichfalls in Genf tagte, korrigierten die Vertreter der Westmächte ihre Gipfelvorschläge in einigen Punkten. Für die Sowjets war das freilich unverbindlich. Tatsächlich ließ sich ihr Außenminister, wie der Leiter der deutschen Beobachterdelegation im Rückblick festhielt, in Genf erst gar nicht auf Verhandlungen ein, „die in irgendeiner Form auf das Ziel der Wiedervereinigung Deutschlands gerichtet waren“.[2]

Damit bestätigte Wilhelm Grewe einen Eindruck, den sich inzwischen auch Adenauer selbst hatte machen können. In der Zeit zwischen dem Genfer Gipfel und der Folgekonferenz der Außenminister am gleichen Ort war der Kanzler nämlich nach Moskau gereist. Der Besuch ging auf eine Einladung der Sowjets zurück, die am 7. Juni, also nach Inkrafttreten der Pariser Verträge, ausgesprochen worden war. Insofern ist auch in dieser Einladung ein unmittelbarer Ausdruck der „Zwei-Staaten-Theorie“ zu sehen. Adenauer war das natürlich bewußt, und mit der Annahme der Einladung und dem Besuch trug er auf seine Weise den weltpolitischen Realitäten Rechnung. So versuchte der Kanzler einer Tendenz gegenzusteuern, die sich seit dem Genfer Gipfel drohend abzeichnete und auf eine Lösung der Deutschen Frage durch die Vier Mächte ohne deutsche Beteiligung hinauslief. Im übrigen nahm er die Einladung erst an, nachdem er zuvor die drei westlichen Verbündeten konsultiert hatte, und selbstverständlich hielt er deren Moskauer Botschafter während der Gespräche stets auf dem Laufenden.

Der Besuch fand vom 9. bis zum 13. September 1955 statt. Der Kanzler reiste in Begleitung einer hochrangigen Delegation, zu der zum Beispiel auch der SPD-Abgeordnete Carlo Schmid in seiner Eigenschaft als stellvertretender Vorsitzender des Auswärtigen Ausschusses des Bundestages gehörte. Immerhin gelang es den Bonner Emissären, von den sowjetischen Gesprächspartnern Chruschtschow und Bulganin die Zusage zur Freilassung der noch in der Sowjetunion internierten Deutschen zu erhalten. Es handelte sich dabei um 9628 Kriegsgefangene, die nach sowjetischem Recht als Kriegsverbrecher verurteilt worden waren, sowie eine etwa doppelt so große Zahl von Zivilinternierten. Die Heimkehr der letzten deutschen Gefangenen im Oktober 1955 wurde in der Bundesrepublik vor allem als persönliches Verdienst Konrad Adenauers gewertet. Sie hat nicht unmaßgeblich zu seiner wachsenden Popularität und zwei Jahre darauf zum überlegenen Sieg der CDU/CSU in den Wahlen zum dritten Deutschen Bundestag beigetragen.

Zu den bemerkenswerten Aspekten der Moskauer Gespräche gehört das hohe Maß an Vertrauen, das Adenauer seinen Gesprächspartnern entgegenbrachte. Das überrascht einerseits, wenn man bedenkt, mit welchem Mißtrauen der Kanzler das Vorgehen der Sowjets in der unmittelbaren Nachkriegszeit begleitet hatte. Andererseits behandelte Adenauer seine „sowjetrussischen" Gesprächspartner aber als das, was sie waren: Real- und Machtpolitiker. Das erklärt zu einem gewissen Teil, warum er sich darauf verließ, daß Chruschtschow und Bulganin ihr Wort halten und die Gefangenen auch ohne schriftliche Zusage freigeben würden. Schwarz auf Weiß wurde hingegen das festgehalten, was die Sowjets als Gegenleistung verlangten, die Aufnahme diplomatischer Beziehungen zwischen Moskau und Bonn. In der deutschen Delegation war man sich der Brisanz dieses Schrittes bewußt; in Moskau selbstverständlich auch.

Dort wurde zwei Tage nach Abreise der bundesdeutschen Delegation demonstrativ eine Delegation der DDR empfangen, und am 20. September unterzeichneten Bulganin und Grotewohl auf der Basis „völliger Gleichberechtigung" einen Vertrag, wonach die DDR „frei in der Entscheidung über Fragen ihrer Innenpolitik und Außenpolitik" war, „einschließlich der Beziehungen zur Deutschen Bundesrepublik sowie der Entwicklung der Beziehungen zu anderen Staaten".[3] Spätestens im September 1955 waren also Tatsachen geschaffen worden: Auf dem Territorium Deutschlands westlich der inzwischen unausgesprochen von allen vier Siegermächten als Grenze akzeptierten Oder-Neiße-Linie gab es zwei Staaten. Diese waren auf der Grundlage der Verträge, die sie mit den jeweiligen Besatzungsmächten geschlossen hatten, in ihren inneren Angelegenheiten vollständig und in den äußeren Angelegenheiten weitgehend souverän. Eingeschränkt wurde die äußere Souveränität in beiden Fällen durch jene Vorbehalte, die sich auf den künftigen Friedensvertrag, also insbesondere auf Deutschland als Ganzes und Berlin bezogen.

Ein wichtiger Unterschied zwischen den beiden deutschen Staaten war allerdings darin zu sehen, daß der eine, die Bundesrepublik, den anderen, die DDR, nicht anerkannte und überdies für sich beanspruchte, alleine das gesamte deutsche Volk vertreten zu können, da nur die Bundesregierung, nicht aber das SED-Regime demokratisch legitimiert sei. Eben dieser „Alleinvertretungsanspruch" der Bundesrepublik wurde durch die Aufnahme diplomatischer Beziehungen Bonns zu Moskau gefährdet. Gewiß, in Bonn konnte mit gutem Grund argumentiert werden, daß dieser Schritt deshalb notwendig gewesen sei, weil es sich bei der Sowjetunion schließlich um eine der alliierten Siegermächte des Zweiten Weltkrieges handele und es zu einer wie immer gearteten Lösung der Deutschen Frage ihrer Zustimmung bedürfe. Indessen war die prekäre Situation entstanden, daß die Bundesrepublik diplomatische Beziehungen zu einem Land aufgenommen hatte, welches seinerseits solche zur DDR unterhielt. Das konnte ein erster Schritt hin auf dem Weg zur Anerkennung der DDR und damit zur Aufgabe des Alleinvertretungsanspruchs der Bundesrepublik sein.

Mit einer ganzen Serie von Maßnahmen versuchte sich Bonn dieser Gefahr entgegenzustemmen. Vor allem galt es zu verhindern, daß die Aufnahme diplomatischer Beziehungen Bonns zu Moskau von dritten Staaten als willkommene Rechtfertigung benutzt werden konnte, ihrerseits diplomatische Beziehungen zur DDR herzustellen, damit das Regime anzuerkennen und zugleich den bundesdeutschen Alleinvertretungsanspruch zu gefährden. Um dieser Irrfahrt gegenzusteuern, wurde in Bonn eine windungsreiche Maxime entwickelt, die als „Hallstein-Doktrin" in die Geschichte eingegangen ist. Zwar wurde sie nach dem damals amtierenden Staatssekretär des Auswärtigen Amtes, Walter Hallstein, benannt, ersonnen worden aber ist diese Doktrin vom Leiter der Politischen Abteilung des Auswärtigen Amtes, Wilhelm Grewe. Allerdings handelte es sich dabei nicht um ein einziges Dokument oder um eine in sich geschlossene Konzeption. Vielmehr entwikkelte sich die „Hallstein-Doktrin“ allmählich aus einer Reihe öffentlicher Erklärungen der Bundesregierung, zu denen zum Beispiel auch ein Brief zählte, den Adenauer Bulganin am letzten Besuchstag in Moskau übergeben hatte.

Am Rhein neigte man dazu, die Situation des geteilten Deutschland als einzigartig zu betrachten und daraus den Fehlschluß zu ziehen, daß sich die westliche Welt für dessen Schicksal interessieren und engagieren müsse. Das war ein Irrtum. Auch im östlichen Asien gab es Länder, die durch den „Eisernen Vorhang“ geteilt wurden. Das galt für Korea, es galt für Vietnam, und es galt für China. Dort wurde nicht nur seit dem Bürgerkrieg, also seit den ausgehenden vierziger Jahren, sowohl von der nationalchinesischen Regierung auf Taiwan als auch von der kommunistischen Volksrepublik unter Führung Mao Tse-tungs jeweils der Anspruch vertreten, alleine für das ganze China sprechen zu können; vielmehr diente die kommunistische Variante, die sogenannte Mao-Doktrin, insgeheim auch als Vorbild für die deutsche „Hallstein-Doktrin“.

Gemäß dieser betrachtete die Bundesregierung die Aufnahme diplomatischer Beziehungen mit der DDR durch all jene Staaten, mit denen sie selbst solche unterhielt, als unfreundlichen Akt. Für diesen Fall drohte sie mit Sanktionen, wobei Bonn allerdings bewußt die Frage offenließ, mit welchen Maßnahmen man jeweils reagieren würde. Als besonders wirksames Mittel zur Durchsetzung dieser Doktrin beziehungsweise zur Verhinderung einer massenhaften Anerkennung der DDR diente die wachsende Wirtschaftskraft der Bundesrepublik. Die Drohung, den Hahn der Wirtschaftshilfe zu schließen, zeitigte vor allem bei den Staaten der Dritten Welt Wirkung. Diese wurden auch für die deutsche Politik schon deshalb immer wichtiger, weil ihre Zahl als Folge der Unabhängigkeits- beziehungsweise Dekolonisierungsbewegung sprunghaft zunahm.

So genügte zum Beispiel schon die Drohung mit der Einstellung der Hilfe für den Bau des Assuan- beziehungsweise des Euphrat-Staudammes, um Ägypten und Syrien zu der Einsicht zu bekehren, bei ihrer Annäherung an Ost-Berlin Vorsicht walten zu lassen. Scharfe Reaktionen, wie zum Beispiel die Einstellung der Wirtschaftshilfe an Ceylon, mit der Bonn selbst noch 1964 auf die Aufwertung der DDR-Vertretung zu einem Generalkonsulat reagierte, verfehlten nicht ihre Wirkung. Zum äußersten Mittel, dem Abbruch der diplomatischen Beziehungen, griff Bonn allerdings nur zwei- beziehungsweise dreimal. Am 19. Oktober 1957 wurden die diplomatischen Beziehungen zu Jugoslawien, am 14. Januar 1963 diejenigen zu Kuba abgebrochen, und am 24. Februar 1964 wurde die am 18. Januar gegründete Volksrepublik Sansibar ausdrücklich nicht anerkannt.

Diese letzten Schritte erfolgten zu einem Zeitpunkt, als in der Bundesrepublik selbst bereits eine vorsichtige Demontage der „Hallstein-Doktrin" zu beobachten war. Denn je stärker sich der Status quo in der Welt, in Europa und damit eben auch in Deutschland verfestigte, um so hinderlicher war dieses Instrument für eine erfolgreiche Außenpolitik. Vor allem aber belastete die Doktrin nicht nur die Ostpolitik der Bundesrepublik selbst, sondern auch die Außen- und Ostpolitik ihrer Verbündeten. In dem Maße, in dem allen voran die Vereinigten Staaten von Amerika auf einen Entspannungskurs einschwenkten, mußten sich Wiedervereinigungsforderung und Alleinvertretungsanspruch, mit denen die „Hallstein-Doktrin" gerechtfertigt wurde, als Ballast erweisen.

Aber nicht nur in dieser Frage kam es Mitte der fünfziger Jahre erstmals zu Spannungen. Ausgesprochen unerfreulich gestalteten sich vor allem die Verhandlungen zwischen der Bundesrepublik und den Westmächten über die Kosten für die Stationierung alliierter Truppen in der Bundesrepublik. Eine erste Einigung konnte hier nicht vor dem 6. Juni 1956 gefunden werden.[4] Unzufrieden quittierte Washington das Tempo der deutschen Wiederbewaffnung, von der man sich eine Entlastung von eigenen Verteidigungsbürden versprach. Bonn seinerseits drängte nach wie vor vergeblich auf eine Rückerstattung der im Zweiten Weltkrieg in den USA beschlagnahmten deutschen Vermögen.

Besondere Irritation und Verärgerung rief am Rhein die Diskussion über ein „Disengagement" hervor. Seit Mitte der fünfziger Jahre kristallisierte sich in den Reihen der Verbündeten, und wiederum vor allem in den USA, eine wachsende Tendenz zur

Status-quo-Sicherung heraus. In der Konsequenz war das gleichbedeutend mit einer stillschweigenden Bestattung der „Rollback"-Konzeption, die ja ohnehin nirgends zur Anwendung kam, wie die Krisen des Jahres 1956 in beziehungsweise um Polen, Ungarn und Ägypten zeigen sollten. Während sich in Polen die „Vereinigte Arbeiterpartei" durchsetzen konnte und die nach Warschau gereiste sowjetische Führung unter Chruschtschows Leitung nach heftigen Auseinandersetzungen die bereits in Marsch gesetzten sowjetischen Panzer wieder in ihre Kasernen zurückbeorderte, schlug die Rore Armee am 14. November in Ungarn endgültig den Volksaufstand nieder.

Die westliche Führungsmacht hütete sich, entgegen allen rhetorischen Kraftakten, in die inneren Angelegenheiten des Warschauer Paktes einzugreifen. Bei manchem Verbündeten rief diese peinliche Zurückhaltung schon deshalb Befremden hervor, weil die USA zur gleichen Zeit ihren eigenen Verbündeten Großbritannien und Frankreich eine bittere machtpolitische Lektion erteilten: Daß London und mit ihm Paris am 6. November 1956 nach wenigen Tagen ihre unter einem Vorwand begonnene militärische Intervention in Ägypten abbrechen mußten, hatte nämlich nicht nur mit Chruschtschows wilder Androhung eines Raketenangriffs zu tun. Ausschlaggebend war vielmehr die Haltung der USA, die sich noch vor der offiziellen Stellungnahme der Vereinten Nationen für deren Eingreifen ausgesprochen hatten.

Aufmerksamen Beobachtern konnte nicht entgehen, wo die Gründe für dieses Verhalten lagen: „Die großen nuklearen Waffen", so analysierte Adenauer im November 1956, „haben eine merkwürdige Eigenschaft mit sich gebracht, sie haben ihre Besitzer ... mehr oder weniger neutralisiert."[5] So gesehen kam Adenauer der Start des sowjetischen „Sputnik" in eine Erdumlaufbahn am 4. Oktober 1957 höchst gelegen. Während die westliche Welt in momentanem Schock verharrte, dankte der Kanzler „Gott, daß die Russen das gemacht haben".[6] Denn nunmehr hatte er die begründete Hoffnung auf ein Ende der amerikanischen „Lethargie" beziehungsweise jenes „Dämmerschlafes",[7] in den die „freie Welt" seiner Meinung nach versunken war. Der Bundeskanzler sah sich durch den Start des „Sputnik" in seiner Auffassung bestätigt, daß es in dieser Hinsicht nur zwei Möglichkeiten gab. Entweder es kam wirklich zu einer beiderseitigen, allgemeinen und kontrollierten Abrüstung. In diesem Falle hätten allerdings die Sowjets auf dem Gebiet der konventionellen Rüstung erhebliche einseitige Vorleistungen erbringen müssen.

Oder aber, da das höchst unwahrscheinlich war, die Bundesrepublik setzte konsequent den Weg der Aufrüstung fort. So kam es dann auch. Bereits am 2. Januar 1956 waren die ersten Bundeswehreinheiten einberufen worden, und am 6. März hatte der Bundestag die zweite Wehrergänzung des Grundgesetzes sowie das Soldatengesetz verabschiedet, mit dem die allgemeine Wehrpflicht eingeführt wurde. Am 16. Oktober 1956 hielt schließlich Franz Josef Strauß Einzug in das Amt des Verteidigungsministers, nachdem zuvor Theodor Blank von diesem Posten hatte zurücktreten müssen.

Anlaß für den Ministerwechsel waren erhebliche Widerstände gegen eine Wiederaufrüstung, die als „Ohne-mich-Bewegung" bekannt geworden sind, sowie wachsende Spannungen zwischen Bonn und seinen westlichen Alliierten. In beiden Fällen spielte die nukleare Strategie der NATO eine wichtige Rolle. Im Juli 1956 war durch eine Indiskretion in der „New York Times" der sogenannte Radford-Plan bekannt geworden. Der Logik der „Massive retaliation" folgend, schlug darin der Chef der Vereinigten Generalstäbe, Admiral Arthur W. Radford, vor, insbesondere die in Übersee stationierten amerikanischen Streitkräfte bis 1960 drastisch zu reduzieren und gleichzeitig das strategisch-nukleare Vergeltungspotential zu erhöhen.[8] Daraus entwickelte sich das „Schild-Schwert-Konzept", wonach die konventionellen Streitkräfte der NATO als Schild dienen sollten, um lokale beziehungsweise regionale Einbrüche zu verhindern, mindestens aber zeitweilig aufzuhalten. Ein massiver, auch konventioneller Angriff des Warschauer Paktes sollte dann gegebenenfalls mit dem nuklearen „Schwert" der Vereinigten Staaten zurückgeschlagen werden.

Aus solchen Planungen ergaben sich schwerwiegende Konsequenzen insbesondere für die Bundesrepublik und ihre im Aufbau befindliche Bundeswehr: Bestätigte der Plan nicht gerade die wachsende Bedeutung der nuklearen Waffen auch im Rahmen der NATO-Strategie? Wurden damit nicht die konventionellen Streitkräfte insgesamt abgewertet? Bedeutete das nicht die Entwicklung einer NATO-internen „Zweiklassengesellschaft", in der die Nicht-Nuklearstaaten Mächte zweiter Ordnung waren? War das nicht für die Bundesrepublik ein schwerer Rückschlag auf dem Weg hin zur angestrebten Gleichberechtigung mit den westlichen Verbündeten, insbesondere mit Frankreich und Großbritannien? Mußte nicht die geplante Verminderung der amerikanischen Streitkräfte in Europa die Wahrscheinlichkeit eines konventionellen sowjetischen Angriffs erhöhen? Und konnte man schließlich wirklich davon ausgehen, daß die USA dann mit Atomwaffen reagierten und damit das eigene Land einem entsprechenden sowjetischen Vergeltungsschlag aussetzten?

In Bonn setzte sich relativ rasch die Erkenntnis durch, daß die Bundeswehr nur dann in der Lage war, die Funktion des „Schildes" zu erfüllen und einen konventionellen Angriff des Warschauer Paktes nicht nur für einen kurzen Zeitraum aufzuhalten, sondern auch zu überstehen, wenn sie die entsprechende Ausrüstung besaß. Dazu rechnete man nunmehr auch taktische Nuklearwaffen. Am 25. März 1958 beschloß der Bundestag mit der absoluten Mehrheit der CDU/CSU-Stimmen, die Bundeswehr mit Trägersystemen für taktische Nuklearwaffen auszurüsten. Bei dieser Entscheidung ging es Bonn darum, eine Situation zu verhindern, in der „die deutschen Soldaten einen Minderwertigkeitskomplex gegenüber den anderen" bekämen.[9] Denn Atomwaffen galten damals, da erst drei Staaten – die Sowjetunion, die USA und seit 1952 auch Großbritannien – sie besaßen, als das Nonplusultra militärischer Sicherheit und Überlegenheit. Die Aufnahme in den Kreis der Nuklearmächte war mithin gleichbedeutend mit der Aufnahme in einen exklusiven Klub, die Nichtaufnahme bedeutete Statuseinbuße, „Diskriminierung". Vor allem aber war die Bundesrepublik ohne Atomwaffen den strategischen Planungen der Verbündeten hilflos ausgesetzt. Im Atomzeitalter war die „Nuklearmacht" nun einmal das „entscheidende Merkmal der Souveränität", wie Franz Josef Strauß erkannte.[10]

Allerdings war Bonn in der nuklearen Frage ganz und gar von den Entscheidungen und Planungen anderer abhängig. Im April 1957 fiel hier eine erste Entscheidung, als sich Washington bereit erklärte, seinen Verbündeten moderne amerikanische Mittelstrekkenraketen zur Verfügung zu stellen. Indessen war unübersehbar, daß es sich dabei um Planungen für eine noch ferne Zukunft handelte; und auch Adenauers Versuche, die Vereinigten Staaten davon zu überzeugen, daß der Rede vom „Rollback" nun endlich die Tat, also eine „Politik der Stärke“, folgen müsse, zeitigten keine Erfolge. Die Vergeblichkeit dieser Bemühung war einer der Gründe, warum sich die deutsche Außenpolitik seit Mitte der fünfziger Jahre verstärkt auf Europa konzentrierte und intensiv an der Fortschreibung des westeuropäischen Integrationsprozesses arbeitete. Zur Debatte standen ursprünglich die Bereiche Wirtschaft, Handel, Energie und Verkehr.

In den ersten Juni-Tagen des Jahres 1955 hatten sich die Außenminister Italiens, Frankreichs, der Bundesrepublik sowie der Benelux-Staaten im italienischen Messina getroffen, um die Weichen für die weitere Entwicklung zu stellen; am 9. Juli 1955 wurden die Beratungen in Brüssel aufgenommen. Anfänglich nahm auch ein britischer Beobachter teil, der dann allerdings im November 1955 zurückgezogen wurde. Dabei spielte, wie schon 1950, das Argument eine Rolle, daß die englischen Commonwealth-Verpflichtungen zu berücksichtigen seien. Fast zehn Monate gingen ins Land, bis am 6. Mai 1956 nach schwierigen Verhandlungen der „Spaak-Bericht“ den Regierungen übergeben werden konnte. Diese benötigten ein weiteres Jahr, um die zahlreichen noch offenen Fragen einvernehmlich zu beantworten und die Probleme aus dem Weg zu schaffen.

Hier waren vor allem die beiden führenden Staaten in der Runde, Frankreich und Deutschland, gefordert. Während Bonn der europäischen Wirtschaftsgemeinschaft die Priorität einräumte, da die exportorientierte deutsche Industrie sich von offenen Märkten neue Chancen erhoffte, setzte Paris vor allem auf die Errichtung einer europäischen Atomgemeinschaft und damit auch auf eine indirekte Kontrolle der deutschen zivilen Atomindustrie. Schwierige Hürden bildeten die Frage der Einbeziehung der Landwirtschaft in den gemeinsamen Markt, Frankreichs Anspruch auf Beibehaltung seiner freien Hand beim Aufbau einer nationalen Atomstreitmacht, aber auch die kompromißlose, von Brüssel unterstützte Pariser Forderung nach Einbeziehung der Kolonien und insbesondere nach Abnahme von Überseeprodukten. Diese wurde dadurch kompensiert, daß die Bundesrepublik das 1951 installierte System des „Interzonenhandels“ zwischen Bonn und Ost-Berlin beibehalten konnte. Hier lagen die Ursprünge der besonderen Beziehung, welche die DDR zu den europäischen Gemeinschaften haben sollte.

Beschleunigend auf die Verhandlungen wirkte sich dann die Suezkrise aus. Sie führte den Europäern kraß die Notwendigkeit eines Zusammenrückens vor Augen; außerdem war man in Paris sehr von der solidarischen Haltung Adenauers beeindruckt, der zum Zeitpunkt der sowjetischen Kampagne nach Paris gereist war und keinen Zweifel an seiner Loyalität zu Frankreich gelassen hatte. Am 25. März 1957 konnten in Rom sowohl der „Vertrag über die Gründung der Europäischen Wirtschaftsgemeinschaft" (EWG) als auch der „Vertrag über die Gründung der Europäischen Atomgemeinschaft" (EURATOM) unterzeichnet werden. Am 1. Januar 1958 traten sie in Kraft. Nach Ansicht der Bundesregierung ließen die Verträge die „Möglichkeiten einer Beteiligung oder Nichtbeteiligung des wiedervereinigten Deutschland" oder auch einer „Anpassung der Verträge an die neu entstandene Lage" im Falle einer Wiedervereinigung offen.[11] Das war ein Grund, warum sie am 5. Juli im Bundestag mit den Stimmen der SPD ratifiziert werden konnten.

Der Zusammenschluß Europas blieb vorerst Stückwerk. Nicht nur standen die meisten Staaten Westeuropas abseits; nicht nur kam es 1960 auf britisches Betreiben sogar zur Errichtung einer konkurrierenden Organisation, der „European Free Trade Association" (EFTA); vielmehr scheiterte, von der Kooperation auf dem Gebiet der Atomenergie abgesehen, die ursprünglich angestrebte Koordination der Verkehrs- und Energiepolitik. Vor allem aber gab es 1958 kein politisch und militärisch vollintegriertes Westeuropa, das ein effektives Gegengewicht zu dem von der Sowjetunion kontrollierten Block hätte bilden können.

Das wurde nicht nur den überzeugten Europäern am 10. November 1958 schmerzlich bewußt, als Chruschtschow in einer Rede im Moskauer Sportpalast von den Westmächten drohend die Aufgabe der „Überreste des Besatzungsregimes in Berlin" forderte.[12] Anlaß für diesen sowjetischen Vorstoß war die „Abstimmung mit den Füßen", nämlich die Massenabwanderung aus Ost- nach Westdeutschland: seit 1955 jährlich etwa 250000 Bürger der DDR. Vor allem die Suche nach einem höheren Lebensstandard, mitunter auch nach größerer politischer Freiheit bewog sie, ihre Heimat zu verlassen. Natürlich war dieser unablässige Exodus der Bevölkerung, der sich ja vor den Augen der Welt abspielte, keine Empfehlung für die ohnehin bescheidene Reputation des Regimes; außerdem verließen vor allem auch qualifizierte Fachkräfte die ungeliebte Republik. Am 27. November 1958 ließ der Kremlherr seiner Drohung ein „Ultimatum“ in Form einer Note an die Westmächte folgen.[13]

Als vor diesem Hintergrund Christian Herter im April von seinem schwer erkrankten Vorgänger John Foster Dulles das Amt des amerikanischen Außenministers übernahm, zeichnete sich unübersehbar eine Korrektur der amerikanischen und damit der westlichen Deutschlandpolitik insgesamt ab. Herter vertrat die Vereinigten Staaten auf jener Außenministerkonferenz, die im Mai 1959 in Genf zusammentrat und gewissermaßen das Resultat des diplomatischen Tauziehens im Anschluß an Chruschtschows Vorschläge, Forderungen und Drohungen war. Sie tagte in zwei Runden, vom 11. Mai bis zum 20. Juni und vom 13. Juli bis zum 5. August.

Auch diese insgesamt neunte Außenministerkonferenz seit Beendigung des Krieges blieb ohne konkretes Ergebnis. Dennoch markiert sie einen Einschnitt: Einmal sollte es bis zum Treffen von Ottawa im Februar 1990, also für mehr als 30 Jahre, die letzte Begegnung der vier Außenminister in dieser Angelegenheit sein. Dann aber wurden erstmals Vertreter beider deutscher Staaten als „Berater“ zugelassen, wobei die Art und Weise, in der das geschah, ein bezeichnendes Licht auf die Marginalisierung der Deutschen Frage warf. Zwar saßen die Deutschen mit in jenem Raum, in dem über das Schicksal ihres Landes beziehungsweise ihrer Staaten entschieden wurde, aber eben nur als Berater an eigenen „Beobachter“- oder „Katzentischen“, also nicht am großen Verhandlungstisch der Vertreter der Vier Mächte. An dessen Kopfende waren vielmehr zwei weitere Tische gestellt, womit einerseits sichergestellt war, daß die DDR nicht als vollgültiger Verhandlungspartner in Erscheinung treten und auf diese Weise, also gewissermaßen durch die Hintertür, den Anspruch erheben konnte, ein „souveräner Staat“ zu sein. Andererseits wurde freilich dem Vertreter Bonns der gleiche Rang zugewiesen wie dem Repräsentanten Ost-Berlins.

Auf der Genfer Außenministerkonferenz erklärten sich die Westmächte erstmals bereit, das Berlin-Problem und die Fragen von Wiedervereinigung und Abrüstung getrennt zu behandeln. Daß es sich dabei um ein beträchtliches Zugeständnis handelte, wußten natürlich auch die Sowjets, und weil sie von einer eher zunehmenden Konzessionsbereitschaft des Westens ausgehen konnten, wiesen sie dessen Angebot kühl zurück und beantworteten es mit der bekannten Behauptung, daß die sofortige Unterzeichnung eines Friedensvertrages mit beiden deutschen Staaten die Voraussetzung für alles weitere sei.

Wie aber sollte Bonn, das in dieser Sache selbst nicht handlungsfähig war, auf die mit Chruschtschows Ultimatum losgetretene Lawine reagieren? Es war kein Zufall, daß die Berlin-Krise zum Auslöser einer allgemeinen außenpolitischen Neuorientierung wurde. Das galt auch für die stärkste Oppositionspartei, die SPD. Nachdem diese auf ihrem Godesberger Parteitag im November 1959 die Wandlung von einer klassenkämpferisch auftretenden Arbeiterpartei hin zur „Volkspartei" eingeleitet und den dynamischen Regierenden Bürgermeister von Berlin, Willy Brandt, zu ihrem neuen Kanzlerkandidaten gekürt hatte, leitete sie wenig später auch die außenpolitische Wendung ein. In einer Rede vor dem Deutschen Bundestag, die zu den berühmt-berüchtigten Alleingängen Herbert Wehners gehörte, bekannte sich der Stellvertretende Fraktionsvorsitzende am 30. Juni 1960 im Namen der SPD zur Landesverteidigung im Rahmen der NATO und zur Westintegration der Bundesrepublik insgesamt. Damit schwenkte die Opposition, nach ihrer Zustimmung zu den Europa-Verträgen, nunmehr endgültig auf den bis dahin bekämpften außenpolitischen Kurs der Regierung Adenauer ein.

Diese wiederum begann bereits vor Ausbruch der Krise um Berlin über eben diesen Kurs nachzudenken. Vor allem im Bundeskanzleramt wurden jetzt Vorschläge entwickelt, mit deren Hilfe man den sowjetischen Handlungsspielraum ausloten zu können und Bewegung in die festgefahrene Situation zu bringen hoffte. Die Initiativen gingen in der Regel am zuständigen Ministerium und am zuständigen Minister, Heinrich von Brentano, vorbei. Vergleichbare Situationen sollte es auch später in der deutschen Außenpolitik geben, bei den Missionen Egon Bahrs von 1969/70 und Horst Teltschiks in den Jahren 1989/90, die noch zu betrachten sein werden.

Im Grunde knüpften Adenauer und seine Berater an den Moskau-Besuch im September 1955 an. Der Kanzler hatte sich schon im Frühsommer 1956 gefragt, „ob etwa direkte Verhandlungen zwischen den Russen und uns ein Ergebnis bringen könnten".[14] Tatsächlich war seit Februar 1957 ein phasenweise intensiver Briefwechsel zu verzeichnen. Darin ging es gewissermaßen um eine Verbreiterung der Vertrauensbasis. Immerhin hatten sich die Sowjets an ihre in Moskau mündlich gegebene Zusage gehalten, die Kriegsgefangenen ausreisen zu lassen. Dieselbe Lösung wurde nun für jene etwa 20000 Zivilisten angestrebt, die am 22. Juni 1941, dem Tag des Überfalls auf die Sowjetunion, die deutsche Staatsangehörigkeit besessen hatten, interniert worden waren und nun endlich in die Bundesrepublik ausreisen wollten. Seit 1957 wurde über ein entsprechendes Abkommen verhandelt, und am 25. April 1958 konnten dann, zusammen mit einem deutsch-sowjetischen Abkommen über allgemeine Fragen des Handels und der Seeschiffahrt, ein deutsch-sowjetischer Konsularvertrag und die Bestätigung einer Vereinbarung über Repatriierungsfragen unterzeichnet werden.

Anläßlich der Unterzeichnung hielt der nach Bonn gereiste Erste Stellvertretende Ministerpräsident der UdSSR, Anastas I. Mikojan, eine bemerkenswerte Tischrede, in welcher er demonstrativ den Rapallo-Mythos mobilisierte. Adenauer hatte schon 1955 in der sowjetischen Verhandlungsführung im Kreml den Versuch erkannt, „uns zu locken und zu prüfen, ob wir nicht doch zu einer Rapallo-Politik geneigt wären".[15] Für die Bundesregierung stand außer Frage, daß man den Köder nicht annehmen durfte. Die Erinnerung an die Zwischenkriegszeit war gerade bei dieser Generation von Politikern noch lebendig, und schon deshalb kam eine Wiederaufnahme der Politik der „Ost-West-Balance", wie sie in der Stresemann-Zeit praktiziert worden war, nicht in Betracht.

Wohl aber konnte, ja mußte man Auswege aus der zusehends verfahrenen Situation sondieren. So war Adenauer am 7. und 19. März 1958, also noch vor dem Besuch Mikojans, zu Unterredungen mit dem sowjetischen Botschafter in Bonn, Andrej A. Smirnow, zusammengetroffen und hatte ihn während der zweiten Unterredung unvermittelt gefragt, ob die Sowjetregierung bereit sei, „der Sowjetzone den Status Österreichs zu geben ... Es müsse der Bevölkerung in der Sowjetzone die Möglichkeit gegeben werden, so zu leben, wie sie es wünsche. Die Österreicher hätten diese Möglichkeit ... Österreich hätte in seinem Friedensvertrag bestimmte Verpflichtungen über seine militärische Neutralität übernehmen müssen, dafür aber die Möglichkeit erhalten, seine Geschicke selbst zu gestalten."[16]

Keine Frage, dieser Vorstoß vom März 1958 enthielt beträchtliche Risiken. Eine Realisierung des Planes hätte mit hoher Wahrscheinlichkeit und auf absehbare Zeit das Ende jeder Hoffnung auf eine Wiedervereinigung bedeutet. So gesehen, waren die Vorschläge Ausdruck jener Ernüchterung, die schon vor der Berlin-Krise hinter den Bonner Kulissen eingetreten war. Ähnliches galt für die Berlinfrage. Vor allem die Pläne, die 1959/60 im engsten Beraterkreis Adenauers entwickelt und nach dem damaligen Staatssekretär im Bundeskanzleramt, Hans Globke, benannt wurden, ließen unschwer erkennen, daß man sich mit der Lage der geteilten Stadt abzufinden begann.

Aber abgesehen von dieser pragmatischen Grundeinstellung, abgesehen auch davon, daß der Kanzler mit seinen Vorstößen wieder Bewegung in die stagnierende Entwicklung zu bringen hoffte, sollte seine geheime Ostpolitik ganz offenkundig auch Schlimmeres verhindern, so etwa die Unterzeichnung eines Friedensvertrages auf der Basis des Status quo und damit die Anerkennung der DDR und ihres bestehenden Regimes. Zugleich suchte Adenauer auch die geplante Gipfelkonferenz der Vier Mächte zu torpedieren, da man am Rhein davon ausgehen mußte, daß es zu einer Einigung in der Deutschen Frage, aber ohne aktive Mitwirkung der Deutschen selber kommen werde. Der Genfer Gipfel des Jahres 1955, mit dem die Demontage der westlichen Position und die Verdrängung der Deutschen Frage aus dem Rampenlicht der Weltpolitik begonnen hatte, war noch in lebhafter Erinnerung.

Zumindest in dieser Hinsicht konnte am Rhein bald Entwarnung gegeben werden. Am 16./17. Mai 1960 ließ Chruschtschow nämlich das Gipfeltreffen mit de Gaulle, Macmillan und Eisenhower in Paris platzen, indem er vom amerikanischen Präsidenten vor dem Zusammentritt der Konferenz eine offizielle Entschuldigung für die Aufklärungsflüge von „U-2"-Maschinen über sowjetischem Territorium forderte, von denen am 1. Mai eine vom Himmel geholt worden war. Das war ein Vorwand; dennoch konnte Chruschtschow sicher sein, daß er die Aufmerksamkeit der Weltöffentlichkeit auf seiner Seite hatte. Das war auch nötig, befand sich doch die von ihm inszenierte Krise um Berlin in einer

Sackgasse. Offensichtlich wollte man in Moskau zunächst einmal abwarten, wie die bevorstehenden Präsidentschaftswahlen in den USA ausgingen.

Am 3. und 4. Juni 1961 traf sich Nikita Chruschtschow in Wien mit dem neuen Mann. Die Begegnung ging auf einen ausdrücklichen Wunsch John F. Kennedys zurück, der seinen Kontrahenten kennenlernen wollte. In Sachen Berlin brachte die Begegnung wenig. Erneut übergab der Erste Sekretär des ZK der KPdSU ein Memorandum, erneut enthielt dieses einseitige sowjetische Forderungen, erneut wurden diese in ultimativer Form vorgetragen. Für den Fall der Nichterfüllung drohte Chruschtschow abermals, mit der DDR einen Separatfriedensvertrag zu schließen und ihr die Kontrolle über die Verbindungswege zu einer „Freien Stadt" West-Berlin zu übergeben, da eine solche Kontrolle „das unveräußerliche Recht eines jeden souveränen Staates" sei.[17]

Dagegen hielt sich der amerikanische Präsident in der Berlinfrage auffällig bedeckt. Das lag nicht nur an der relativ schwachen Position, in der er sich nach dem kubanischen Schweinebucht-Debakel befand; vielmehr wandte sich Washington mit der neuen Administration erklärtermaßen den „new frontiers", also den neuen Herausforderungen, vor allem auf der südlichen Halbkugel, zu. Eben deshalb waren Kennedy und sein junges Team entschlossen, mit der Sowjetunion möglichst rasch zu einem Ausgleich in Europa auf der Basis des Status quo zu kommen – und das bedeutete nichts anderes als den endgültigen Verzicht auf eine Überwindung der Teilung Deutschlands und Berlins. Was sich seit 1955 angebahnt und seit 1958 faktisch durchgesetzt hatte, wurde nunmehr auch ausgesprochen: Global gesehen war die Deutsche Frage im Atomzeitalter eine Nebensache geworden.

Seit dem Amtsantritt Kennedys war in Washington offiziell nicht mehr von der „Wiedervereinigung" Deutschlands die Rede, sondern von der „Lösung der deutschen Frage" oder auch vom „Selbstbestimmungsrecht des deutschen Volkes". „Berlin" wurde in der offiziellen Sprachregelung durch „West-Berlin" ersetzt, jedenfalls was die amerikanischen Garantien anging. Den letzten Schritt auf dem Wege zur Festschreibung des Status quo tat Washington am 25. Juli 1961. In einer Rundfunk- und Fernsehansprache wies der amerikanische Präsident auf die Entschlossenheit seines Landes hin, Frieden und Freiheit verteidigen zu wollen.

Überdies kündigte er für diesen Zweck höhere Ausgaben und den Ausbau aller Waffengattungen an. Im Zentrum seiner weiteren Ausführungen stand West-Berlin. Allerdings, und das wurde häufig übersehen, stellte er die „Bedrohung der freien Menschen“ in „West-Berlin“ auf die gleiche Stufe mit derjenigen in Vietnam und Kuba. Ausdrücklich bestand Kennedy auf der amerikanischen „Anwesenheit“ in „West-Berlin“, auf dem Recht „auf Zugang durch Ostdeutschland“ sowie auf der Verpflichtung, „mehr als zwei Millionen Menschen die Selbstbestimmung ihrer Zukunft und die freie Wahl ihrer Lebensform zu gewährleisten – und diese Möglichkeit notfalls zu verteidigen“.[18]

Mit diesen „three essentials“, den drei Bedingungen, hatte der Präsident die Minimalposition der amerikanischen Deutschland- und Berlin-Politik formuliert, und zweifellos war seine Rede gerade in dieser Hinsicht auch als Signal an die Adresse Moskaus zu verstehen. Die Botschaft war klar und eindeutig: Solange die drei wesentlichen Punkte – die Präsenz der Westmächte in West-Berlin, ihr freier Zugang dorthin und die Freiheit der West-Berliner – durch den Kreml respektiert würden, zeigte sich die westliche Vormacht an der Entwicklung im deutschen Machtbereich Moskaus grundsätzlich desinteressiert. Das Signal wurde verstanden.

In der Nacht vom 12. auf den 13. August 1961 begannen Angehörige der Nationalen Volksarmee der DDR, ermächtigt durch die Staaten des Warschauer Paktes und ermutigt durch die Haltung des Westens, mit der Schließung der Ost-West-Sektorengrenze in Berlin und wenige Tage später mit dem Bau einer Mauer quer durch die Stadt. In den folgenden Wochen, Monaten und Jahren wurde das Territorium der DDR durch Stacheldraht, Betonmauern, Minenfelder, Selbstschußanlagen und schließlich auch durch einen Schießbefehl gleichsam in ein „Konzentrationslager“ verwandelt, wie der Regierende Bürgermeister von Berlin bereits in seiner Erklärung vom 13. August formulierte.[19]

In West-Berlin und der Bundesrepublik reagierte man mit Bestürzung, Ohnmacht und Zorn. Zwar forderte Willy Brandt die Schutzmächte auf, darauf zu „bestehen, daß die rechtswidrigen Maßnahmen rückgängig gemacht werden“, zwar mahnte er sie eindringlich, „daß es mit Protesten allein nicht sein Bewenden haben sollte“,[20] aber schon nach wenigen Stunden wurde erkennbar, daß die Westalliierten angesichts der Gefahr eines allgemeinen Krieges weder in der Lage noch willens waren zu intervenieren. Mit Erleichterung nahm man in Washington zur Kenntnis, daß an den Maßnahmen keine sowjetischen Soldaten beteiligt waren und daß sich die UdSSR an die „three essentials" hielt. Die USA beließen es bei demonstrativen Gesten und schickten am 19. August Vizepräsident Lyndon B. Johnson nach Berlin, begleitet von General Clay, dem „Vater" der Luftbrücke der Jahre 1948/49.

Adenauer hingegen verzichtete auf einen sofortigen Besuch der jetzt definitiv geteilten Stadt, sondern setzte seinen Wahlkampf fort. Erst am 22. August, also neun Tage nach dem Mauerbau und drei Tage nach den Amerikanern, traf der Kanzler in Berlin ein, um sich vor Ort über die Situation zu informieren. Dem lag gewiß auch eine Fehleinschätzung der allgemeinen Gefühlslage zugrunde; andererseits wollte der Kanzler einer Eskalation der Krise mit womöglich verhängnisvollen Konsequenzen, etwa einer sowjetischen Intervention, vorbeugen. Darum ging es auch Willy Brandt, der sich durch sein entschiedenes und zugleich besonnenes Verhalten vor Ort in diesen schwierigen Tagen für größere Aufgaben empfahl und sich im übrigen auch nicht scheute, Kennedy öffentlich zu belehren.

Freilich wußte auch der Regierende Bürgermeister, daß es die Amerikaner nicht auf eine Eskalation ankommen lassen konnten. Immerhin hatte Chruschtschow mehr als einmal damit gedroht, daß ein über die Berlinfrage ausbrechender Krieg nuklear geführt werden würde. Wie ernst diese Drohungen immer gewesen sein mögen, ignorieren konnte man sie nicht, und Berlin war gewiß kein Grund, um die Vereinigten Staaten einem sowjetischen Nuklearschlag auszusetzen. Mit der Hinnahme der Mauer verabschiedete sich Washington daher konsequenterweise auch von der ursprünglichen Absicht, für das Selbstbestimmungsrecht der Ostdeutschen oder gar für die Wiedervereinigung Deutschlands kämpfen zu wollen. Moskau seinerseits gab den Versuch auf, die Westmächte aus West-Berlin zu verdrängen und dieses in eine „Freie Stadt" umzuwandeln.

Nach vier Jahren schließlich wurde die mit Fanfarenstößen eröffnete Berlin-Krise durch den Kreml fast geräuschlos liquidiert, indem einige der durch Chruschtschow vorgetragenen Drohungen in die Tat umgesetzt wurden: Die Auflösung der sowjetischen

Stadtkommandantur und die Übertragung ihrer Befugnisse an die entsprechende DDR-Behörde zogen am 22. August 1962 einen vorläufigen Schlußstrich unter jene Entwicklung, die mit dem Auszug des sowjetischen Vertreters aus der Alliierten Kommandantur für Berlin im Juni 1948 begonnen hatte. Das bedeutete allerdings nicht die Aufgabe der sowjetischen Rechte und Verantwortlichkeiten für Berlin und für Deutschland als Ganzes. So fungierte der sowjetische Botschafter in Ost-Berlin weiterhin gleichzeitig als Hoher Kommissar für alle Deutschland als Ganzes betreffenden Fragen und traf sich in dieser Eigenschaft gelegentlich mit den Botschaftern der drei Westmächte, die in Bonn die entsprechenden Rechte wahrnahmen.

Hingegen kam es nicht zu jenem separaten Friedensvertrag zwischen der Sowjetunion und der DDR, den Chruschtschow im März 1959 für den Fall der Nichterfüllung seiner Forderungen ins Gespräch gebracht und an dem Ulbricht und die SED-Führung besonderes Interesse hatten, weil sie sich davon Konsolidierung und Aufwertung erhofften. Doch das Drängen der deutschen Genossen traf in Moskau auf taube Ohren. Ein Friedensvertrag wurde nicht unterzeichnet, und die Westmächte machten ihrerseits keine Anstalten, Berlin zu räumen. Insofern endete die Berlin-Krise nicht nur für die Bundesrepublik, sondern auch für die DDR mit einer Niederlage. Sieht man jedoch von den Betroffenen, den Deutschen und insbesondere den Berlinern ab, so waren offenkundig alle über die Lösung der Berlinfrage – trotz ihrer menschlich brutalen Begleiterscheinungen – erleichtert, die einen mehr, die anderen weniger. Das dämmerte jetzt auch dem optimistischsten Beobachter am Rhein.

Ernüchterung und Verbitterung mündeten in eine Vertrauenskrise zwischen Bonn und Washington, die in den folgenden Monaten und Jahren neue Nahrung erhalten sollte. Das galt für Handelsfragen und vor allem auch für die außerordentlich schwierigen Verhandlungen über ein deutsch-amerikanisches Ausgleichsabkommen. Das erste Abkommen dieser Art wurde am 24. Oktober 1960 auf zwei Jahre geschlossen, aber das Thema blieb ein Dauerbrenner und sollte erst zur Zeit der Regierung Schmidt endgültig erledigt werden. Es ging dabei um den Kauf amerikanischer Waffen beziehungsweise Waffensysteme, und zwar in einem Umfang, der dem der amerikanischen Aufwendungen für das in der Bundesrepublik stationierte Militär entsprach. Daraus ergab sich eine Vielzahl von Problemen, zum Beispiel die fast vollständige Abhängigkeit der Bundesrepublik von amerikanischen Waffensystemen. Die USA ihrerseits haben die Präsenz ihrer Truppen und den Hinweis auf deren jedenfalls partiellen Abzug nicht selten als politisches Druckmittel benutzt, um Bonn die Entscheidung bei der Beschaffung solcher Systeme zu „erleichtern".

Dieses Druckmittel war um so wirkungsvoller, je mehr sich die weltpolitische Lage zuspitzte und je deutlicher die tatsächliche oder vermeintliche sowjetische Aggression sichtbar wurde. Das galt in besonderem Maße für die Kuba-Krise des Oktobers 1962, in deren Verlauf die Welt näher als je zuvor oder danach am Abgrund einer nuklear geführten Auseinandersetzung stand. Obgleich Chruschtschow nachgab, die auf Kuba befindlichen sowjetischen Atomraketen abzog und damit den entscheidenden Schritt zur Beilegung der Krise tat beziehungsweise tun mußte, rief das Ergebnis am Rhein ein zwiespältiges Echo hervor. Einerseits war man wie alle Welt erleichtert; andererseits konnte man nicht übersehen, daß die Beilegung der Krise auch ein Beispiel für den unaufhaltsamen Fortschritt der Entspannungspolitik war. Der Preis, den Washington für eine fühlbare Entspannung zu zahlen bereit war, bestand nicht zuletzt in der Hinnahme der Teilung Deutschlands und Berlins.

Schließlich aber stellte Washington unmißverständlich klar, daß die Eskalationsstrategie in der Kuba-Krise eine amerikanische Angelegenheit war. Begleitende, geschweige denn vorherige Konsultationen der Verbündeten gab es nicht. Diese wurden lediglich über bereits getroffene Entscheidungen und eingeleitete Maßnahmen informiert, so zum Beispiel die Botschafter der NATO-Staaten am 22. Oktober, also nahezu zeitgleich mit der Weltöffentlichkeit. Natürlich blieb den europäischen Verbündeten keine andere Möglichkeit, als sich mehr oder weniger vorbehaltlos hinter die USA zu stellen. Das war deshalb nicht unproblematisch, weil eine militärische, auch eine nuklear geführte Auseinandersetzung mit höchster Wahrscheinlichkeit zuerst in Mitteleuropa ausgetragen worden wäre.

Dafür sprach auch die neue amerikanische Nuklearstrategie, von der die Europäer auf der Athener Ministerratssitzung am 5. Mai 1962 durch Verteidigungsminister Robert McNamara erstmals zusammenhängend ins Bild gesetzt wurden. Die neue Doktrin stellte das strategische Konzept der NATO aus den Jahren 1956/57, also die Prinzipien des sogenannten Radford-Plans, auf den Kopf. McNamara sprach jetzt von einem „nuklearen Schild“, der die Sowjets vom Gebrauch atomarer Waffen abhalten, und von einem „konventionellen Schwert“, mit dem ein möglicher Krieg ausgetragen werden sollte. Viele Europäer, und insbesondere die Deutschen, waren über diese Ankündigung tief beunruhigt. Für sie ließ die neue Doktrin nur den Schluß zu, daß ein Krieg zunächst ausschließlich mit konventionellen Waffen, zudem vor allem von den europäischen Verbündeten geführt werden sollte. War nicht sogar aus dem neuen, bislang allerdings nur in Umrissen erkennbaren strategischen Konzept der USA ein erster Hinweis auf ihren Rückzug aus Europa zu lesen?

Nicht nur notorische Skeptiker sahen in einer solchen Perspektive auch ein Angebot an die Sowjetunion. Es schien, als würden sie sehr bald in ihrer Vermutung bestätigt werden. Am 20. Juni 1963 wurde zwischen Washington und Moskau eine direkte Fernschreiberverbindung, der sogenannte heiße Draht, eingerichtet, über den sich das Weiße Haus und der Kreml in Krisensituationen rasch und unmittelbar in Verbindung setzen wollten. Wenig später einigten sich die beiden Supermächte auf einen weitgehenden Atomteststopp. Dafür gab es gute Gründe: Die Zahl der Atomversuche hatte 1962 eine beängstigende Rekordmarke erreicht. Allein in diesem Krisenjahr wurden nicht weniger als 143 Tests durchgeführt. Das Atomteststoppabkommen, der bis dahin wichtigste Vertrag über die Kontrolle spaltbaren Materials, wurde am 5. August 1963 durch die Außenminister der Sowjetunion, der USA und Großbritanniens in Moskau unterzeichnet und verbot fortan Kernwaffenversuche in der Atmosphäre, im Weltraum und unter Wasser. Mehr als 100 Staaten traten ihm bei, unter diesen allerdings nicht die beiden Atommächte China und Frankreich, wohl aber, am 19. August 1963, die Nicht-Nuklearmacht Bundesrepublik.

Kaum ein zweiter Schritt in dieser Zeit hat das deutsch-amerikanische Verhältnis, das sich nach dem geschickt inszenierten Berlin-Besuch Kennedys im Juni gerade wieder zu normalisieren begann, derart belastet wie der Beitritt zum Atomteststoppabkommen. Zwar konnte auch in Bonn niemand einen Zweifel haben, daß das Abkommen „in sich gut und zu begrüßen" war. Andererseits lieferte aber der Beitritt vielen Deutschen einen handfesten Beweis, daß sie die eigentlichen „Opfer der amerikanischen Entspannungspolitik" waren.[21] Empörend an dem Vorgang war aus Bonner Sicht, daß auch die DDR das Abkommen unterzeichnete. Das konnte eine bedenkliche Aufwertung des anderen deutschen Teilstaates und seines Regimes und damit eine implizite Gefährdung des bundesdeutschen Alleinvertretungsanspruchs nach sich ziehen.

Vor allem aber war man am Rhein einmal mehr von den Methoden der amerikanischen Deutschlandpolitik irritiert, wie Heinrich Krone entrüstet in seinem Tagebuch vermerkte: „Die Bundesregierung ist nicht konsultiert worden, weder der Bundeskanzler noch der Außenminister. Bonn wurde vor eine vollendete Tatsache gestellt. Der Außenminister hat ... im Bonner Generalanzeiger ... die erste wichtige Orientierung erhalten."[22] Das war eine Übertreibung. Immerhin hatte Washingtons Bonner Botschafter den Bundeskanzler im Auftrag des Präsidenten am 23. Juli über den bevorstehenden Abschluß des Abkommens informiert,[23] und am 10. August kam dann auch der amerikanische Außenminister persönlich zu „Konsultationen" nach Bonn; aber da war der Vertrag bereits seit fünf Tagen unterzeichnet, und insofern hatte die Bonner Erregung durchaus ihre Berechtigung.

Lediglich in einem Punkt konnte sich die Bundesrepublik, wie andere westliche Staaten auch, durchsetzen. Sie weigerte sich nämlich beharrlich, gleichzeitig mit dem Teststoppabkommen einen Gewaltverzichts- beziehungsweise Nichtangriffsvertrag zu unterzeichnen. Auch deshalb lehnte der NATO-Rat das sowjetische Ansinnen am 29. August 1963 endgültig ab. Wegen des Mißbrauchs, der mit ihnen vor Ausbruch des Zweiten Weltkrieges getrieben worden war, standen Nichtangriffsverträge ohnehin nicht hoch im Kurs. Vor allem aber hätte ein solcher Vertrag eine friedensvertragliche Regelung vorweggenommen und die Teilung Deutschlands und Berlins festgeschrieben. Zwar war diese faktisch von den Westmächten längst anerkannt; aber in einer Situation, in der die Sowjets den östlichen Teil Deutschlands hermetisch abschotteten, schien es wenig ratsam, dieses Vorgehen noch zusätzlich durch einen Nichtangriffsvertrag abzusegnen. In dieser Frage hatte die Bundesrepublik also in den frühen sechziger Jahren ihre Position behaupten können, allerdings auch nur deshalb, weil sich ihr Interesse hier mit dem der meisten ihrer Partner deckte.

Das war der Hintergrund für eine gewisse politische Neuorientierung der deutschen Außenpolitik, deren Anfänge noch in die ausgehende Ära Adenauer fielen. Vor allem in der Ostpolitik war seit dem Spätsommer 1961 eine Vielfalt von Aktivitäten zu registrieren. Das galt auch für das Auswärtige Amt. Hier gingen die Initiativen nicht zuletzt auf personelle Veränderungen zurück. Sie waren das Ergebnis der Bundestagswahl vom 17. September 1961. Im Oktober stellte Außenminister Heinrich von Brentano nach öffentlichen Auseinandersetzungen um seine Person das Amt zur Verfügung. Seine Ostpolitik galt vielen als zu starr und unflexibel. Die Nachfolge trat der bisherige Innenminister Gerhard Schröder an. Gemeinsam mit Karl Carstens, der seit 1960 Staatssekretär des Auswärtigen Amtes war, entwickelte Schröder neue Initiativen in der Außen- und vor allem in der Ostpolitik, und zweifellos bildete diese „das Mittelstück im Übergang von der Ära Adenauer zur Großen Koalition“.[24]

Einen ersten Höhepunkt erlebten die ostpolitischen Gehversuche des Auswärtigen Amtes 1963. Zwar wurden am 14. Januar die diplomatischen Beziehungen zu Kuba abgebrochen, als Castros Staat die DDR anerkannte, und damit noch einmal die extreme Reaktion im Rahmen der sogenannten Hallstein-Doktrin angewandt. Aber danach begann Bonn sich aus der ostpolitischen Selbstlähmung zu lösen. Denn es war schlechterdings nicht mehr zu übersehen, daß eine mit Mauer und Stacheldraht verbarrikadierte Grenze die beiden deutschen Teilstaaten voneinander trennte. Die faktische, wenn auch nicht die völkerrechtliche Anerkennung der DDR durch die Bundesrepublik mußte damit eine Frage der Zeit sein.

Am 7. März 1963 wurde zwischen der Bundesrepublik und Polen ein Abkommen über den Handels- und Seeschiffahrtsverkehr sowie über die Einrichtung einer Handelsvertretung in Warschau, die dann auch am 18. September eröffnet wurde, unterzeichnet. Am 17. Oktober konnte mit Rumänien ein Abkommen über den Austausch von Handelsvertretungen abgeschlossen werden, und am 9. November folgte die Unterzeichnung eines deutsch-ungarischen Abkommens über den Handels- und Zahlungsverkehr sowie über den Austausch von Handelsvertretungen. Damit waren zwar noch keine diplomatischen Beziehungen aufgenommen worden, aber das Auswärtige Amt hatte sich doch ein Herz gefaßt und mit der Demontage der hinderlichen „Hallstein-Doktrin“ begonnen.

Neue ostpolitische Denkanstöße gab es 1963 auch bei den Sozialdemokraten. Berühmtheit erlangte eine Rede Egon Bahrs, der damals Leiter des Presse- und Informationsamtes des Landes Berlin und zugleich ein enger Vertrauter des Regierenden Bürgermeisters der Stadt war. Am 15. Juli 1963 führte Bahr in seiner zuvor inhaltlich, nicht aber im Wortlaut mit Willy Brandt abgestimmten Rede in Tutzing unter anderem aus: „Die Zone muß mit Zustimmung der Sowjets transformiert werden. Wenn wir soweit wären, hätten wir einen großen Schritt zur Wiedervereinigung getan ... Wir haben gesagt, daß die Mauer ein Zeichen der Schwäche ist. Man könnte auch sagen, sie war ein Zeichen der Angst und des Selbsterhaltungstriebes des kommunistischen Regimes. Die Frage ist, ob es nicht Möglichkeiten gibt, diese durchaus berechtigten Sorgen dem Regime graduell soweit zu nehmen, daß auch die Auflockerung der Grenzen und der Mauer praktikabel wird, weil das Risiko erträglich ist. Das ist eine Politik, die man auf die Formel bringen könnte: Wandel durch Annäherung.“[25]

Kaum eine zweite Formel bundesdeutscher Außenpolitik ist so heftig diskutiert, so vielseitig und flexibel interpretiert und nach 1989 so beliebig als Erklärungsmuster benutzt worden wie diese. Fest steht, daß eine direkte Linie von hier zur Deutschland- und Ostpolitik zunächst der Großen, dann vor allem der sozialliberalen Koalition führte, und daß Egon Bahr maßgeblich an der Konzeption und Durchführung dieser „neuen Ostpolitik“ beteiligt gewesen ist. Unmittelbar war die Bahr-Brandtsche rhetorische Initiative des Sommers 1963 auch ein Reflex auf den Mauerbau, also auf die Zementierung der deutschen Teilung, und zugleich Ausdruck der Ernüchterung über die amerikanische Haltung.

Das gilt auch für die dritte ostpolitische Initiative dieser Jahre, die Geheimdiplomatie Konrad Adenauers, die in der Rückschau mit dem Bahr-Brandtschen Vorschlag erheblich mehr gemeinsam hat als den Zeitpunkt. Beide Initiativen versuchten die Frage zu beantworten, was man unter den gegebenen Umständen für die Menschen in der DDR tun könne. Am 6. Juni 1962 bat der

Kanzler den sowjetischen Botschafter Smirnow, „dem sowjetischen Regierungschef folgenden Gedanken mitzuteilen: Sollte man nicht einmal ernsthaft überlegen, zwischen den beiden Ländern – also der Sowjetunion und der Bundesrepublik Deutschland – für zehn Jahre eine Art Waffenstillstand, natürlich im übertragenen Sinne zu schließen. Dies würde bedeuten, die Dinge während dieser Zeitspanne so zu lassen, wie sie sich jetzt darböten. Allerdings müsse dafür gesorgt werden, daß die Menschen in der DDR freier leben könnten, als es jetzt der Fall sei."[26]

Ganz neu war das, was der Bundeskanzler Smirnow vorschlug, freilich nicht. Bereits im November 1961 war der deutsche Botschafter in Moskau, Hans Kroll, bei Chruschtschow mit der Idee vorstellig geworden, den Status quo zeitweilig einzufrieren. Das hatte er formal auf eigene Initiative hin getan. Tatsächlich war Adenauer informiert, nicht jedoch das Auswärtige Amt. Dieses aber mochte es unter seinem neuen Chef, Gerhard Schröder, nicht mehr hinnehmen, daß aus den Gängen des Bundeskanzleramtes heraus immer wieder eine Art zweite Bonner Außen- und namentlich Ostpolitik betrieben wurde. Daraufhin stimmte Adenauer schließlich im Juli 1962, wenige Wochen, nachdem er Smirnow seinen eigenen „Burgfriedensplan" unterbreitet hatte, der Abberufung Krolls aus Moskau zu.

Bei seinem Vorstoß vom Juni 1962 hat den Kanzler dieselbe Überlegung geleitet, die schon 1958 für den Vorschlag einer „Österreich-Lösung" maßgeblich gewesen war. Auch jetzt ging es ihm in erster Linie um menschliche Erleichterungen und größere politische Freizügigkeit für die Bewohner der DDR; auch jetzt war er bereit, der Frage der Wiedervereinigung unter dieser Voraussetzung den zweiten Platz auf der Prioritätenliste zuzuweisen. Es hat dann zwar bis in das Frühjahr 1963 hinein immer wieder, auch von sowjetischer Seite, Versuche gegeben, den Faden aufzunehmen und ihn auf die eine oder andere Weise, etwa durch einen vorübergehend ins Auge gefaßten Besuch Chruschtschows in Bonn, weiterzuspinnen, insgesamt mußte aber diese Sonderdiplomatie mit dem Sommer 1963 als gescheitert gelten.

Das lag auch daran, daß die geheimen Ostkontakte, die durch den „Fall Kroll" nach außen gedrungen waren, bei den Verbündeten der Bundesrepublik Irritation und Mißtrauen hervorriefen. Zwar war diesen eine aktivere Ostpolitik Bonns willkommen, soweit sie ihren Entspannungskurs flankierte. Indessen galt in den westlichen Metropolen alles als suspekt, was nach einer eigenständigen Geheimdiplomatie Bonns aussah und sich der unmittelbaren Kontrolle entzog. Tatsächlich belastete die Arkandiplomatie nicht nur die Beziehungen zu den USA, vielmehr meldeten sich auch in Frankreich „kritische Stimmen zu Wort, wobei der Rapallo-Komplex wieder einmal herhalten mußte".[27]

Eine Verschlechterung der deutsch-französischen Beziehungen mußte aber um nahezu jeden Preis vermieden werden. Angesichts der atmosphärischen Störungen im Verhältnis zu London und Washington und in Anbetracht des sowjetischen Desinteresses an einem „Burgfrieden" zu deutschen Konditionen mußte man den rheinischen Nachbarn sogar besonders pfleglich behandeln. Das war leichter gesagt als getan. Denn in Paris hatte zu diesem Zeitpunkt ein Mann die Zügel der französischen Politik fest im Griff, der eine ebenso eigenwillige wie entschiedene Vorstellung von Frankreichs Rolle in Europa und der Welt besaß: Am 1. Juli 1958 war Charles de Gaulle zum letzten Ministerpräsidenten der Vierten und ein halbes Jahr später, am 31. Dezember 1958, zum ersten Präsidenten der Fünften Französischen Republik gewählt worden, nachdem deren Verfassung weitgehend nach seinen Vorstellungen geformt worden war.

Am 25. März 1959 bezog de Gaulle in einer seiner berühmten Pressekonferenzen, in denen er für gewöhnlich gewichtige politische Entscheidungen mitzuteilen pflegte, Position in der Deutschlandfrage. Zwar bezeichnete er die Wiedervereinigung als „das normale Schicksal des deutschen Volkes", riet aber den beiden „Teile[n] Deutschlands", vorerst ihre „gegenseitigen Beziehungen und Verbindungen auf alle praktischen Gebiete aus[zu]dehnen", zum Beispiel auf das Transport-, Verkehrs- und Postwesen, aber auch auf die Wirtschaft, die Kunst oder die Wissenschaft. Entschieden zeigte sich de Gaulle in den Fragen der Nichtanerkennung der DDR einerseits und der Anerkennung der Oder-Neiße-Linie andererseits.[28]

Konzessionen in dieser Frage waren schon deshalb nicht vorstellbar, weil der General dem amputierten Deutschland in seinen weitausgreifenden politischen Planungen eine feste Rolle zugedacht hatte. Sein höchster Ehrgeiz galt der Wiederherstellung Frankreichs als vollgültige europäische Großmacht. Das war gleichbedeutend mit dem Versuch, die anglo-amerikanische Dominanz in Europa zu beseitigen oder doch erheblich einzuschränken, sich aus der nuklearen Abhängigkeit von den Vereinigten Staaten zu lösen und den alten Kontinent wieder an die Weltspitze zu führen.

Natürlich wäre ein wiedervereinigtes Deutschland mit diesen Großmachtambitionen de Gaulles nur schwerlich vereinbar gewesen. Doch war die Unterstützung der Bonner Position für Paris in dieser Frage deshalb unproblematisch, weil man dort seit der Berlin-Krise davon ausgehen konnte, daß die Wiedervereinigung nicht Wirklichkeit werden würde, und wenn – wider Erwarten – doch, dann in den Grenzen der beiden Teilstaaten westlich von Oder und Neiße. Im übrigen war die Unterstützung der zusehends isolierten Bundesrepublik in der Wiedervereinigungsfrage geeignet, sich deren Beistand für die eigenen Zwecke zu sichern und vergleichsweise widerspruchslos jene beiden Bedingungen öffentlich anzumelden, unter denen der General die Bonner Politik zu fördern bereit war. Dabei handelte es sich einmal, wie gesehen, um die Anerkennung der Oder-Neiße-Linie als Ostgrenze auch eines wiedervereinigten Deutschlands und zum anderen um den Verzicht auf Nuklearwaffen. Kein Wunder, daß de Gaulle unmittelbar nach seiner Amtsübernahme jenes Abkommen über die gemeinsame Entwicklung und Produktion von Atomsprengkörpern sistierte, das die Verteidigungsminister Frankreichs, Italiens und der Bundesrepublik Deutschland am 8. April 1958 in Rom paraphiert hatten.

Schließlich war de Gaulle sehr an einer Kooperation mit Moskau gelegen. Dahinter stand seine Vision eines von Paris und Moskau gemeinsam geführten Kontinents. Auf den ersten Blick schien sie seinem Konzept eines „Europas der Vaterländer" zu widersprechen, im Kern handelte es sich aber nur um eine Variante derselben Idee. In beiden Fällen ging es darum, ein von Frankreich geführtes Westeuropa als dritte Kraft in der Weltpolitik neben den USA und der Sowjetunion zu etablieren. Seiner Vorstellung eines von Frankreich und der Sowjetunion dominierten Kontinents lag lediglich ein umfassenderer, wenn man so will: stärker historisch geprägter Europa-Begriff zugrunde als dem Konzept eines „Europas der Vaterländer".

Natürlich gab sich der General mit der Vision eines Europas vom Atlantik bis zum Ural keinerlei Illusionen über die Ziele des

Kreml hin, im Gegenteil. In der Einschätzung der Sowjetunion war sich Charles de Gaulle mit Konrad Adenauer, den er bereits am 14. und 15. September 1958 auf seinem Landsitz Colombey-les-deux-Églises erstmals empfing, durchaus einig. Beide hatten keinen Zweifel an der expansiv-aggressiven Natur des Bolschewismus. Offiziell hatten die Sowjets ja nie das Ziel der „Weltrevolution" aufgegeben, sondern vielmehr rhetorisch immer daran festgehalten. Übereinstimmend kamen der Kanzler und der Präsident zu dem Ergebnis, daß die Sowjetunion mit dieser Strategie Erfolg hatte, und zwar insbesondere in der außereuropäischen Welt. Allerdings bemerkten beide frühzeitig auch die chinesische Herausforderung Moskaus. Tatsächlich sollte die Sowjetunion mit dem schnellen Sieg Chinas über seinen indischen Nachbarn schon im Oktober 1962 eine empfindliche, wenn auch indirekte Niederlage hinnehmen müssen.

So offenkundig Adenauer und de Gaulle in solchen Fragen übereinstimmten, so unverkennbar war bisweilen die Disharmonie, wenn es um die Zukunft Europas oder die der NATO ging. Die beiden Themen standen auch auf der Tagesordnung der berühmten Begegnung Adenauers und de Gaulles in Rambouillet bei Paris am 29. und 30. Juli 1960. Offenbar hat sich der Kanzler hier von seinem Gesprächspartner überrumpeln lassen. Da die Originalaufzeichnungen über die Gespräche des ersten Tages auf Anweisung Adenauers vernichtet worden sind, lassen diese sich nicht im Detail rekonstruieren. Fest scheint gleichwohl zu stehen, daß de Gaulle an beiden Tagen mit jeweils einem spektakulären Vorschlag aufwartete, nämlich mit dem Ansinnen einer deutsch-französischen Zweierunion und mit der Offerte eines westeuropäischen Staatenbundes, der vorerst von den Mitgliedern der EWG, also ohne Großbritannien, gegründet werden sollte. So wie es aussieht, hat sich Adenauer recht spontan mit der zweiten Idee angefreundet und sich vermutlich davon auch eine Wiederbelebung des alten EVG-Gedankens erhofft.

Konkrete Ergebnisse hat diese Begegnung nicht gebracht. Es gab nicht einmal ein Schlußkommuniqué, sondern lediglich die vage Vereinbarung, eine neue Phase der Organisation Europas einzuläuten. Naturgemäß interpretierten das beide Seiten in ihrem Sinne. Adenauer wird bei aller Verstimmung über die Haltung Englands und der USA in der Berlin-Krise die antibritische und antiamerikanische Stoßrichtung der Ideen de Gaulles nicht geheuer gewesen sein. Der General ließ sich freilich nicht beirren, schon gar nicht durch Mahner und Warner im Bonner Auswärtigen Amt, denen das, was sie aus Rambouillet vernahmen, gar nicht behagte. So nimmt es nicht wunder, daß die etwa ein Jahr nach dieser Begegnung eingeleiteten Verhandlungen über eine „Europäische Politische Union" (EPU), wie das Projekt dann genannt wurde, ohne ein greifbares Ergebnis blieben.

De Gaulles Bereitschaft zu Konzessionen und zur Hinnahme weitergehender Beschränkungen der nationalen Souveränität Frankreichs ließ während der Verhandlungen in dem Maße weiter nach, in dem sich eine Lösung des Algerien-Konfliktes abzeichnete und dementsprechend die französische Handlungsfreiheit zunahm. Das zeigte sich bei der Frage einer Aufnahme Großbritanniens in die EWG, die de Gaulle strikt ablehnte, und es wurde auch in seinen Reaktionen auf Kennedys Vorstellungen eines „Grand Design" offenkundig, die auf eine atlantische Partnerschaft zwischen den USA und einem geeinten, selbstverständlich England einschließenden Europa zielten.

Adenauer mochte sich den Argumenten des Generals nicht ganz verschließen. Ähnlich wie de Gaulle war auch ihm das Sonderverhältnis Großbritanniens zu den USA zunehmend suspekt. Das sahen andere in Bonn ähnlich, und keineswegs nur die sogenannten Gaullisten. Überhaupt fand die Intensivierung der deutsch-französischen Beziehungen am Rhein eine breite Zustimmung. Eine nachhaltige Verstimmung der USA durfte man zwar nicht riskieren; aber waren Fortschritte in Europa ohne oder gar gegen Frankreich denkbar? Und war nicht der westliche Nachbar in der großen Krise am Ausgang der fünfziger und zu Beginn der sechziger Jahre eine, wenn nicht die einzige verläßliche Stütze gewesen? So nahm ein Plan Konturen an, der offensichtlich schon in Rambouillet im Gespräch gewesen, dann aber zunächst zugunsten der europapolitischen Vorhaben zurückgestellt worden war.

Der Grundstein für den späteren deutsch-französischen Vertrag wurde während der Staatsbesuche Adenauers in Frankreich vom 2. bis 8. Juli und de Gaulles in der Bundesrepublik vom 4. bis 9. September 1962 gelegt. Beide waren vorzüglich in Szene gesetzt. Das gilt insbesondere für die Visite des Bundeskanzlers. Nicht nur besuchten die beiden Staatsmänner die Krönungskathedrale der französischen Könige in Reims, sie nahmen auch gemeinsam eine Parade deutscher und französischer Truppen ab. Das war damals, 17 Jahre nach dem Ende des Zweiten Weltkriegs und ein Vierteljahrhundert vor Gründung der deutsch-französischen Brigade, alles andere als selbstverständlich. Der Gegenbesuch de Gaulles in der Bundesrepublik glich einem Triumphzug: „Der Präsident", so notierte der Journalist Paul Sethe, „gewann die Herzen der Nation, gegen deren Armeen er zweimal im Feld gestanden hatte."[29]

Allerdings ging es in Reims und Bonn zunächst nur um Vereinbarungen beziehungsweise um ein Abkommen auf Regierungsebene. Die Idee eines völkerrechtlichen Vertrages nahm nur zögernd Konturen an. Die Bedenken auf deutscher Seite, im Auswärtigen Amt ebenso wie im Kabinett, wogen schwer, steuerte de Gaulle doch unverkennbar auf einen exklusiven französisch-deutschen Zweibund als Kern eines Westeuropas der „Vaterländer" zu, der Großbritannien außen vor halten und überdies noch eine wenig versteckte antiamerikanische Stoßrichtung besitzen sollte. Das teilte der General der Welt dann auch unverblümt auf seiner wohl berühmtesten Pressekonferenz mit, die er am 14. Januar 1963 in Anwesenheit des gesamten Kabinetts vor 800 Journalisten zelebrierte. Im Zentrum seiner Ausführungen standen die Weigerung, Frankreich an der noch zu erläuternden multilateralen Atomstreitmacht zu beteiligen, und die indirekte Ankündigung, ein Veto gegen einen EWG-Beitritt Großbritanniens einzulegen, über den seit fast zwei Jahren verhandelt worden war.

Eine Woche nach de Gaulles spektakulärem Auftritt wurde am 22. Januar 1963 in Paris der Vertrag über deutsch-französische Zusammenarbeit, der sogenannte Elysée-Vertrag, von de Gaulle und Adenauer unterzeichnet. Er sah regelmäßige Konsultationen auf den Ebenen der Staats- und Regierungschefs, der Außen- und Verteidigungsminister sowie der Minister für Jugend und Familie vor. Des weiteren wurde eine entsprechende Kooperation auf den Gebieten der Auswärtigen Politik, der Verteidigung sowie insbesondere auch der Erziehungs- und Jugendarbeit festgeschrieben. Aber weder die würdevolle Zeremonie der Vertragsunterzeichnung noch die von kaum jemandem bestrittene epochale Bedeutung dieses Abkommens konnten die Bedenken ganz beseitigen: Die warnenden Stimmen wurden noch lauter, als am 29. Januar die Verhandlungen über den britischen EWG-Beitritt offiziell abgebrochen wurden.

In Bonn ging die Sorge um, der Vertrag mit Paris könne so aufgefaßt werden, als richte er sich gegen Großbritannien, die USA, die europäische Integration und die NATO. Konnte man aber ausschließen, daß die Vereinbarungen in Zukunft von de Gaulle nicht genau so, also für seine Zwecke instrumentalisiert würden? Bedenken und zum Teil heftige Widerstände gegen den deutsch-französischen Vertrag gab es in allen Parteien und nach wie vor auch im Bundeskabinett. Dort wurden sie vor allem von den „Atlantikern", wie Außenminister Gerhard Schröder, Wirtschaftsminister Ludwig Erhard oder auch Verteidigungsminister Kai-Uwe von Hassel, vorgetragen.

Daß der Bundestag am 16. Mai 1963 den deutsch-französischen Vertrag dann doch mit großer Mehrheit ratifizierte, war das Ergebnis eines heftigen Tauziehens. An dessen Ende einigte man sich auf Antrag des Ausschusses für Auswärtige Angelegenheiten darauf, der deutschen Fassung eine Präambel voranzustellen. Sie enthielt ein ausdrückliches und eindeutiges Bekenntnis zur „engen Partnerschaft zwischen Europa und den Vereinigten Staaten von Amerika", zur „gemeinsamen Verteidigung im Rahmen des nordatlantischen Bündnisses", zur „Schaffung der Europäischen Gemeinschaften ... unter Einbeziehung Großbritanniens und anderer zum Beitritt gewillter Staaten", aber auch zum „Allgemeinen Zoll- und Handelsabkommen" (GATT).[30]

Die Präambel stellte den deutsch-französischen Vertrag einerseits in den „Gesamtzusammenhang der Verpflichtungen der Bundesrepublik Deutschland gegenüber den westlichen Partnern"[31] und nahm ihm damit den Charakter der Exklusivität. Andererseits relativierte sie das Abkommen, wenn man die zentralen Aussagen der Präambel mit den ursprünglichen Intentionen Charles de Gaulles verglich. Das sollte sich in den kommenden Jahren als sehr problematisch erweisen, schien der General doch keine Gelegenheit auslassen zu wollen, wenn es darum ging, seine deutschen Partner zu brüskieren. Das bekam vor allem Ludwig Erhard zu spüren, der im Oktober 1963 die Nachfolge des ersten Bundeskanzlers antrat.

Zwar war der neue Mann gerade in der West- und Bündnispolitik erkennbar um Kontinuität bemüht. Dem aufmerksamen Zuhörer konnte freilich nicht entgehen, daß sich hinter jedem der in seiner ersten Regierungserklärung angesprochenen Punkte ein handfestes Problem der deutschen Außen-, Sicherheits- oder auch Wirtschaftspolitik verbarg. Das galt auch für das deutsch-französische Verhältnis. Wo man hinsah, befand sich die Bonner Außenpolitik seit der Ratifizierung des Elysée-Vertrages im Gegensatz zum rheinischen Nachbarn, so auch bei der Frage nach der Zukunft der europäisch-amerikanischen Beziehungen.

Diese wenig komfortable Situation wurde bald noch unbequemer, als sich das französisch-sowjetische Verhältnis spürbar zu verbessern schien. Moskau und Paris entdeckten plötzlich wieder Gemeinsamkeiten: Vom 20. Juni bis zum 1. Juli 1966 weilte de Gaulle zum ersten Mal seit dem Dezember 1944 in der Sowjetunion. Die außenpolitischen Turbulenzen der Jahre 1963-1966 glichen einer Kettenreaktion. De Gaulles Wendung nach Moskau war aus seiner Sicht eine logische Antwort auf die anglo-amerikanische Europapolitik, aber auch auf die „Entwertung" des Elysée-Vertrages durch die deutsche Präambel. Und je unverhohlener der General mit Moskau kooperierte, desto enger rückte die Bundesrepublik an die Seite der Vormacht USA. De Gaulle zwang Bonn geradezu, sich für Paris oder Washington zu entscheiden, so zum Beispiel bei seinem Staatsbesuch in der Bundesrepublik am 3. und 4. Juli 1964 und erneut auf einer Pressekonferenz, die er knapp drei Wochen darauf, am 23. Juli, in Paris gab.

Nicht nur die „Atlantiker" in Bonn hatten im Grunde keine andere Möglichkeit, als das von de Gaulle bei diesen Gelegenheiten geforderte exklusive französisch-deutsche Zweierverhältnis zurückzuweisen, denn eine bewußte Kehrtwendung gegen Amerika konnte sich Bonn nicht erlauben. Sie kam um so weniger in Betracht, als die Bundesrepublik in militärischer Hinsicht nach wie vor von den Vereinigten Staaten und insbesondere vom atomaren Schutzschild der USA abhängig war. Außerdem hatte Washington tatsächlich oder vermeintlich etwas sehr Begehrtes zu bieten, nämlich nukleare Mitsprache. Die Zauberformel hieß „Multilateral Nuclear Force" (MLF).

Über die Idee einer multilateralen Atomstreitmacht wurde schon seit 1957 nachgedacht. Seit dem Herbst 1962 sahen die Planungen eine Flotte von 25 Überwasserschiffen vor, die mit jeweils acht amerikanischen „Polaris"-Raketen bestückt und von gemischten Besatzungen der meisten NATO-Staaten betrieben werden sollten. Für den Aufbau der MLF sprachen vier Gründe: erstens das britische Eingeständnis, in absehbarer Zeit weder finanziell noch technisch den Aufbau einer nationalen Atomstreitmacht ins Werk setzen zu können, zweitens die französische Opposition gegen die amerikanische NATO- und insbesondere Nuklearpolitik, drittens die Entschlossenheit der Amerikaner, ihre nukleare Vorherrschaft im Atlantischen Bündnis auch in Zukunft festzuschreiben und zugleich ihr „militärisches Protektorat über Europa"[32] beziehungsweise ihre „Atomhegemonie akzeptabel zu machen"[33], und viertens die Absicht nicht nur der USA, die nukleare Teilhabe der Bundesrepublik mit einer Politik zu verbinden, die einen nationalen deutschen Zugriff auf Atomwaffen von vornherein ausschloß.

Die neue Bundesregierung legte sich relativ rasch auf die MLF fest. Damit setzten sich vorderhand die „Atlantiker" gegen prominente „Gaullisten" wie den Bundestagspräsidenten Eugen Gerstenmaier, Altbundeskanzler Adenauer und Ex-Verteidigungsminister Strauß durch. Sie erfuhren dabei durchaus auch Unterstützung aus den Reihen der oppositionellen SPD und von großen Teilen der Presse, und dafür gab es gute Gründe: Die amerikanische Präsenz in Europa blieb für Bonn eine Lebensversicherung. Deshalb mußte man das MLF-Angebot annehmen; weitere, gewichtige Argumente kamen hinzu.

Man darf dabei nicht vergessen, daß die MLF zu einer Zeit Gestalt annahm, als die Vereinigten Staaten und mit ihnen die NATO ihre Verteidigung auf das erwähnte neue strategische Konzept der „Flexible response", der flexiblen Antwort auf eine Aggression des Warschauer Paktes, umstellten. Das bedeutete eine Abkehr vom vergleichsweise starren Automatismus der „Massive retaliation" und stand ganz im Einklang mit den amerikanischen Entspannungsplänen der sechziger Jahre. Wenn man nun aber davon ausgehen mußte, daß ein militärischer Konflikt in Europa mit größter Wahrscheinlichkeit auf dem Territorium der Bundesrepublik ausgetragen wurde und daß sich die Vereinigten Staaten unter Umständen im Rahmen abgestufter Gegenmaßnahmen auch den Einsatz taktischer Nuklearwaffen beziehungsweise atomarer Mittelstreckenraketen vorbehielten, um den strategischen, interkontinentalen Schlagabtausch zu vermeiden, dann wurde die Mitsprache über den Einsatz des nuklearen Arsenals der NATO für Bonn zu einer Frage von schlechthin entscheidender Bedeutung.

Daß die multilaterale Atomstreitmacht, mit der man eine solche Mitsprache hätte suggerieren können, schließlich scheiterte, lag vor allem am mangelnden Interesse beziehungsweise am Widerstand der meisten europäischen NATO-Partner, allen voran Frankreichs: De Gaulle argwöhnte, daß das Unternehmen die amerikanische Hegemonie auch in Europa fortschreiben werde, und zeigte sich zudem entschlossen, die Bundesrepublik auch in Zukunft von nuklearen Waffen fernzuhalten. Schließlich erlahmte auch in Washington der MLF-Enthusiasmus. Dort wie in Moskau gewann mit der Zahl der Atommächte, denen sich 1964 als vorerst letzte China zugesellte, die Nichtverbreitung nuklearen Materials und insbesondere atomarer Waffen Priorität, und damit war ein Projekt wie die MLF nicht vereinbar. Um das Gesicht zu wahren, wurde zwar noch eine Weile offiziell über die multilaterale Atomstreitmacht verhandelt, tatsächlich aber war der ganze Plan Ende 1965 erledigt.

Indessen konnte der Wunsch nach einer nuklearen Teilhabe oder doch zumindest einem gewissen Mitspracherecht der Nicht-Nuklearmächte kaum mehr aus der Welt geschafft werden. Seit dem Herbst 1965 wurde darüber in mehreren Arbeitsgruppen der Atlantischen Allianz gesprochen. Am 14. Dezember 1966 setzte man zwei nukleare Planungsgremien ein. Der wichtigeren „Nuklearen Planungsgruppe" (NPG) der NATO gehörte als ständiges Mitglied neben den USA, Großbritannien und Italien auch die Bundesrepublik an; Frankreich blieb ihr fern und bekräftigte damit seinen Entschluß zum Aufbau einer eigenen nationalen Atomstreitmacht. Die nukleare Planungsgruppe hatte die Aufgabe, Richtlinien und Kompetenzen des Bündnisses für den Einsatz von Atomwaffen zu formulieren, Mechanismen und Verfahren für die Konsultation der NATO-Partner auf diesem Gebiet zu entwickeln oder auch über die Modernisierung der entsprechenden Waffensysteme zu beraten.

Zwar sagte selbst diese nukleare Partizipation ihrer Partner noch nichts darüber, wie sich die Vereinigten Staaten in einer extremen Krisensituation verhalten würden, wenn es darum ging, Entscheidungen in wenigen Minuten zu treffen; doch hatte Bonn jetzt wenigstens die Chance, in dieser vitalen Frage wie andere gehört zu werden. Im übrigen ging man am Rhein, in Ermangelung einer Alternative, auch dann noch auf die kompromißlos vorgetragenen amerikanischen Wünsche und Forderungen ein, als die politische Schmerzgrenze überschritten wurde. Das war Mitte der sechziger Jahre der Fall.

Damals wurde die Führung der Vereinigten Staaten von einem Problem beherrscht, das sich ganz und gar in den Vordergrund der weltpolitischen Entwicklung schob, die amerikanischen Energien zusehends band und damit auch die Partner der USA in seinen Bannkreis zog: Der Krieg in Vietnam war für Washington zum Testfall dafür geworden, wie die verbündeten Europäer ihre Dankbarkeit für die amerikanische Sicherheitsgarantie unter Beweis stellten. Die Frage, wie es zu diesem Desaster der amerikanischen Außenpolitik kommen konnte, läßt sich selbst heute nur schwer beantworten. Die Anfänge gingen in die Zeit der Eisenhower-Administration zurück; in der Ära Kennedy hatte sich die Zahl der amerikanischen Militärberater in Vietnam von fast 900 auf mehr als 16000 erhöht; 1966 standen fast 400000 amerikanische Soldaten in Vietnam, Anfang 1969 waren es sogar 543000.

Das Argument, daß das Vorgehen des Vietcong und Nordvietnams ein Beispiel für die unaufhaltsame globale Expansion des Kommunismus sei, fand anfänglich in der Bundesrepublik offene Ohren, weil sich diese – und vor allem West-Berlin – in einer Situation befand, die derjenigen Südvietnams nicht unähnlich war. Insoweit bildeten die vietnamesische wie die Deutsche Frage Testfälle für die Entschlossenheit des Westens, sich aktiv für die Behauptung von Freiheit und Unabhängigkeit einzusetzen. Schon deshalb hatten die Bundesregierungen der sechziger und frühen siebziger Jahre eigentlich keine andere Wahl, als die Vietnam-Politik der Vereinigten Staaten öffentlich zu unterstützen, und das selbst noch zu einem Zeitpunkt, als der Krieg in der westlichen Welt, auch in der deutschen Öffentlichkeit, äußerst unpopulär geworden war.

Diese deutsche Rückendeckung für die amerikanische Außen-, Sicherheits- und vor allem auch Vietnam-Politik war um so wichtiger, als andere Partner im westlichen Bündnis sie nicht nur verweigerten, sondern, wie de Gaulle, die Politik der USA in Südostasien sogar scharf kritisierten. Mit Ausnahme einer direkten Militärhilfe, wie sie die pazifischen Partner der USA – Australien,

Südkorea und Neuseeland – in unterschiedlich starkem Maße leisteten, erhielt Washington von Bonn Unterstützung auf fast allen Gebieten, auch auf solchen, auf denen die Bundesrepublik bis an den Rand ihrer Möglichkeiten gehen mußte – und gelegentlich darüber hinaus.

Das zeigte sich zunächst bei den leidigen Verhandlungen der „Offset"-Abkommen über den Ausgleich für die Devisenverluste in der Zahlungsbilanz der USA, die durch die Stationierung amerikanischer Streitkräfte und ihrer Angehörigen in der Bundesrepublik entstanden. In den Kalenderjahren 1961 und 1962 beliefen sich die amerikanischen Aufwendungen für das Militär in Deutschland auf immerhin 1 375 Millionen US Dollar.[34] Nicht vor dem 14. November 1964 konnte ein entsprechender Vertrag unterzeichnet werden, der das erste Ausgleichsabkommen vom 24. Oktober 1960 ersetzte.

Unter solchen Vorzeichen besuchte Bundeskanzler Erhard vom 24. bis zum 27. September 1966 die USA. Auf der Tagesordnung der Gespräche mit Präsident Johnson und Verteidigungsminister McNamara standen neben der Frage der nuklearen Mitsprache der Bundesrepublik der Devisenausgleich und die deutschen Waffenkäufe in den USA. In keinem dieser Punkte konnte Einigkeit erzielt werden, da die Amerikaner, auch Johnson, hart blieben. Eigentlich hatte Johnson ein recht gutes Verhältnis zu Erhard; allerdings standen am 8. November Kongreßwahlen an, und die amerikanische Zahlungsbilanz war vor allem wegen des Krieges in Vietnam alles andere als ausgeglichen. So wurden 1966 insgesamt 15 000 US-Soldaten aus Europa abgezogen, und erst wenige Wochen vor Erhards Reise, Ende August, hatte der Fraktionsführer der Demokraten im amerikanischen Senat eine noch drastischere Reduzierung der amerikanischen Truppen in Europa gefordert, ohne, wie das sonst üblich war, im gleichen Atemzug einen Abbau der sowjetischen Überlegenheit als Vorbedingung für den Abzug zu nennen. So mußte der Kanzler die Rückreise nach Bonn ohne greifbares Ergebnis antreten.

Angesichts der Forderungen und Eskapaden de Gaulles hatte Bonn gleichwohl kaum die Möglichkeit, auf die französische Karte zu setzen. Immerhin hatte sich die Bundesrepublik am 1. Dezember 1964 nach einjährigem Zögern bereit erklärt, auf den Wunsch des Generals nach einer Harmonisierung der Getreidepreise für den Gemeinsamen Markt einzugehen, und damit den Weg für einen entsprechenden Beschluß der EWG am 15. Dezember freigemacht. Das war eine nicht unbeträchtliche Konzession an de Gaulle und die französischen Landwirte, deren Stimmen der General bei der bevorstehenden Präsidentenwahl Ende 1965 brauchte. Doch trog die Hoffnung Erhards, den französischen Staatspräsidenten dadurch in anderen Fragen entgegenkommender zu stimmen. De Gaulle blieb bei seiner ablehnenden Haltung gegenüber einer neuen Verhandlungsrunde über eine „Europäische Politische Union".

In dieser Situation ergriff Walter Hallstein, ehemaliger Staatssekretär im Bonner Auswärtigen Amt und seit 1958 Präsident der Kommission der EWG, die Initiative, um eine umfassende Lösung des Finanzproblems herbeizuführen und auf diese Weise die Kommission gegenüber den einzelnen EWG-Mitgliedern und ihren immer wieder kollidierenden partikularen Interessen zu stärken. Der Vorschlag zielte in erster Linie auf ein eigenes Einkommen für die Kommission, und zwar durch eine direkte Überweisung der Stufenzölle der EWG-Staaten in die Brüsseler Kasse. Langfristig wäre die EWG-Kommission dadurch in eine supranationale Autorität mit erheblichen, keineswegs nur wirtschaftlichen Vollmachten umgewandelt worden. Vermutlich ging Hallstein, als er im März 1965 mit diesem Vorschlag an die Öffentlichkeit trat, davon aus, daß Bonns Zugeständnis in der Frage eines gemeinsamen Getreidemarktes de Gaulle friedlich gestimmt und für derartige Ideen empfänglich gemacht habe. Das sollte sich als gewaltiger Irrtum erweisen.

Am 6. Juli 1965 zog Frankreich seine Repräsentanten aus dem Ministerrat der EWG zurück und blockierte zugleich die Planungen für ihren weiteren Ausbau. Damit nahm jenes kurze Kapitel französischer Außenpolitik seinen Anfang, das als die Politik des „leeren Stuhls" in die Geschichte eingegangen ist. Für Frankreichs Rückkehr stellte der General drei Bedingungen, die sich vor allem an das stärkste Mitglied der Gemeinschaft, also an die Bundesrepublik, richteten. Abgesehen von der Sicherung der Agrarmarktfinanzierung und dem Verzicht der Kommission auf alle weiteren Versuche, sich als unabhängige Finanzmacht zu etablieren, forderte er vor allem Einstimmigkeit bei den Beschlüssen des Ministerrats, also eine Absage an die Mehrheitsentscheidung, die gemäß

EWG-Vertrag mit dem Übergang zur nächsten Stufe des Gemeinsamen Agrarmarktes zum 1. Januar 1966 in bestimmten Bereichen hätte eingeführt werden sollen.

Am Ende der Auseinandersetzung stand ein Beschluß, von dem niemand so recht wußte, wie man ihn in die Tat umsetzen sollte. Im sogenannten Luxemburger Kompromiß, Ergebnis der Ministerratstagung vom 17. und 18. Januar 1966, verzichtete Frankreich auf das Vetorecht. Im Gegenzug sagten die Vertreter der Bundesrepublik, Italiens und der drei Benelux-Staaten zu, in Zukunft das Prinzip der Mehrheitsentscheidung vorsichtiger handhaben zu wollen, und erklärten sich bereit, von der Überstimmung eines Mitgliedes dann absehen zu wollen, wenn es um eine aus dessen Sicht vitale Frage ging. Mit der Einführung dieses Konsensprinzips, das in der Praxis ein Veto-Recht dauerhaft institutionalisierte, nahm Frankreich am 28. Februar seinen Sitz wieder ein.

Radikaler operierte de Gaulle gegenüber der NATO. Hatte Frankreich bereits damit begonnen, sich aus der Allianz zu lösen, indem es 1959 zunächst seine Mittelmeerflotte und 1964 dann seine Atlantikflotte dem NATO-Oberbefehl entzog, kündigte der General am 7. März 1966 den Rückzug Frankreichs aus der integrierten Kommandostruktur der Atlantischen Vertragsgemeinschaft an[35] und gab dafür drei Wochen später den 1. Juli als Stichtag bekannt. Wenn es für Bonn, das sich am 21. Dezember 1966 mit Paris über das Stationierungsrecht seiner Truppen nach dem NATO-Rückzug einigte, eine Lehre aus der französischen Politik zu ziehen galt, dann die, daß sie sich ausschließlich am eigenen Interesse orientierte. Eine wirkliche Alternative stand indessen nicht zur Verfügung. Das Blatt der deutsch-amerikanischen Kooperation war längst ausgereizt. Was also lag in dieser Situation näher, als nach neuen Wegen – oder richtiger Auswegen – zu suchen, auf denen sich für die deutsche Außenpolitik neuer Handlungsspielraum gewinnen ließ?

Diese neuen Wege wiesen nach Osten. Willy Brandt hat später betont, daß „das, was man Ostpolitik genannt hat, nicht erst 1966 erfunden“ worden ist. Allerdings blieb die Bonner Politik zur Zeit der Regierung Erhard eine Politik der „kleinen Schritte“.[36] Brandt selbst hatte als Regierender Bürgermeister von Berlin einige jener „kleinen Schritte“ getan, die freilich den betroffenen

Menschen große Erleichterungen brachten und deshalb auch von einigen Mitgliedern des Bundeskabinetts unterstützt wurden, so vom Minister für Gesamtdeutsche Fragen, Erich Mende, oder auch, mit einigen Vorbehalten, von Außenminister Schröder: Am 17. Dezember 1963 konnte das erste sogenannte Passierscheinabkommen unterzeichnet werden, das für die Zeit vom 19. Dezember 1963 bis zum 5. Januar 1964 Gültigkeit besaß. Anschließend konnten dann noch drei weitere Abkommen für insgesamt vier Termine, zwischen Oktober 1964 und Juni 1966, unter Dach und Fach gebracht werden. Danach wurde die Entwicklung den Machthabern in Ost-Berlin zu brisant, und erst 1971/72 führte das sogenannte Viermächte-Abkommen zu einer endgültigen Regelung.

Natürlich waren diese deutsch-deutschen Absprachen höchst problematisch. Einerseits konnte niemand ernsthaft etwas gegen menschliche Erleichterungen einwenden. Andererseits wollte auch niemand, schon gar nicht Willy Brandt, einer Anerkennung des SED-Regimes Vorschub leisten. Nach wie vor galten Wiedervereinigungsgebot und Alleinvertretungsanspruch der Mehrzahl der Deutschen als verbindlich. Zwar war die sogenannte Hallstein-Doktrin schon in der ausgehenden Ära Adenauer durch die Aufnahme handelspolitischer Beziehungen mit einigen Staaten des Warschauer Paktes zaghaft unterlaufen worden, doch sie bildete immer noch die offiziell verbindliche Maxime bundesdeutscher Ostpolitik.

An eine unabhängige Bonner Ostpolitik war ohnehin nicht zu denken. Die von Außenminister Schröder vorangetriebene Handelspolitik gegenüber Polen, Rumänien, Ungarn und Bulgarien in den Jahren 1963/64 war deshalb erfolgreich, weil sie in das Konzept der Westmächte paßte. Sie harmonierte nicht nur mit deren entspannungspolitischen Bemühungen, sondern sie war darüber hinaus geeignet, Erosionstendenzen im Ostblock und damit einer wirksamen Isolierung der DDR Vorschub zu leisten. Anders sah es freilich aus, wenn die Bundesrepublik ostpolitische Gehversuche unternahm, die auch nur potentiell mit westlichen Interessen kollidierten. Das hatte sich schon um die Jahreswende 1962/63 gezeigt, als Bonn auf Druck Washingtons ein Röhrengeschäft mit Moskau platzen ließ, und es wurde erneut in den Jahren 1964 und 1966 offenbar, als die Vereinigten Staaten energisch gegen deutsche Versuche Einspruch erhoben, die Wirtschaftsbeziehungen mit China zu formalisieren und unter anderem in Maos Volksrepublik ein Stahlwerk zu bauen.

Entsprechend aufgeregt waren die Reaktionen im Westen, als am 3. September offiziell bekanntgegeben wurde, daß Chruschtschow die Bonner Republik zu besuchen gedenke. Obgleich es mit dem Kremlchef, dessen Sturz die Visite schließlich obsolet werden ließ, in der Deutschland- und Berlinfrage nichts zu verhandeln gab, da die Bundesregierung gar nicht die zuständige Ansprechpartnerin des Kreml sein konnte, tauchte sogleich ein altes ostpolitisches Gespenst wieder auf. Jedenfalls fühlte sich Erhard bemüßigt, am 25. September 1964 gleichsam präventiv darauf hinzuweisen, „daß jede Deutung falsch wäre, die etwa dahin ginge, als ob Deutschland einen Alleingang, eine zweiseitige Lösung mit Sowjetrußland überhaupt ins Auge fassen würde. Das ist nicht der Fall, und noch weniger, wenn das überhaupt zu sagen notwendig ist, gibt es einen Weg zurück nach Rapallo."[37]

Die Hürden, die eine aktive deutsche Ostpolitik zu nehmen hatte, waren hoch, und sie waren zahlreich. Sie bestanden nicht nur aus den Rechten, Pflichten oder Ängsten der Westmächte, sondern auch aus selbstgesetzten Hindernisse, allen voran immer noch der „Hallstein-Doktrin". Diese hatte längst zu einer Selbstlähmung deutscher Außenpolitik geführt, wie Mitte der sechziger Jahre das Dilemma der deutschen Nahostpolitik offenbarte. Im Zentrum des verwickelten Geschehens standen die deutsch-israelischen Beziehungen, die damals noch weit von einer Normalisierung entfernt waren. Ihre Grundlage bildeten zum einen das Luxemburger Wiedergutmachungsabkommen vom 10. September 1952 und zum anderen Waffengeschäfte beziehungsweise einseitige Waffenlieferungen der Bundesrepublik an Israel, die 1957, nach einem geheimen Treffen zwischen Verteidigungsminister Strauß und dem Generalsekretär im israelischen Verteidigungsministerium, Shimon Peres, begonnen und seitdem ständig zugenommen hatten.[38] Im Juli 1962 enthielt die Wunschliste Tel Avivs unter anderem: sechs Schnellboote, drei U-Boote, 24 Hubschrauber, 54 Flakgeschütze, 12 Flugzeuge und 15 Panzer – letztere aus deutscher Produktion.[39]

Mit diesen Lieferungen wurde gewissermaßen die Nicht-Aufnahme diplomatischer Beziehungen zu Israel kompensiert. Bonn wollte diesen Schritt auch wenn irgend möglich vermeiden, um nicht das Verhältnis zu den arabischen Staaten zu belasten. Denn dieses war nicht nur traditionell vergleichsweise gut, die Bonner Position in der arabischen Welt hatte darüber hinaus indirekt von den Fehlschlägen der britischen, französischen sowie der amerikanischen Nahostpolitik in den Jahren 1956 bis 1958 profitiert. Als im Herbst 1962 bekannt wurde, daß deutsche Raketenexperten in der ägyptischen Rüstungsindustrie tätig waren, löste das keine wirkliche Überraschung aus. Wohl aber bewirkte die Nachricht einen Sturm der Entrüstung in Israel und einen erhöhten Druck Tel Avivs auf Bonn auch bei den geheimen Waffengeschäften.

Diese Waffengeschäfte erreichten 1964/65 eine neue Qualität. Bei seinem Besuch in den USA vom 11. bis zum 13. Juni 1964 wurde Kanzler Erhard von Johnson zu weiteren Lieferungen unter anderem von Panzern an Israel gedrängt, die dann auch erfolgten. Die Vereinigten Staaten selbst wollten sich angesichts ihres wachsenden Engagements in Vietnam in der nahöstlichen Krisenregion bedeckt halten, und auch am Potomac wußte man selbstverständlich, daß solche Waffengeschäfte das Verhältnis zu den arabischen Staaten der Region belasten, ja beschädigen mußten. Nicht zum erstenmal wurde die Bundesrepublik von ihrem großen Verbündeten zu einem verstärkten Engagement in der Dritten Welt gedrängt, wenn sich Washington dort zurückhalten wollte. Noch nie aber hatte die Willfährigkeit der Deutschen für sie selbst derart unerfreuliche Konsequenzen gezeitigt wie in der aufziehenden nahöstlichen Krise.

Auch jetzt hatte Bonn keine andere Wahl, als sich dem amerikanischen Druck zu beugen. Da die Gründung des Staates Israel eine unmittelbare Folge des deutschen Vernichtungskrieges gegen das europäische Judentum gewesen war, fühlte sich die Bundesregierung zudem moralisch verpflichtet, die Sicherheit des Landes durch Lieferung von Waffen, vor allem Panzern, zu unterstützen. Auf abenteuerlichen Umwegen und in Einzelteile zerlegt wurden diese nach Israel verschifft. Die Spuren waren so gut verwischt, daß der Verteidigungsminister am 22. Februar 1965, einem Sonntag, vom Kanzler den Auftrag erhielt, „bis Mittwoch dieser Woche fest[zu]stellen, wo sich die 60 Panzer“ eigentlich befanden, die „bereits nach Italien verladen“ worden waren.[40] Anlaß für diese hektische Suchaktion waren Pressemeldungen, die das delikate

Thema am 26. Oktober 1964 erstmals an die Öffentlichkeit gebracht hatten. Die Enthüllung konnte eigentlich niemanden überraschen, weil die deutsch-israelischen Waffengeschäfte einschlägig bekannt waren. Es bildete mithin für Israel wie für seine arabischen Nachbarn ein ideales Druckmittel, hätte eine Veröffentlichung die Bundesregierung doch in beträchtliche Verlegenheit bringen müssen.

In dieser Situation wurde bekannt, daß der Vorsitzende des Staatsrates der DDR, Walter Ulbricht, nach Ägypten reisen werde. Obwohl der Staatsbesuch ursprünglich nichts mit dem bundesdeutsch-israelischen Waffengeschäft zu tun hatte, drohte Nasser nunmehr, im Falle weiterer Lieferungen Bonns an Tel Aviv die diplomatischen Beziehungen zur Bundesrepublik abzubrechen und solche zur DDR aufzunehmen. Andere Staaten der Region folgten Nassers Beispiel. Am 12. Februar 1965 gab Erhard vor der Auslandspresse in Bonn die Einstellung der Waffenlieferungen an Israel und am 17. Februar vor dem deutschen Bundestag die Einstellung der Wirtschaftshilfe an Ägypten bekannt. Zur Ergreifung politischer Maßnahmen, die sich die Bundesregierung ausdrücklich „vorbehalten" hatte,[41] kam es aber nicht mehr, da Ägypten die DDR während des Ulbricht-Besuchs vom 24. Februar bis zum 2. März nicht formell anerkannte.

Nach einem turbulenten diplomatischen Intermezzo wurde am 12. Mai 1965 die Aufnahme voller diplomatischer Beziehungen zwischen Israel und der Bundesrepublik bekanntgegeben. Im Vorfeld hatten die USA ihre Bereitschaft signalisiert, 110 Panzer an Tel Aviv zu liefern. Das wiederum erleichterte Israel seine Zustimmung zu dem Bonner Vorschlag, den Rest der vereinbarten, aber eingestellten Waffenlieferungen finanziell kompensieren zu lassen. Zehn arabische Staaten – allerdings nicht Marokko, Tunesien und Libyen – brachen jetzt ihrerseits die Beziehungen zu Bonn ab. Kuwait machte seine Entscheidung wieder rückgängig. Andererseits wurde die DDR von keinem dieser Länder in vollem Umfang diplomatisch anerkannt, und alle waren mit Blick auf die Bonner Wirtschaftshilfe darauf bedacht, den Konflikt auf niedriger Ebene zu halten. Allerdings kam es erst 1967 beziehungsweise 1969 mit der Wiederaufnahme der Beziehungen durch Jordanien und die Republik Jemen zu einer erkennbaren Normalisierung im Verhältnis der arabischen Welt zur Bonner Republik.

Zwar war dieses Debakel der Bonner Nahostpolitik insoweit nicht selbst verursacht, als es unmittelbar aus den Spannungen zwischen Israel und seinen arabischen Nachbarn resultierte. Dennoch ging es zu einem beträchtlichen Teil auch auf das Konto bundesdeutscher Außenpolitik. Erstmals nämlich kehrte sich die „Hallstein-Doktrin", die ja mit dem Abbruch der Wirtschaftshilfe für Ägypten noch einmal präventiv eingesetzt worden war, mit voller Wucht gegen Bonn selbst. Indem die Bundesrepublik vor Nassers Drohung kapitulierte und mit der Einstellung der Waffenlieferungen an Israel reagierte, ließ sie erkennen, daß sie für Erpressungen anfällig war. Damit erwies sich die Doktrin als das, was sie zu diesem Zeitpunkt längst war: ein Instrument der Reaktion, das eine aktive Ostpolitik, ja Außenpolitik insgesamt lähmte und blockierte.

Am 25. März 1966 ergriff die Bundesregierung eine Initiative, die auch die Zustimmung der SPD-Opposition fand. Das deutet darauf hin, daß sich am Rhein ein breiter Konsens zugunsten einer neuen Bewegung in der Ost- und Deutschlandpolitik auszubilden begann. Die Schwerpunkte der sogenannten Friedensnote, welche die Regierung Erhard an alle jene Staaten sandte, zu denen sie diplomatische Beziehungen unterhielt, waren Rüstungskontrolle, territoriale Fragen und Gewaltverzicht. Zwar wurden nach wie vor die Überwindung der deutschen Teilung und die Wiedervereinigung als „größte nationale Aufgabe" definiert, doch versäumten die Verfasser nicht den ausdrücklichen Hinweis auf ihre Entschlossenheit, „diese Aufgabe nur mit friedlichen Mitteln zu lösen". Im Zentrum des Dokuments stand der Vorschlag, „auch mit den Regierungen der Sowjetunion, Polens, der Tschechoslowakei und jedes anderen osteuropäischen Staates, der dies wünscht, förmliche Erklärungen auszutauschen, in denen jede Seite gegenüber dem anderen Volk auf die Anwendung von Gewalt zur Regelung internationaler Streitfragen verzichtet".[42]

Einer der Hauptinitiatoren der Note war Außenminister Schröder, der erkannt hatte: Je mehr die Bereitschaft zur Entspannung bei den Westmächten an Boden gewann, um so geeigneter erschien ihnen der Gewaltverzicht als ein Mittel zur Erreichung dieses Ziels. Indem sich die Bundesrepublik auf diese Linie einließ, unterlief sie die Gefahr, sich von den Westmächten abzukoppeln, und sicherte sich zugleich eine Möglichkeit, ihre Interessen in die Entspannungspolitik einzubringen. Die Friedensnote fand dann auch bei den Staaten des Westens – mit der bezeichnenden Ausnahme Frankreichs –, aber auch bei den Blockfreien ein insgesamt positives Echo. Die Reaktionen aus den direkt angesprochenen Staaten des Warschauer Paktes waren hingegen betont reserviert, blieb doch die Bundesregierung bei ihren völkerrechtlichen Vorbehalten gegenüber der „Oder-Neiße-Linie", die auch de Gaulle nicht gerne zur Kenntnis nahm. Und im übrigen schloß das Angebot zu einem Gewaltverzicht ja die DDR nicht ein, sondern in Form des Wiedervereinigungsgebots gerade aus.

Allerdings war zu diesem Zeitpunkt den meisten Beobachtern auch in der Bundesrepublik längst klar, daß die Zeit der „aktiven Wiedervereinigungspolitik" vorüber war, wie Staatssekretär Carstens im Oktober 1966 feststellte,[43] und auch Franz Josef Strauß glaubte zu diesem Zeitpunkt nicht mehr an die „Wiederherstellung eines deutschen Nationalstaates, auch nicht innerhalb der Grenzen der vier Besatzungszonen".[44] Dies festzustellen war eine Sache, die entsprechenden Konsequenzen zu ziehen eine andere. Am weitesten wagten sich mit neuen Lösungen die evangelische Kirche Deutschlands, Teile der FDP und insbesondere die SPD vor, die immer vernehmlicher darauf hinwies, daß der von der Bundesregierung vorgeschlagene Gewaltverzicht nur dann sinnvoll sei, wenn man die DDR darin einbeziehe. Noch einen Schritt weiter ging der Regierende Bürgermeister von Berlin und Kanzlerkandidat der SPD, Willy Brandt, der am 1. Juni 1966 auf dem Dortmunder Parteitag seiner Partei die Formel vom „qualifizierten, geregelten und zeitlich begrenzten Nebeneinander der beiden Gebiete" Deutschlands prägte.[45] Ein ins Auge gefaßter Redneraustausch zwischen der SPD und der SED scheiterte jedoch schon im Vorfeld.

In Bonn konnte man sich immer weniger der Einsicht verschließen, daß die allgemeine Anerkennung und damit auch die Stärkung der internationalen Stellung der DDR zwar durch die Bundesrepublik noch für einige Zeit aufzuhalten, nicht aber dauerhaft zu verhindern war. Denn inzwischen machte das SED-Regime beachtliche Fortschritte auf dem Weg hin zu internationaler Reputation. So hatte die DDR bis 1960 immerhin mit 28 nichtkommunistischen Staaten Handelskontakte, -abkommen oder -vertretungen eingerichtet. 1963 kam es zur Aufnahme diplomatischer Beziehungen zu Kuba, im folgenden Jahr reiste der stellvertretende Ministerpräsident Bruno Leuschner nach Indonesien, Kambodscha, Burma, Indien und Ceylon. Auch auf der Insel konnte ein Generalkonsulat eingerichtet werden. Ihren vorläufigen Höhepunkt erreichte die Reisediplomatie der DDR-Führung dann im Februar 1965 mit Ulbrichts Besuch in Ägypten.[46]

Allerdings mußte die DDR bei diesem Kraftakt auch empfindliche Rückschläge hinnehmen, so zum Beispiel 1965 nach einer Regierungsumbildung auf Ceylon und dem Sturz Sukarnos in Indonesien oder vor allem mit der Schließung der Handelsmission Ghanas in Ost-Berlin im März 1966. Außerdem war die Aufwertung des ostdeutschen Teilstaates durch einige Länder der Dritten Welt nicht umsonst zu haben. Namentlich die Staaten des Nahen und Mittleren Ostens ließen sich die schrittweise Anerkennung der DDR gleich doppelt bezahlen, und zwar einmal durch öffentliche antiisraelische Stellungnahmen des SED-Regimes, mit denen die Machthaber in Pankow großzügig umgingen, dann aber auch durch beträchtliche Kapitalhilfen. Im Falle Syriens und Ägyptens hatte Ost-Berlin zweistellige Millionenbeträge auf US-Dollar-Basis zu entrichten.

Die Aktivitäten der Machthaber in Ost-Berlin ließen sich zwar kaum mit den Erfolgen der Bonner Außenpolitik vergleichen, waren aber angesichts der systematischen Isolierung, in welche die DDR durch die „Hallstein-Doktrin“ hatte manövriert werden sollen, durchaus beachtlich. Jetzt zeigte sich auch, daß die Mauer, die Deutschland und Berlin seit 1961 teilte, mehrere Funktionen hatte. Nicht die geringste bestand darin, so zynisch das auch für den, der hinter ihr lebte, klingen mochte, daß sie der DDR und ihren Bürgern nach und nach gewissermaßen zwangsweise eine eigene Identität verschaffte. Und diese Entwicklung ging mit der erkennbaren internationalen Aufwertung der DDR Hand in Hand.

Die Gelegenheit, dieser veränderten Realität Rechnung zu tragen und damit zugleich das Fundament für eine neue Außenpolitik zu legen, ergab sich Ende des Jahres 1966. Am 30. November trat Bundeskanzler Erhard nach einem rapiden Autoritätsverfall zurück und machte damit den Weg für die Große Koalition aus CDU und SPD frei. Erstmals trug die SPD auf Bundesebene Regierungsverantwortung. Das sollte auch für die Bonner Außenpolitik Konsequenzen haben.

4. Öffnung nach Osten 1966–1975

Neues ist nicht immer sichtbar, jedenfalls nicht auf den ersten Blick. Im Falle der deutschen Außenpolitik kündigte sich eine gewisse Neuorientierung dadurch an, daß seit Ende des Jahres 1966 bestimmte alte Töne nicht mehr zu vernehmen waren. Denn erstmals wurde in einer amtlichen Erklärung der Bundesregierung die DDR deshalb indirekt in das Angebot zu einem Gewaltverzicht einbezogen, weil sie nicht ausdrücklich ausgenommen wurde. Das war ein wichtiger Schritt auf dem dornigen Weg der Bonner Entspannungspolitik, zu dem es angesichts der weltpolitischen Großwetterlage kaum eine Alternative gab.

Er wurde mit der ersten Regierungserklärung getan, die Bundeskanzler Kurt Georg Kiesinger am 13. Dezember 1966 abgab. Mit ihr verließ die neue Große Koalition aus CDU und SPD auch in anderer Hinsicht gewohnte Bahnen. Immerhin zeigte sich die Bundesregierung entschlossen, mit „allen" Völkern Beziehungen zu unterhalten, „die auf Verständigung, auf gegenseitiges Vertrauen und auf den Willen der Zusammenarbeit gegründet sind". Das sollte ausdrücklich auch für die Staaten Osteuropas gelten.[1] Damit war die Möglichkeit einer Aufgabe der „Hallstein-Doktrin" öffentlich ausgesprochen. Besondere Erwähnung fanden in diesem Zusammenhang Polen und die Tschechoslowakei.

Selbstverständlich schloß dieses Angebot zur Aufnahme diplomatischer Beziehungen die DDR nicht ein. Allerdings trat in der Sprachregelung der kommenden Jahre der Anspruch auf Alleinvertretung des deutschen Volkes immer mehr hinter der Maxime der Nichtanerkennung zurück. Diese konnte für geraume Zeit gegenüber dritten Staaten noch damit begründet werden, daß den Bewohnern der DDR nach wie vor das Grundrecht auf Selbstbestimmung vorenthalten wurde. Immerhin hatte die Vollversammlung der Vereinten Nationen am 19. Dezember 1966 jene Menschenrechtskonventionen angenommen, deren erste ausdrücklich das „Recht" aller Völker auf „Selbstbestimmung" festschrieb.[2]

Diese doppelte Strategie Bonns – Nichtanerkennung der DDR bei gleichzeitiger aktiver Ostpolitik – war für Ost-Berlin nicht ungefährlich. Das offenbarte sich schon zu Beginn des Jahres 1967: Am 31. Januar wurde anläßlich eines Besuchs des rumänischen Außenministers Mănescu in Bonn die Aufnahme diplomatischer Beziehungen zwischen der Bundesrepublik und Rumänien vereinbart. Damit war ein erster Schritt auf dem Weg zur endgültigen Demontage der „Hallstein-Doktrin“ getan, nicht weniger, aber eben auch nicht mehr. Noch war der Durchbruch nicht geschafft. Das ließ die umständliche Argumentation erkennen, mit der man die Aktion zu begründen suchte und die als „Geburtsfehlertheorie“ in die Geschichte eingegangen ist: Hatte denn Bukarest eine andere Wahl gehabt, als sich den Vorgaben Moskaus zu beugen und die DDR anzuerkennen? Die folgenreiche Annäherung an Bukarest durfte also nicht als Aufgabe des Alleinvertretungsanspruchs mißverstanden werden. Die weltweite Anerkennung der DDR wenn nicht zu verhindern, so doch jedenfalls hinauszuschieben, blieb ein wichtiges Anliegen der Bonner Außenpolitik.

Für Ost-Berlin war das Grund genug zu handeln. Das SED-Regime setzte alles daran zu verhindern, daß andere dem rumänischen Beispiel folgten. Auf einem Treffen der Außenminister des Warschauer Paktes, das vom 8. bis zum 10. Februar 1967 in der polnischen Hauptstadt stattfand, ging die DDR in die Offensive und drehte die „Hallstein-Doktrin“ in der „Ulbricht-Doktrin“ gegen ihre Urheber um. Danach sollten die Mitglieder des Warschauer Paktes ihre Beziehungen zur Bundesrepublik so lange nicht normalisieren dürfen, bis die DDR ihrerseits diesen Schritt getan hatte: Eine förmliche, wenn auch nicht zwingend völkerrechtliche Anerkennung der DDR „als existent“ mußte mithin die Grundvoraussetzung einer jeden Bonner Ostpolitik sein, wie der Staatsratsvorsitzende am 13. Februar in Ost-Berlin klarstellte.[3]

Zur Bekräftigung dieser neuen Linie schloß der ostdeutsche Teilstaat am 15. und 17. März 1967 mit Polen und der Tschechoslowakei zweiseitige Freundschafts- und Beistandsverträge, mit denen das „Eiserne Dreieck“ installiert wurde, gefolgt von entsprechenden Vereinbarungen mit Ungarn und Bulgarien. Ergänzend unternahm Ost-Berlin eine Reihe von einseitigen Schritten, um die Stellung der DDR als eines souveränen und gleichberechtigten Staates zu untermauern und zugleich der Bonner Isolierungsstrategie gegenzusteuern. In diesem Zusammenhang ist vor allem die Einführung der DDR-Staatsbürgerschaft am 20. Februar 1967 zu nennen, die allerdings von keiner Bundesregierung anerkannt worden ist.

Dieses Bemühen um ein eigenständiges Profil in der Weltpolitik erfuhr in den kommenden Jahren eindrucksvolle Unterstützung aus der Dritten Welt. Spätestens 1969 stand fest, daß die Verhinderungstaktik der „Hallstein-Doktrin" zur stumpfen Waffe geworden war. Das zeigte sich besonders deutlich 1967 während des sogenannten Sechstagekrieges zwischen Israel und seinen arabischen Nachbarn. Die Haltung der Bundesrepublik in diesem Krieg war eindeutig und fand ihren Ausdruck in einer breiten Solidarisierungswelle mit Israel. Anders die DDR, die sich in ihren öffentlichen Stellungnahmen „fest an der Seite der arabischen Staaten und Völker bei der Abwehr der imperialistischen Provokation" wußte.[4] Daß die Gegner Israels, beginnend mit dem Irak am 30. April 1969, ihre Bereitschaft signalisierten, mit Ost-Berlin diplomatische Beziehungen aufzunehmen, erschien konsequent. Da alle diese Länder aber, wie gesehen, bereits ihrerseits 1965 die Beziehungen zu Bonn abgebrochen hatten, sah sich die Bundesregierung nicht genötigt zu handeln.

Anders lagen die Dinge im Falle Kambodschas, das am 8. Mai 1969 als erstes nichtkommunistisches Land die DDR diplomatisch anerkannte. Am 4. Juni reagierte Bonn nach heftigen Diskussionen im Kabinett mit der Abberufung des Botschafters in Phnom Penh. Allerdings brach man die Verbindung nicht ganz ab, sondern blieb ohne Botschafter in Kambodscha präsent. Das ist als „kambodschieren" in die Geschichte eingegangen.[5] In diesem Falle zog Kambodscha die Konsequenz und schloß im Juni seine Vertretung am Rhein. Hier zeigte sich das Dilemma bundesdeutscher Außenpolitik besonders eindringlich. Immerhin wurden die Beziehungen zu Kambodscha eingefroren und damit die „Hallstein-Doktrin" noch einmal in ihrer äußersten Form angewendet, als Bonn sie bereits selbst unterlaufen hatte. Nicht nur war nach der Aufnahme diplomatischer Beziehungen zu Rumänien am 4. Juli die deutsche Handelsvertretung in Bukarest in eine Botschaft umgewandelt worden, vielmehr hatte die Bundesrepublik am 31. Januar 1968 auch die diplomatischen Beziehungen zu Jugoslawien wieder aufgenommen.

Spätestens jetzt konnte man nicht mehr ignorieren, daß die Verhinderungstaktik zum Scheitern verurteilt war – für Bonn wie für Ost-Berlin. Weder vermochte die „Hallstein-Doktrin“ auf Dauer die Länder der Dritten Welt davon abzuhalten, die DDR anzuerkennen, noch konnte die „Ulbricht-Doktrin“ die Staaten der kommunistischen Welt auf alle Zeit daran hindern, diplomatische Beziehungen zur Bundesrepublik aufzunehmen. Was lag näher, als diesen für beide Seiten kostspieligen, politisch lähmenden und eben insgesamt erfolglosen Weg aufzugeben und sich statt dessen aufeinander zuzubewegen? Angesichts der Hürden, die man über fast zwei Jahrzehnte hinweg emsig errichtet hatte, war das leichter gesagt als getan.

Die ersten Sondierungen waren 1967 gründlich gescheitert. Am 10. Mai hatte Pankow auf Kiesingers Angebot vom Dezember 1966 zur Förderung der „menschlichen, wirtschaftlichen und geistigen Beziehungen“[6] mit einem Schreiben des „Vorsitzenden des Ministerrates“ der DDR an den Bundeskanzler reagiert. Darin wiederholte Willy Stoph im Prinzip die bekannten Forderungen Ost-Berlins, unterbreitete aber auch die Einladung zu einem Außenministertreffen in Ost-Berlin oder Bonn.[7] Kiesingers Antwort vom 13. Juni war deshalb bemerkenswert, weil sie überhaupt formuliert, adressiert und abgeschickt wurde. Immerhin hatte die Bundesrepublik damit Kontakt zu einem Staat, den es nach ihrem Rechtsverständnis gar nicht gab. Der Bundeskanzler versuchte diese Klippe dadurch zu umschiffen, daß er in der Anschrift seines Briefes die „DDR“ nicht erwähnte. Im übrigen blieb Bonn bei seiner bekannten „Rechtsauffassung“.[8] Auf dieser Basis war an eine Annäherung der beiden Standpunkte nicht zu denken, und so führte auch eine zweite Runde des Briefwechsels im September zu keinen greifbaren Ergebnissen.

Kurzfristig kam es sogar zu einer spürbaren Verhärtung im innerdeutschen Verhältnis, da das SED-Regime den im Februar 1967 eingeschlagenen Kurs konsequent fortsetzte. Am 9. April 1968 trat die zweite Verfassung in Kraft, in der sich die DDR zum „sozialistischen Staat deutscher Nation“ erklärte. Damit war zwar das Prinzip der deutschen Nation noch einmal festgeschrieben, allerdings durch das „Volk der DDR“, wodurch der Anspruch auf eine eigene Staatsbürgerschaft unterstrichen wurde. Am 11. Juni 1968 führte Ost-Berlin schließlich die Paß- und Visapflicht auf den Transitwegen von der Bundesrepublik nach West-Berlin ein. Am Rhein wußte man sehr wohl, daß dieser Gang der Dinge nicht ausschließlich der DDR anzulasten war. So antwortete das SED-Regime mit der Einführung der Paß- und Visapflicht – aus seiner Sicht konsequent – auch auf die Notstandsgesetzgebung, die am 30. Mai den Bundestag passiert hatte, am 28. Juni in Kraft trat und den Verzicht auf die Vorbehaltsrechte aus Artikel 5.2 des Deutschland-Vertrages durch die drei Westmächte nach sich zog. Für Bonn bedeutete das einen Zuwachs an Souveränität, für Ost-Berlin eine Bestätigung der bundesdeutschen Eigen- und also der deutsch-deutschen Zweistaatlichkeit.

Das hatte natürlich auch Folgen für Berlin. Bei allen Maßnahmen, die sich auf eine Lockerung der Bindungen West-Berlins zur Bundesrepublik bezogen, konnte die DDR auf die feste Unterstützung der Sowjetunion, aber in zunehmendem Maße auch auf die stillschweigende Billigung der Westmächte zählen, die ganz auf Entspannungskurs waren. 1969 gaben sie daher nur noch widerstrebend ihre Zustimmung zur Wahl des Bundespräsidenten in Berlin. Es sollte die letzte in der Zeit des Kalten Krieges sein, gewählt wurde der Kandidat der SPD, Gustav Heinemann. Die Wahl vollzog sich unter massiven Störungen. So kündigte der Warschauer Pakt Manöver im Berliner Raum an, und Ost-Berlin verfügte auf Verlangen Moskaus scharfe Transportkontrollen auf den Transitwegen, die sogar stundenweise ganz gesperrt wurden. Allerdings waren die Sowjetunion und damit die DDR darauf bedacht, eine weitergehende Eskalation der Situation zu vermeiden.

Tatsächlich gab es im Frühjahr 1969 bereits einen deutsch-sowjetischen Entspannungsdialog. Längst hatte sich auch in Bonn die Erkenntnis durchgesetzt, daß der Weg der Entspannung unumkehrbar war und jedes Abseitsstehen die Gefahr der Isolierung heraufbeschwor. Beflügelt wurden die westdeutschen Bemühungen um einen Dialog mit dem Kreml durch die wachsende Sorge über die undurchsichtige französische Politik gegenüber der Sowjetunion, zugleich aber auch durch die insgesamt positive Aufnahme der Bonner Vorschläge. Schon am 7. Februar 1967 hatte die Bundesregierung dem sowjetischen Botschafter in Bonn, Semjon K. Zarapkin, den Entwurf einer entsprechenden Erklärung übergeben, welche unter anderem die Verpflichtung der Bundesrepublik vorsah, „bei der Verfolgung ihrer Ziele in der

Deutschlandfrage auf Anwendung von Gewalt oder Drohung mit Gewalt zu verzichten".[9] Welche Welten vorerst zwischen den Positionen Moskaus und Bonns lagen, dokumentierte indessen die sowjetische Forderung nach Beibehaltung der Artikel 53 und 107 der Charta der Vereinten Nationen. Diese schrieben ausdrücklich den Status des „Feindstaates" und mit ihm die Möglichkeit von Zwangsmaßnahmen fest und meinten damit „jeden Staat, der während des Zweiten Weltkrieges der Feind irgendeines Unterzeichners der vorliegenden Urkunde gewesen war".[10] Das sollte sich während des gesamten Kalten Krieges nicht ändern.

Am 11. Juli 1968 fand der deutsch-sowjetische Dialog über einen Gewaltverzicht vorerst ein abruptes Ende. Unerwartet und einseitig veröffentlichte Moskau einen Teil der Dokumente. Das kam einem Abbruch der Verhandlungen gleich, für die Vertraulichkeit vereinbart worden war. Mit der Bundesrepublik hatte die Aktion des Kreml freilich wenig zu tun, sehr viel aber mit den Vorgängen in der Tschechoslowakei: In der Nacht vom 20. auf den 21. August besetzten Truppen des Warschauer Paktes das Land und beendeten damit gewaltsam den „Prager Frühling".

Ungewollt spielte Bonn im Vorfeld der Intervention eine Nebenrolle. Denn offenkundig sah Moskau in der Bereitschaft der Bundesrepublik zu Gewaltverzicht und Verständigung eine Ursache für die Erosionserscheinungen innerhalb des Ostblocks. Deshalb machte man die Ostpolitik der Großen Koalition für den „Prager Frühling" mitverantwortlich, obgleich die Bundesregierung erkennbar jede Einmischung in die inneren Angelegenheiten der Tschechoslowakei zu vermeiden suchte. Auf der anderen Seite stellte die Intervention der Warschauer-Pakt-Staaten in der ČSSR unmißverständlich klar, daß erstens eine Anerkennung des Status quo die Grundvoraussetzung jedweden Fortschritts in der Bonner Ostpolitik und zweitens an eine Unterstützung der Reformkräfte in der kommunistischen Welt auf absehbare Zeit nicht zu denken war.

Bonn hatte sich also auf den Boden der „Breschnew-Doktrin" zu stellen, die im Umfeld des Einmarsches in die Tschechoslowakei entwickelt worden war und besagte, daß die Zugehörigkeit zum Warschauer Pakt gleichbedeutend mit einer Einschränkung der nationalen Souveränität seiner Mitglieder sei. Gleichzeitig war es an Moskau, Bewegung in die festgefahrene Situation zu bringen und etwa durch eine Nuance bei der Beschreibung beziehungsweise Interpretation des Status quo in Deutschland und Europa den Dialog wieder führbar zu machen. Eine entsprechende Initiative in Europa hatte der Kreml allerdings auch dringend nötig. Nicht nur galt es, durch eine Intensivierung der Kontakte zu den Westmächten den politischen Schaden, den der Einmarsch in die Tschechoslowakei angerichtet hatte, zu begrenzen. Vielmehr war eine Wiederaufnahme und Fortsetzung des Entspannungsprozesses in Europa auch deshalb geboten, weil am 2. März 1969 die chinesisch-sowjetischen Spannungen am gemeinsamen Grenzfluß Ussuri zu Kampfhandlungen eskalierten.

Zwei Wochen später, am 17. März, kam das erwartete Signal in Form des „Budapester Appells" der Warschauer-Pakt-Staaten, mit dem die Sowjetunion und ihre Verbündeten erneut ihren Vorschlag zur Einberufung einer gesamteuropäischen Konferenz über Sicherheit und Zusammenarbeit unterbreiteten. Vor allem die Bundesregierung griff diesen Vorschlag interessiert auf, entdeckte sie doch bei genauerer Lektüre einige neue Aspekte. So hielt es Außenminister Brandt für „keinen Zufall", daß in der Erklärung nur noch von der „Anerkennung der Existenz der DDR", nicht aber mehr von ihrer völkerrechtlichen Anerkennung die Rede war.[11] Allerdings verliefen die seit dem Juli 1969 wiederaufgenommenen Gespräche über einen Gewaltverzicht im Sande. Das lag an Moskau und Bonn gleichermaßen. Im Kreml setzte man offenbar schon auf eine von der SPD geführte Bundesregierung, von der man sich gerade in diesen Fragen größeres Entgegenkommen erhoffte.

In Washington riefen diese Aussichten gemischte Gefühle hervor. Den Wechsel von der christlich-liberalen zur Großen Koalition hatte man gelassen zur Kenntnis genommen. Mit dem Abtreten Erhards und Schröders von der politischen Bühne und der Übernahme der Regierungsgeschäfte durch Kiesinger und Brandt kam es rasch zu einer klimatischen Verbesserung des deutsch-amerikanischen Verhältnisses, obgleich oder eben weil die Große Koalition gegenüber dem wichtigsten Verbündeten erkennbar selbstbewußter auftrat als die Regierung Erhard. Anders als diese scheute sie auch nicht vor einer öffentlichen Kritik des Partners zurück. Unmißverständlich diagnostizierte Kiesinger am 27. Februar 1967, daß es „so … nicht weitergehen" könne: „Wir reden ja überhaupt nur noch über Streitfragen miteinander. Wir reden ja gar nicht mehr über gemeinsame Politik ... Es gibt manchmal Deutsche, die glauben, es gäbe da so eine Freundschaft oder Freundschaftsdienste. Das gibt dann hinterher immer sehr böse Enttäuschungen. In der Politik herrschen Interessen zwischen den Völkern ... Aufgabe ist es, festzustellen, inwieweit die amerikanischen Interessen mit den unseren, den deutschen und den europäischen, übereinstimmen und inwieweit nicht oder nicht mehr."[12]

Das waren neue Töne. Daß sie nicht zu einer nachhaltigen Verstimmung im Verhältnis zwischen den beiden Bündnispartnern führten, lag unter anderem daran, daß auch die Große Koalition weiterhin dort zur Zusammenarbeit bereit war, wo diese von den USA als besonders wichtig empfunden wurde. Zur Zeit der Regierungen Johnson wie Nixon war das auf zwei Feldern der Fall, die sich zudem eng berührten, nämlich bei der Entspannungspolitik und beim amerikanischen Engagement in Vietnam. Dort sahen sich der am 20. Januar 1969 ins Amt gekommene republikanische Präsident Richard M. Nixon und sein Sicherheitsberater und späterer Außenminister, Henry Kissinger, mit jenem riesigen Problem konfrontiert, daß die gesamte Amtszeit Lyndon B. Johnsons überschattet und den Texaner schließlich bewogen hatte, auf eine erneute Kandidatur für das höchste Amt zu verzichten.

Im Gegensatz zu den meisten europäischen Verbündeten verzichtete die Bundesregierung auf eine mehr oder weniger offen geübte Kritik an der amerikanischen Politik und Kriegführung in Vietnam – mehr noch: Indem sie die humanitäre Hilfe für die Opfer des Vietnam-Krieges fortsetzte und zum Beispiel das Hospitalschiff „Helgoland" vor die Küste des südostasiatischen Landes entsandte, gewährte sie auf ihre Weise den Vereinigten Staaten die dringend benötigte öffentliche Unterstützung. Ähnliches galt für den Bereich der Wirtschafts- und Währungspolitik. Gerade hier forderten die enormen Ausgaben für die Kriegführung in Vietnam ihren Tribut, nämlich ein beträchtliches Zahlungs- und Handelsbilanzdefizit und in dessen Gefolge einen zunehmenden Verfall der amerikanischen Währung. Die Bundesrepublik half dem großen Partner in dieser Lage durch einen Verzicht auf den Umtausch amerikanischer Banknoten in Gold und, so lange das irgend ging, durch den Ankauf von Dollar.

Auch auf dem Feld der Entspannungspolitik stellte sich die Bundesrepublik auf die amerikanische Linie ein. Auf der NATO-Ebene wurde diese in jenem Bericht erkennbar, den der belgische Außenminister Pierre Harmel im Dezember 1966 vorgelegt hatte und der am 14. Dezember 1967 von den Außenministern der Allianz verabschiedet wurde. Die dort fixierte Maxime, wonach „militärische Sicherheit" und eine Politik der Entspannung „keinen Widerspruch, sondern eine gegenseitige Ergänzung" darstellten,[13] wurde am 25. Juni 1968 im sogenannten Signal von Reykjavik konkretisiert. Zwar war das im Schlußkommuniqué der NATO-Ministerratstagung genannte „Ziel gegenseitiger ausgewogener Truppenverminderungen" durch die Intervention der Warschauer-Pakt-Staaten in der Tschechoslowakei vorübergehend „ferner gerückt", wie der deutsche Außenminister wenige Wochen später festhielt, „von der Sache her aber noch dringlicher geworden".[14] Das „Signal von Reykjavik" war die Initialzündung für entsprechende Verhandlungen, die fünf Jahre später aufgenommen werden sollten.

Zu den Ländern, die ein besonderes Interesse an Verhandlungen über eine Reduzierung der konventionellen Streitkräfte in Europa haben mußten, gehörte natürlich die Bundesrepublik, da sie „geographisch am stärksten betroffen" war[15] und im Falle einer militärischen Auseinandersetzung zum ersten Opfer der haushohen Überlegenheit des Warschauer Paktes geworden wäre. Außerdem bildete der Vorschlag einer beiderseitigen Truppenreduzierung eine geeignete Antwort auf die östlichen Initiativen für eine europäische Sicherheitskonferenz. Schließlich waren solche Gespräche für Bonn auch mit Blick auf den amerikanischen Verbündeten sehr nützlich. Sie konnten nämlich dazu beitragen, daß die USA, wie schon lange geplant, ihre Truppen in Europa reduzierten, ohne daß damit das konventionelle sowjetische Potential indirekt an Gewicht gewonnen hätte. Vor allem aber sollten die Verhandlungen ja auf Bündnisebene geführt werden. Darin wiederum lag auch eine gewisse Garantie gegenüber amerikanischen Alleingängen in der Entspannungspolitik, deren Folgen die Bundesrepublik nach den großen Krisen der Jahre 1961/62 wiederholt zu spüren bekommen hatte, so insbesondere anläßlich ihres nicht eben freiwilligen Beitritts zum Atomteststoppabkommen.

Ohnehin wurde im nuklearen Bereich der bilaterale amerikanisch-sowjetische Dialog über die Köpfe der meisten betroffenen europäischen Staaten hinweg fortgesetzt. Das war unerfreulich, aber ändern konnte man es nicht. Im Zentrum der Verhandlungen stand die Frage der Nichtverbreitung von spaltbarem Material und insbesondere von Kernwaffen. Das Problem hatte in den sechziger Jahren zusätzlich an Aktualität gewonnen, weil die Volksrepublik China 1964 ihre erste Atom- und 1967 ihre erste Wasserstoffbombe getestet hatte. Vor diesem Hintergrund erklärten sich die USA und die Sowjetunion bereit, „auf etwas zu verzichten, das sie sowieso nicht tun wollten: nämlich nukleare Waffen an andere Staaten weiterzugeben". Gleichzeitig erwarteten sie von den Nicht-Nuklearmächten Zugeständnisse. Diese sollten sich nämlich „ohne entsprechende Gegenleistungen einer Option begeben, deren Verwirklichung zwar kostspielig und politisch risikoreich war, ihnen aber Macht und Einfluß versprach".[16]

Damit war ein Bereich tangiert, der für viele mittlere Mächte beträchtliche Bedeutung besaß. In Bonn machte der begründete Verdacht die Runde, daß eines der Hauptanliegen der sowjetischen Politik darin bestand, die Bundesrepublik in den Sperrvertrag einzubeziehen und solchermaßen von der Verfügung über Nuklearwaffen oder auch nur von der Partizipation in atomaren Gemeinschaften fernzuhalten. Die Entscheidung auf westlicher Seite lag einzig und allein bei den Vereinigten Staaten, da nur sie über jene Waffen verfügten, die in die geplante multilaterale Atomstreitmacht der NATO eingebracht werden sollten. Sah der erste amerikanische Entwurf noch die Möglichkeit vor, solche Gemeinschaftslösungen nicht den Verbotsbestimmungen zu unterwerfen, so gab Washington bald dem sowjetischen Druck nach. Das war das endgültige Aus für die ohnehin in immer seichteren Gewässern dümpelnde MLF-Geisterflotte.

Besonders schwierig für das transatlantische Verhältnis war der Weg zum Nichtverbreitungsvertrag. Mancher Beobachter, nicht nur in der Bonner Republik, empfand das amerikanische Vorgehen als glatte Erpressung, denn die Bundesregierung hatte angesichts der hohen Abhängigkeit von der westlichen Vormacht keine andere Wahl, als sich den amerikanischen Vorstellungen zu beugen. In Ermangelung einer realistischen Alternative versuchte

Bonn daher, durch konkrete Vorschläge Einfluß auf die Verhandlungen zu nehmen.

Am 7. April 1967 unterbreitete die Bundesregierung dem Abrüstungsausschuß der Vereinten Nationen ihre Stellungnahme, mit der sie wohl auch für zahlreiche andere Staaten in vergleichbarer Lage sprach und die alle wichtigen Kritikpunkte enthielt, wie insbesondere den Hinweis, daß durch den geplanten Vertrag „lediglich die Nicht-Kernwaffenmächte zumindest wesentliche Selbstbeschränkungen und Verpflichtungen" übernehmen würden, so daß es sich im Grunde nur um eine „Teillösung des eigentlichen Problems" handele. Daher sollten sich die Kernwaffenmächte verpflichten, ihre Potentiale nicht „zu Zwecken politischer Drohung, politischen Drucks oder politischer Erpressung gegen Nichtkernwaffenmächte" zu gebrauchen. Im übrigen, so die Bundesregierung weiter, dürften sich jene Regelungen, die den militärischen und den zivilen Bereich nicht klar abgrenzten, nicht „hemmend auf die friedliche Verwertung der Kernenergie auswirken und den Fortschritt erschweren".[17]

Die drei Westmächte taten alles, um Bonn die Zustimmung zu erleichtern, ohne freilich an ihren eigenen Positionen prinzipielle Abstriche zu machen. So erklärten die Regierungen der Vereinigten Staaten, Großbritanniens und Frankreichs am 16. und 17. September 1968, daß die umstrittenen Artikel 53 und 107 der UN-Charta, die sogenannten Feindstaatenklauseln, keinem Staat das Recht gewährten, einseitig in der Bundesrepublik zu intervenieren. Daß sich auch die Franzosen, die ihrerseits den Nichtverbreitungsvertrag nicht unterzeichneten, zu einer solchen Erklärung bereit fanden, zeigt das große Interesse, das gerade sie an einem Beitritt Bonns hatten. Wesentlich leichter fiel der Bundesrepublik der Verzicht auf biologische und chemische Waffen, zu dem sich die Bundesregierung vor dem Hintergrund eines Sachverständigenberichts der Vereinten Nationen am 12. September 1969 erneut bekannte und dessen „weltweite" Umsetzung sie in diesem Zusammenhang öffentlich forderte.[18]

Am 1. Juli 1968 wurde der „Treaty for the Non-Proliferation of Nuclear Weapons" (NPT), der Vertrag über die Nichtverbreitung von Kernwaffen, auch Atomsperrvertrag genannt, von den USA, der Sowjetunion und Großbritannien unterzeichnet. Die Bundesrepublik trat ihm erst am 28. November 1969 bei. Die Große

Koalition sah sich dazu nicht mehr in der Lage. Die Diskussion über den Nichtverbreitungsvertrag stellte sie vor „eine Art psychologischer Zerreißprobe".[19] Zahlreiche Vertreter der CDU/CSU sahen die deutschen Interessen trotz des Artikels IV nicht ausreichend gewahrt. Denn der Verzicht auf Kernwaffen schloß grundsätzlich auch eine deutsch-französische Kooperation auf diesem Sektor aus, auf den in Bonn immer noch einige setzten, obgleich sie wissen mußten, daß ein solches Vorhaben jedenfalls mit de Gaulle nicht realisierbar war.

Der General blieb für die Bundesrepublik ein schwieriger Partner, keineswegs nur in der Frage eines deutschen Zugangs zu Atomwaffen. Vielmehr scheiterte am 19. Dezember 1967 auch der zweite Versuch Großbritanniens zu einem raschen EWG-Beitritt, den London am 11. Mai beantragt hatte. Für de Gaulles Widerstand war nach wie vor das alte Motiv ausschlaggebend, Europa nicht dem Führungsanspruch Großbritanniens und damit indirekt dem der Vereinigten Staaten auszuliefern. Eben den aber witterte er wie viele seiner Landsleute hinter dem britischen Antrag. Die Führung in Europa, das stand für de Gaulle noch immer außer Frage, hatte bei Frankreich zu liegen, wenn man in Paris auch am Ende des Jahres 1967 erkennen mußte, daß das Kalkül des Staatschefs bislang nicht aufgegangen war.

Dennoch oder vielleicht deshalb machte Europa in der Endphase der Ära de Gaulle durchaus Fortschritte. So wurde am 1. Juli 1968, anderthalb Jahre früher als in den Römischen Verträgen vorgesehen, die Zollunion der Gemeinschaft für gewerbliche wie für Agrarprodukte vollendet, und schließlich trat ihr gemeinsamer Zolltarif gegenüber Drittländern in Kraft. Inzwischen hatte man auch die erste große Strukturreform hinter sich gebracht. Am 1. Juli 1967 waren die „Europäischen Gemeinschaften" (EG), wie sie sich fortan nannten, faktisch in Kraft gesetzt worden. Wenige Tage später nahmen, wie bereits am 8. April 1965 vertraglich vereinbart, der Gemeinsame Rat und die Gemeinsame Kommission ihre Arbeit auf. Das bedeutete freilich noch nicht die Fusion der Verträge von Montanunion, EWG und Euratom.

Es gab auch noch andere Schattenseiten. So hatten die gemeinsame Preispolitik bei Agrarprodukten und die Anreize zur Intensivierung der Landwirtschaft unter anderem eine gigantische Überproduktion zur Folge, die der Gemeinschaft mehrere schwere Krisen bescherte und sie wiederholt an den Rand des Ruins brachte. Außerdem war nicht zu übersehen, daß die Gemeinschaft bei allen Fortschritten im Bereich der Wirtschaft und des Handels politisch stagnierte. So kam es weder zu der von Bonn gewünschten Erweiterung der Gemeinschaft noch zu Ergebnissen bei der Installierung einer Politischen Union. Schließlich mußte man feststellen, daß sich der Gegensatz zwischen Frankreich und Großbritannien nicht nur nicht überwinden ließ, sondern weiter verschärfte. Das war zumal bei der WEU der Fall, die in diesen Jahren so etwas wie die „institutionelle Brücke zwischen den Sechs und Großbritannien" bildete.[20] Selbst sie befand sich seit 1967 in einer Sturmzone.

Allerdings hatte Charles de Gaulle, bevor er am 28. April 1969 im Gefolge einer schweren inneren Krise zurücktreten mußte, noch damit begonnen, die französische Außenpolitik vorsichtig auf einen neuen Kurs zu bringen und eine gewisse Annäherung an Großbritannien und die USA zu suchen. Dieser Kurs wurde von seinem Nachfolger Georges Pompidou, einem tief in der gaullistischen Tradition verwurzelten Politiker, weiterverfolgt. Die Neuorientierung der französischen Außenpolitik hatte ihren Grund in der wachsenden wirtschaftlichen Stärke und in den Alleingängen der Bundesrepublik, mit denen Bonn auf die Situation der Weltwirtschaft seit Ende des Jahres 1968 reagierte. Sie zeigen im übrigen, in welchem Maße deutsche Außenpolitik immer auch Wirtschafts- und Finanzpolitik gewesen ist.

Einem enormen Handelsüberschuß und dem weiter steigenden deutschen Exportvolumen korrespondierte ein gewaltiger Zustrom an Spekulationsgeldern insbesondere aus Frankreich, der auch durch die dortige innere Krise mitbedingt war. In dieser Situation wurde die Forderung nach einer Aufwertung der D-Mark laut, um den Verfall der französischen, aber auch anderer Währungen zu stoppen: Immerhin mußte der Franc am 10. August 1969 um mehr als 11 % abgewertet werden. Einmal erhoben, löste diese Forderung und mit ihr die Aussicht auf eine Aufwertung der D-Mark weitere Spekulationsankäufe der deutschen Währung aus, so daß am 24. September, nicht zum ersten Mal, die deutschen Devisenbörsen vorübergehend geschlossen wurden. Die Bundesregierung weigerte sich indessen hartnäckig, dem Aufwertungsdruck nachzugeben, beschloß lediglich die Einführung einer Genehmigungspflicht für Auslandseinlagen und Auslandskredite und machte gewisse Zugeständnisse zur Erleichterung von Importen und zur Einschränkung der eigenen Exporte, ohne diese freilich, etwa durch eine Aufwertung der D-Mark, nachhaltig zu gefährden. Erst im folgenden Jahr änderte Bonn seine Politik, und darin war in erster Linie ein Entgegenkommen gegenüber den USA zu sehen.

Am 21. Oktober 1969 wählte der Deutsche Bundestag mit Willy Brandt erstmals einen Sozialdemokraten zum Bundeskanzler, bestätigte damit zugleich eine Koalition aus SPD und FDP und verwies die CDU, die aus den Bundestagswahlen vom 28. September als stärkste Partei hervorgegangen war, nach 20 Jahren an der Regierung auf die Oppositionsbänke. So unerwartet der „Machtwechsel" am Rhein angesichts der Ergebnisse der Bundestagswahlen und der Mehrheitsverhältnisse im Bonner Parlament auch sein mochte, so wenig überraschte er diejenigen, welche die Diskussionen der vergangenen Jahre verfolgt hatten. Denn gerade in jenen Fragen, wie dem Beitritt zum Nichtverbreitungsvertrag, in denen sich die Partner der Großen Koalition auseinandergelebt hatten, war eine schrittweise Annäherung zwischen SPD und FDP zu beobachten gewesen.

Es ging letzten Endes um die Frage, ob man sich der normativen Kraft des Faktischen endlich beugen, also zur Kenntnis nehmen wollte, was nun einmal existierte: ein zweiter deutscher Teilstaat. Hier herrschte unübersehbar Handlungsbedarf; das zeigte der beträchtliche Anerkennungsdruck, der vor allem von einigen jungen Staaten der Dritten Welt ausging. Und wie lange wollte man noch ignorieren, daß die Bundesrepublik inzwischen eine Fülle direkter und indirekter Kontakte zum SED-Regime pflegte? Daß der eine deutsche Staat dem anderen dessen politische Häftlinge abkaufte, verstärkte eher die Tendenz, den Realitäten nun auch ihre Anerkennung folgen zu lassen.

Aus alledem zog Bundeskanzler Brandt die Konsequenz, als er am 28. Oktober 1969 in seiner ersten Regierungserklärung mit Nachdruck darauf hinwies, daß die neue Bundesregierung die Politik ihrer Vorgängerinnen fortsetzen werde, zugleich aber, vorsichtig und in einem Nebensatz versteckt, Neues ankündigte: „Eine völkerrechtliche Anerkennung der DDR durch die Bundesregierung kann nicht in Betracht kommen. Auch wenn zwei Staaten in Deutschland existieren, sind sie doch füreinander nicht

Ausland; ihre Beziehungen zueinander können nur von besonderer Art sein." Konsequenterweise vermied Brandt dann auch die bis dahin in Regierungserklärungen dieser Art gebräuchlichen Redewendungen vom „getrennten", „gespaltenen" oder „geteilten" Deutschland ebenso wie die an dieser Stelle übliche Forderung nach „Wiedervereinigung". In den Debatten, die sich an die Regierungserklärung anschlossen, stellte der Kanzler lediglich fest, daß eine Wiedervereinigung nur in einer „europäische[n] Friedensordnung" denkbar sei, und benannte damit zugleich das wohl wichtigste Fernziel seiner Außenpolitik. 20 Jahre nach Gründung der beiden deutschen Staaten ging es Brandt vor allem darum, „ein weiteres Auseinanderleben der deutschen Nation [zu] verhindern", also zu versuchen, „über ein geregeltes Nebeneinander zu einem Miteinander zu kommen".[21]

Die neue Bundesregierung und die sie tragende sozial-liberale Koalition wußten, daß dieses Ziel nicht im Alleingang zu erreichen war. Die Vereinigten Staaten von Amerika blieben der wichtigste Garant für die Sicherheit des westdeutschen Teilstaates – während des Drahtseilaktes der Bonner Ost- und Deutschlandpolitik sogar mehr denn je. Darüber hinaus war ohne die Vereinigten Staaten jene „gleichzeitige und ausgewogene Rüstungsbeschränkung und Truppenreduzierung in Ost und West" nicht zu haben, die ein zentraler Bestandteil der von Brandt angestrebten europäischen Friedensordnung sein sollte.[22]

Diese Vision einer europäischen Friedensordnung erwuchs aus der Einsicht, „daß mit einer isolierten Lösung unserer nationalen Frage nicht gerechnet werden konnte".[23] Schon daraus ergab sich die weitere Öffnung nach Osten, die den „Frieden im vollen Sinne dieses Wortes auch mit den Völkern der Sowjetunion und allen Völkern des europäischen Ostens" zum Ziel haben sollte.[24] Das waren unüberhörbare Signale an die Adresse Moskaus. Sie schlossen die Bereitschaft der Bundesregierung ein, die Sowjetunion in realistischer Einschätzung der gegebenen Lage als ersten und wichtigsten Gesprächspartner für die Bonner Ost- und Deutschlandpolitik insgesamt anzuerkennen, vom Status quo in Europa auszugehen und damit die Ergebnisse des Zweiten Weltkrieges als unveränderbar hinzunehmen.

Unverzüglich machte man sich ans Werk. Nur zwei Tage nach der zitierten Regierungserklärung gab der neue Außenminister

Walter Scheel dem sowjetischen Botschafter in Bonn die Bereitschaft der Bundesregierung zu erkennen, die Gespräche über einen förmlichen Gewaltverzicht weiterzuführen, die gut ein Jahr zuvor, im Gefolge des Einmarsches von Truppen des Warschauer Paktes in die Tschechoslowakei, eingestellt worden waren. Eigentlich begann die „neue Ostpolitik" also als weitere, vierte Runde jenes Gewaltverzichtsdialogs, der mit der „Friedensnote" der Regierung Erhard am 25. März 1966 begonnen und seine Fortsetzung in zwei Initiativen während der Zeit der Großen Koalition gefunden hatte. Auf diese Weise gab die Bonner Regierung zu erkennen, daß auch sie die sowjetische Intervention in Prag als „geschichtlichen Verkehrsunfall"[25] betrachtete, der einer Wiederaufnahme der Entspannungspolitik nicht im Wege stehen sollte.

Schon der monatelang heftig umstrittene Beitritt der Bundesrepublik zum Nichtverbreitungsvertrag, der am 28. November 1969 erfolgte, war in diesem Sinne zu verstehen. Wie wenig freilich auch die neue Regierung die ausgetretenen Pfade der Bonner Deutschlandpolitik verlassen konnte, zeigte ihre Note an alle Staaten, mit denen Bonn diplomatische Beziehungen unterhielt. Darin wurde ausdrücklich festgestellt, daß mit der Vertragsunterzeichnung „keine völkerrechtliche Anerkennung der DDR verbunden" sei und daß daher für die Bundesrepublik auch „im Rahmen dieses Vertrags keine völkerrechtlichen Beziehungen zur DDR" entstünden.[26] Dennoch sahen sich Willy Brandt und seine Regierung bereits anläßlich der Unterzeichnung des Nichtverbreitungsvertrages, der ohne Gegenleistung erfolgt war, erstmals mit dem Vorwurf konfrontiert, überstürzt zu agieren. Das Tempo, das sie in der Ost- und Deutschlandpolitik vorlegten, war ursprünglich gar nicht vorgesehen. Aber der eingeschlagene Kurs entwikkelte schon bald eine beträchtliche Eigendynamik, und mit ihr geriet die Bundesregierung zusehends unter Erfolgsdruck.

Die Moskauer Verhandlungen über einen Gewaltverzicht, die im Dezember 1969 zunächst in Form mehrerer Unterredungen zwischen Botschafter Allardt und Außenminister Gromyko geführt wurden, liefen sich schnell fest, weil die Sowjets kompromißlos auf ihren Maximalforderungen bestanden. Zu diesen zählten neben der Anerkennung des grundsätzlichen Prinzips der Unveränderlichkeit der Grenzen die Lösung West-Berlins vom Bund, die Erklärung der Ungültigkeit des Münchener Abkommens von Anfang an, aber zum Beispiel auch der Anspruch der Sowjetunion auf Beibehaltung des Interventionsrechts gemäß den Feindstaatenklauseln der Artikel 53 und 107 der UN-Charta und nicht zuletzt die völkerrechtliche Anerkennung der DDR.

Offenkundig hatte der Bonner Beitritt zum Nichtverbreitungsvertrag die sowjetische Führung in ihrer Einschätzung bestärkt, daß es der neuen Bundesregierung um rasche, vorweisbare Erfolge in ihrer Ost- und Deutschlandpolitik zu tun war. Dafür sprach auch die Tatsache, daß parallel zu den offiziellen Unterredungen, die der deutsche Botschafter in Moskau führte, eine Art Geheimkontakt zwischen dem Bundeskanzleramt und dem Kreml hergestellt worden war. Dieser lag ganz im Trend der Zeit, die eine bemerkenswerte Renaissance der Geheimdiplomatie erlebte, und ließ zudem erkennen, daß Willy Brandt – ähnlich wie Adenauer bei seinen ostpolitischen Vorstößen – entschlossen war, die Verhandlungsführung unter der direkten Kontrolle des Kanzleramtes zu halten. Nach Einschätzung Walter Scheels vom April 1970 bestand das Kanzleramt „von A bis Z ... aus Leuten des Auswärtigen Amts: Kanzler, Staatssekretär, alle Mitarbeiter, persönliche Referenten – rasserein Auswärtiges Amt".[27] Unübersehbar wurde die Direktion des Kanzlers, als am 27. Januar 1970 bekanntgegeben wurde, daß ein Sonderbeauftragter Brandts in die sowjetische Hauptstadt reisen werde.

Seit dem 30. Januar 1970 sondierte Egon Bahr, Staatssekretär im Kanzleramt und seit der gemeinsamen Berliner Zeit ein vertrauter Weggefährte Willy Brandts, in Moskau über einen deutsch-sowjetischen Gewaltverzicht und damit zusammenhängende Fragen. Sein wichtigster „Gesprächspartner" war der sowjetische Außenminister Gromyko. Nach der offiziellen Sprachregelung führte Bahr in Moskau nämlich gar keine Verhandlungen. Immerhin sprachen Bahr und Gromyko keineswegs nur über Fragen unmittelbar bilateralen Interesses, sondern auch über die DDR, die Tschechoslowakei und nicht zuletzt über Polen. Auch um von vornherein dem Eindruck entgegenzutreten, daß sich Bonn damit auf den Boden der „Breschnew-Doktrin" stellte, wurden parallel zu Bahrs Moskauer Gesprächen entsprechende Kontakte zu den Regierungen der DDR und Polens geknüpft.

Erste Erfolge konnten indessen nicht im Rahmen der politischen Gespräche, sondern bei Verhandlungen über wirtschaftliche

Fragen verbucht werden. Am 1. Februar 1970 wurde in drei Abkommen das „Erdgas-Röhren-Geschäft" unter Dach und Fach gebracht. Danach sollten bundesdeutsche Firmen Großröhren zum Bau einer Erdgasleitung von Sibirien nach Mittel- und Westeuropa liefern. Im Gegenzug erklärte sich Moskau bereit, über einen Zeitraum von 20 Jahren Erdgas an die Bundesrepublik zu liefern. 17 deutsche Banken fanden sich zu einem Kredit bereit, der zur Hälfte durch eine staatliche Bürgschaft gedeckt wurde. Die Bonner Kritiker sahen in dem Geschäft – wie schon im Beitritt zum Nichtverbreitungsvertrag – ein Beispiel für die hektische Verhandlungsführung und für den Erfolgsdruck, unter den sich die Bundesregierung ohne Not gesetzt habe.

Eine neue Dimension bekam dieser Vorwurf, als im Sommer 1970 die Ergebnisse der Sondierungen Bahrs mit Gromyko bekannt wurden. Nachdem die Bundesregierung ihrerseits wiederholt öffentlich angedeutet hatte, worüber zwischen dem deutschen Emissär und dem sowjetischen Außenminister gesprochen worden war, wurden am 12. Juni und am 1. Juli die Ergebnisse durch eine gezielte Indiskretion in deutschen Zeitungen und Zeitschriften publik gemacht. Bahr und Gromyko hatten diese Ergebnisse in zehn Punkten zusammengefaßt, und der Staatssekretär hatte sie schriftlich fixiert. Dieses „Bahr-Papier" war als Grundlage für die weiteren Verhandlungen Bonns sowohl mit Moskau als eben auch mit Warschau, Prag und Ost-Berlin gedacht. Mit der Veröffentlichung erhielt das Zehn-Punkte-Papier indessen eine definitive Qualität. Jede Änderung zugunsten der Bonner Position hätte aus sowjetischer Sicht als Gesichtsverlust der östlichen Vormacht gewertet werden müssen.

In der Tat hat das „Bahr-Papier" im Vergleich mit den auf ihm basierenden vier Verträgen keine grundlegenden Änderungen mehr erfahren. Wenn man davon ausgeht, daß dieser Umstand die ohnehin schon günstige Verhandlungsposition der Sowjets weiter verbesserte, scheint sich die Frage, wer aus der Veröffentlichung des Dokuments verhandlungstaktisch und damit politisch den größten Nutzen ziehen konnte, von selbst zu beantworten.[28] Wo die undichte Stelle tatsächlich gelegen hat, wird sich womöglich nie endgültig klären lassen. Natürlich überrascht es nicht, daß die Sowjets behaupteten, sie habe auf deutscher Seite in der „Beamtenschaft" namentlich des Auswärtigen Amtes gelegen.[29]

Auf den ersten Blick nehmen sich die zehn Punkte nahezu unscheinbar aus. In ihrer Zeit besaßen sie freilich allesamt erhebliche Sprengkraft. Von besonderer Qualität waren die von Bahr und Gromyko inaugurierten Bestimmungen in bezug auf das deutsch-deutsche Verhältnis: Immerhin erklärte sich die Bundesregierung durch ihren Staatssekretär bereit, „ihre Beziehungen zur Deutschen Demokratischen Republik auf der Grundlage der vollen Gleichberechtigung, der Nichtdiskriminierung, der Achtung der Unabhängigkeit und der Selbständigkeit jedes der beiden Staaten in Angelegenheiten, die ihre innere Kompetenz in ihren entsprechenden Grenzen betreffen, gestalten" zu wollen.[30] Das bedeutete zwar nicht die Anerkennung der DDR-Staatsbürgerschaft, auch nicht die völkerrechtliche Anerkennung des anderen deutschen Teilstaates, wohl aber seine faktische Anerkennung knapp unterhalb dieser Grenze und damit zugleich die Aufgabe von „Hallstein-Doktrin" und Alleinvertretungsanspruch. Diese deutliche Aufwertung der DDR wurde durch die im „Bahr-Papier" bekundete Bereitschaft unterstrichen, den Beitritt beider deutscher Teilstaaten zu den Vereinten Nationen und ihren Sonderorganisationen zu fördern. Immerhin war die Bundesrepublik im Unterschied zur DDR bereits Mitglied zahlreicher Unterorganisationen und hatte auch einen Beobachter bei der UNO akkreditiert.

Angesichts der bestehenden Machtverhältnisse in Europa und in der Welt sowie des allgemeinen Wunsches nach einer globalen Entspannung, mußte jetzt also auch Bonn endgültig die harten europäischen – und keineswegs nur die deutsch-deutschen – Realitäten zur Kenntnis nehmen. Denn Bahr erkannte in Moskau nicht nur den Status quo in Europa und damit die Ergebnisse des Zweiten Weltkrieges an. Vielmehr stellte er sich indirekt auch auf den Boden der „Breschnew-Doktrin", indem er für die Bundesrepublik akzeptierte, daß ein zwischen ihr und Moskau zu schließender Vertrag und entsprechende Abkommen mit Polen, der CSSR sowie der DDR „ein einheitliches Ganzes bilden"[31] sollten. Man mag darüber streiten, ob es taktisch klug war, die sowjetische Hegemonie in Ostmittel- und Südosteuropa durch die Bestätigung der bestehenden Grenzen – einschließlich der polnischen – in Moskau förmlich zu sanktionieren, ehe man mit den betroffenen Staaten gesprochen hatte und in dieser Frage zu Resultaten gekommen war. Ein anderes Ergebnis war insgesamt freilich nicht vorstellbar, weil die Sowjets ihm kaum zugestimmt hätten.

Die Reaktionen auf Bahrs Moskauer Gesprächsergebnisse reichten anfänglich von strikter Ablehnung in den Reihen der CDU/CSU-Opposition über sachliche Bedenken innerhalb des Auswärtigen Amtes, Erstaunen bei dem über das „Papier" vorab informierten NATO-Rat und gewissen Vorbehalten im Bundeskabinett bis hin zu blankem Entsetzen in Warschau. Wegen dieser Reserven konnte der Bundesaußenminister erst am 26. Juli mit dem Auftrag nach Moskau reisen, förmliche Verhandlungen über einen deutsch-sowjetischen Vertrag aufzunehmen und dabei vorzeigbare Nachbesserungen durchzusetzen. Von bescheidenen Ausnahmen abgesehen, ist das in den Verhandlungen, die Scheel bis zum 7. August mit seinem sowjetischen Amtskollegen geführt hat, nicht gelungen. Der Außenminister brachte es lediglich fertig, „die Ratifizierung des Vertrages in Zusammenhang mit einer noch auszuhandelnden Berlin-Regelung zu bringen", die in den schriftlich fixierten Absprachen zwischen Bahr und Gromyko keine Rolle gespielt hatte.[32]

Dagegen fand sich die Feststellung, daß der von Bahr beziehungsweise Scheel ausgehandelte Vertrag nicht im Widerspruch zu dem „politischen Ziel" der Bundesrepublik stehe, „auf einen Zustand des Friedens in Europa hinzuwirken, in dem das deutsche Volk in freier Selbstbestimmung seine Einheit wiedererlangt",[33] in einem Brief, dessen Inhalt zwischen beiden Seiten ausgehandelt worden war und der am Tage der Unterzeichnung des Vertrages vom deutschen Außenminister übergeben wurde. Ob die sowjetische Seite mit der widerspruchslosen Entgegennahme dieses „Briefes zur deutschen Einheit" auch dessen Inhalt akzeptiert oder auch nur offiziell zur Kenntnis genommen hat, blieb bis zum Ende des Kalten Krieges umstritten. Die damalige Opposition im Deutschen Bundestag, die es im übrigen abgelehnt hatte, der Einladung Scheels zur Teilnahme an der Moskau-Reise zu folgen, hatte ihre Zweifel.

Das deutsch-sowjetische Vertragswerk hatte nach deutscher Lesart mehrere Bestandteile, neben dem eigentlichen Abkommen das besagte Schreiben Scheels an seinen sowjetischen Amtskollegen sowie eine Note der Bundesregierung an die drei Westmächte vom 7. August 1970, in der sie noch vor Unterzeichnung des

Moskauer Vertrages ausdrücklich betonte, daß dieser die „Rechte und Verantwortlichkeiten" der USA, Frankreichs und Großbritanniens „nicht berühr[e]".[34] Der Vertrag selbst wurde am 12. August 1970 von Willy Brandt und Walter Scheel sowie von Aleksej Kossygin und Andrej Gromyko in Moskau unterzeichnet. Der Text des Abkommens von unbegrenzter Dauer folgte im wesentlichen den Ergebnissen der Gespräche Bahrs, erkannte also expressis verbis die Westgrenzen der DDR und nicht zuletzt Polens als unverletzlich an. Eben das sorgte in Warschau für erhebliche Irritationen.

Seit dem 5. Februar 1970 hatten dort Vertreter der polnischen Regierung und der Bundesregierung über einen Normalisierungs-, Grenz- und Gewaltverzichtsvertrag verhandelt, wobei auch in diesem Falle nicht klar war, in welchem Verhältnis Grenzfeststellung und Gewaltverzicht zueinander standen. Verhandlungsführer waren der stellvertretende polnische Außenminister Jozef Winiewicz und Staatssekretär Georg Ferdinand Duckwitz. Dieser galt, ähnlich wie Egon Bahr, als enger Vertrauter Willy Brandts und war ein akzeptabler Verhandlungspartner für die polnische Seite. Duckwitz hatte sich während des Krieges als Gegner des nationalsozialistischen Regimes hervorgetan.

Die Biographie des deutschen Verhandlungsführers spielte eine besondere Rolle, weil die deutsch-polnischen „Gespräche", wie die offzielle Sprachregelung auch in diesem Falle lautete, unter einem sehr ungünstigen Vorzeichen standen. Warschau war empört, daß die Oder-Neiße-Linie bereits Gegenstand der Verhandlungen Egon Bahrs in Moskau gewesen war und daß man in diesem Zusammenhang sogar beschlossen hatte, in den auszuhandelnden Warschauer Vertrag dieselben Formulierungen wie im „Bahr-Papier" und im Moskauer Vertrag aufzunehmen. Auch wenn es dabei gerade um die Bestätigung der polnischen Grenzen ging, war doch nicht vergessen, daß der polnische Staat 30 Jahre zuvor nach einer geheimen Absprache Hitlers mit Stalin liquidiert worden war und daß dieser Krieg das Land sechs Millionen Opfer gekostet hatte.

Die in Warschau geführten Gespräche wurden nach fünf Verhandlungsrunden am 25. Juli abgeschlossen; eine sechste fand vom 5. bis zum 7. Oktober in Bonn statt. Vom 2. bis zum 14. November hielt sich Außenminister Scheel in der polnischen Hauptstadt auf, um den Vertrag endgültig „auszuhandeln". Am 7. Dezember 1970 konnte er dann von Józef Cyrankiewicz und Stefan Jedrychowski auf polnischer und von Bundeskanzler Brandt und Außenminister Scheel auf deutscher Seite unterzeichnet werden. Wenige Stunden später erwies die deutsche Delegation den Opfern des Warschauer Ghettos ihre Reverenz. Willy Brandt kniete spontan vor dem Mahnmal nieder. Daß gerade er, der in der Zeit des „Dritten Reiches" selbst Opfer, nicht Täter gewesen war, sich für sein Land und seine Geschichte zu diesem Schuldeingeständnis bereit fand, gab dem „Kniefall von Warschau" sein besonderes Gewicht.

Auch das deutsch-polnische Vertragswerk besteht aus mehreren Teilen, und zwar neben dem eigentlichen Abkommen aus einem Notenwechsel der Bundesregierung mit den Westmächten, einer polnischen „Information" zur Frage der Aussiedler sowie mehreren unveröffentlichten Erläuterungen und Abmachungen. Bereits der Titel des Vertrages machte deutlich, auf „wie dünnem Eis" man sich bewegte,[35] und daß es im Verhältnis der Bundesrepublik zu Polen allererst um die Herstellung der „Grundlagen der Normalisierung" gehen mußte. Was das hieß, zeigte die Feststellung der Präambel, daß Polen das „erste Opfer" des Zweiten Weltkrieges gewesen sei. Anders als im Moskauer, anders auch als dann im Prager Vertrag war der Gewaltverzicht des Artikels II der Grenzfeststellung des Artikels I untergeordnet. Dieser bestätigte ausdrücklich die Grenzlinie der Potsdamer Konferenz und bekräftigte „die Unverletzlichkeit ihrer bestehenden Grenzen jetzt und in der Zukunft".[36] Damit war die Oder-Neiße-Linie auch durch die Bonner Republik als polnische Westgrenze anerkannt. Die DDR hatte diesen Schritt bereits im sogenannten Görlitzer Vertrag des Jahres 1950 getan beziehungsweise tun müssen. Auch für die Bundesregierung gab es letztlich keine Alternative.

Diese Einschätzung war in der Bundesrepublik nicht einmal heftig umstritten, auch nicht in den Reihen der Opposition und der Vertriebenen. Eine Aussöhnung mit Polen, die ohne die Grenzfeststellung nicht zu haben war, galt allgemein als notwendig und wünschenswert. Die Einwände und Vorwürfe richteten sich einmal mehr gegen die als überstürzt und ungeschickt betrachtete Verhandlungsführung. Tatsächlich war es der Bundesregierung nicht gelungen, Gegenleistungen für die Anerkennung der polnischen Westgrenze im Vertrag festzuschreiben. Das galt vor allem für die Fragen der Familienzusammenführung, der Übersiedlung deutschstämmiger Polen, aber auch für Familienbesuche. Anders als nach dem Ende des Kalten Krieges, als es auch in dieser Frage zu einer Neuorientierung der politischen wie der öffentlichen Haltung kommen sollte, war die Umsiedlung Deutschstämmiger aus den Staaten Osteuropas in die Bundesrepublik damals ein unstrittiges außenpolitisches Ziel. Die Umsiedlungen zählten zu jenen „menschlichen Erleichterungen", mit denen alle Bundesregierungen seit Adenauer ihre jeweilige Ostpolitik zu begründen, zu legitimieren, gegebenenfalls auch zu relativieren oder zu entschuldigen suchten.

Im Dezember 1970 fand sich die polnische Regierung lediglich zu einer sogenannten Information bereit. Sie wiederholte darin ihren Standpunkt, daß Personen, die „auf Grund ihrer unbestreitbaren deutschen Volkszugehörigkeit" in einen der beiden deutschen Staaten auszureisen wünschten, „dies unter Beachtung der in Polen geltenden Gesetze und Rechtsvorschriften tun" könnten,[37] und machte mithin die Ausreise erstens von ihrem Rechtsverständnis und zweitens von ihrer Definition deutscher „Volkszugehörigkeit" abhängig. Endgültig konnte die Angelegenheit erst im August 1975 geklärt werden, anläßlich der Begegnung Helmut Schmidts und Edward Giereks am Rande des abschließenden Gipfeltreffens der „Konferenz über Sicherheit und Zusammenarbeit in Europa". Am 2. August 1975 wurde eine „gemeinsame Erklärung" unterzeichnet, der am 9. Oktober ein zweites deutsch-polnisches Abkommen folgte. Wie der Vertrag des Jahres 1970 umfaßte auch dieses Abkommen ein Paket von Vereinbarungen und Noten. Im Kern ging es um ein Geschäft – gut 120 000 Ausreisen Deutscher in die Bundesrepublik innerhalb von vier Jahren gegen eine pauschale Abgeltung der polnischen Rentenansprüche in Höhe von etwa 1,3 Milliarden D-Mark sowie einen Finanzkredit in etwa derselben Höhe zu ungewöhnlich günstigen Konditionen.

Wenig Erfolg war den Bonner Unterhändlern 1970 auch bei der angestrebten sofortigen Aufnahme diplomatischer Beziehungen zu Warschau beschieden, zu der es erst 1972 kam. Die Feststellungen schließlich, daß die Bundesregierung „nur im Namen der Bundesrepublik Deutschland handeln" könne und der Vertrag überdies nicht die „Rechte und Verantwortlichkeiten der vier Mächte berühre",[38] wurde lediglich in einem Notenwechsel zwischen der Bonner Regierung und den drei Westmächten vom 19. November 1970 festgehalten. Zwar ließ man die Note auch dem polnischen Außenministerium zukommen, aber sie besaß natürlich für Warschau keinerlei Verbindlichkeit oder Rechtskraft.

Mit dieser Note an seine westlichen Verbündeten wollte Bonn dem Eindruck begegnen, daß am Rhein Ostpolitik ohne oder gar gegen die USA, Frankreich und Großbritannien betrieben werde. Auf die Unterstützung der Verbündeten war auch die Regierung Brandt angewiesen, schon weil die Westmächte parallel zu den Bonner Gesprächen in Warschau und Moskau mit der Sowjetunion Verhandlungen über eine Regelung des Berlin-Problems führten. Vom 4. bis zum 11. April 1970 hielt sich der Kanzler in den USA auf, um sich beim abschließenden, offiziellen Teil seines Besuchs der amerikanischen Unterstützung zu versichern.

Zwar traf der Bundeskanzler in Washington mitunter auf „erhebliche Vorbehalte".[39] Vor allem Henry Kissinger wurde von der Sorge umgetrieben, daß es sich bei der Ostpolitik der neuen Bundesregierung um eine Art modernisierter und besonders effektiver Variante der alten Wiedervereinigungspolitik handle und die deutsch-deutsche Annäherung als Basis für ein „nationalistische[s] und neutralistische[s] Programm" in einer ferneren Zukunft dienen könne.[40] Allerdings hat der Sicherheitsberater des amerikanischen Präsidenten dann recht bald Brandts historisches Verdienst darin gesehen, „daß er die Deutschland aufgezwungenen Belastungen und Ängste auf sich genommen" und trotz aller Hindernisse den eingeschlagenen Kurs konsequent fortgesetzt hat.[41]

Insgesamt wurde die neue deutsche Außenpolitik als willkommene Flankierung des eigenen Entspannungskurses durchaus begrüßt. Der rasche Beitritt der Bundesrepublik zum Nichtverbreitungsvertrag am 28. November 1969 war ja nicht nur als Signal an die Adresse Moskaus, sondern auch an diejenige Washingtons zu verstehen. Am Rhein kannte man die große Bedeutung, welche die USA im Zuge der globalen Entspannung diesem Vertrag beimaßen. Selbst Bonns Europapolitik nahm Rücksicht auf die Vorstellungen und Wünsche Washingtons. Sorgfältig war die Regierung Brandt darauf bedacht, die Intensivierung der europäischen

Integration nicht auf Kosten des deutsch-amerikanischen Verhältnisses voranzutreiben. Das war auch in den ausgehenden sechziger und beginnenden siebziger Jahren nicht ganz einfach.

In diesem Falle wurzelten die transatlantischen Irritationen im Zahlungs- und Handelsbilanzdefizit der USA, für das vor allem die hohen Kosten des Vietnam-Krieges verantwortlich waren. Der Verfall des Dollar führte zu einer Flucht in fremde Währungen, insbesondere in die D-Mark, und dies wiederum am 9. Mai 1971 zum Beschluß der Bundesregierung, den Wechselkurs freizugeben. Das Resultat war eine Aufwertung der deutschen Währung um 8 %. Das war die zweite Aufwertung der D-Mark innerhalb von 24 Monaten.

Einen vorläufigen Höhepunkt erreichte die Krise der Weltwirtschaft am 15. August 1971, als die amerikanische Regierung einseitig zwei weitreichende Maßnahmen bekanntgab: Zum einen führten die Vereinigten Staaten eine Importsteuer von 10 % ein und suspendierten damit das traditionell von Washington vertretene Prinzip des Freihandels. Zum anderen wurde die Umtauschverpflichtung von Dollar in Gold außer Kraft gesetzt. Zu diesem Zeitpunkt waren die Dollar-Reserven des Auslands in Höhe von etwa 50 Milliarden Dollar nur noch zu etwa 20 % durch amerikanische Goldreserven gedeckt.

Die Maßnahme der amerikanischen Regierung vom August 1971, die als „Nixon-Schock“ in die Geschichte eingegangen ist, bedeutete das endgültige Aus für das Währungssystem von Bretton Woods aus dem Jahr 1944. Zwar hatte es dafür schon zuvor einige Anzeichen gegeben; was aber in den europäischen Metropolen einmal mehr Verärgerung auslöste, war der imperiale Stil der amerikanischen Außen-, Sicherheits- und eben auch Wirtschaftspolitik. Immerhin betraf die einseitige Ankündigung dieser Maßnahmen direkt auch die Partner der USA, ohne daß diese zuvor konsultiert oder auch nur informiert worden wären.

Eben deshalb hatte der amerikanische Alleingang den ungewollten Effekt, den Schulterschluß der Europäer zu befördern. Schon im Juni 1970 hatte erstmals wieder seit dem Februar 1969 der französische Vertreter seinen Stuhl im Ministerrat der WEU eingenommen, und auch sonst gab Frankreich nach dem Rücktritt de Gaulles seine europäische Blockadepolitik auf: Am 2. Dezember 1969 hatten die Staats- und Regierungschefs der EG, unter ihnen Pompidou, in Den Haag der „Eröffnung von Verhandlungen zwischen der Gemeinschaft und den beitrittswilligen Staaten" zugestimmt, und am 22. Januar 1972 konnten die entsprechenden Abkommen mit Dänemark, Irland, Norwegen und Großbritannien unterzeichnet werden. Ein knappes Jahr später, am 1. Januar 1973, war es soweit: Ohne Norwegen, dessen Beitritt zur EG an einer Volksbefragung gescheitert war, hatte die Europäische Gemeinschaft nunmehr neun Mitglieder.

Einen weiteren Fortschritt signalisierte die Begründung der „Europäischen Politischen Zusammenarbeit" (EPZ). Am 27. Oktober 1970 verständigten sich die Außenminister der Europäischen Gemeinschaft grundsätzlich auf eine Koordinierung der nationalen diplomatischen Aktivitäten in allen Fragen, welche die Gemeinschaft als Ganzes unmittelbar betrafen. In absehbarer Zukunft, so das Ziel, wollten die sechs beziehungsweise neun Staaten Europas dort, wo es nötig und möglich war, „mit *einer* Stimme sprechen".[42] Allerdings sah sich die EPZ von Anfang an größten Schwierigkeiten gegenüber. Frankreich war sorgsam darauf bedacht, sie nicht zu einem verlängerten Arm der EG werden zu lassen, und in Bonn ging die Sorge um, daß die EPZ eines Tages instrumentalisiert und gegen eine außereuropäische Institution oder Macht gekehrt werden könne. Der Bundesregierung konnte daran nicht gelegen sein, war doch ohne Washingtons Unterstützung eine für Bonn zufriedenstellende Regelung des Berlin-Problems höchst unwahrscheinlich.

Die Wurzeln der späteren Viermächte-Verhandlungen über Berlin lagen, wie gesehen, in der Krise um die alte Reichshauptstadt anläßlich der Wahl Gustav Heinemanns zum Bundespräsidenten am 5. März 1969. Spätestens damals war allen Beteiligten die Unhaltbarkeit der Situation vor Augen getreten – den Deutschen, den Westmächten und auch den Sowjets. Gerade das Berlin-Problem zeigte aber auch, in welchem Maße die Deutsche Frage ein Produkt der Weltpolitik und die deutsche Außenpolitik ein Reflex auf die weltpolitische Strategie der westlichen Vormacht war. Daß die amerikanisch-sowjetischen Verhandlungen über eine Begrenzung der strategischen Waffen (SALT), an denen nicht zuletzt wegen des innenpolitischen Drucks vor allem die amerikanische Regierung ein besonderes Interesse hatte, am 26. Mai 1972 mit der Unterzeichnung von SALT I erfolgreich beendet werden konnten, hatte vor allem auch damit zu tun, daß sich der sowjetisch-chinesische Gegensatz dramatisch zugespitzt hatte. Seit dem August 1969 gab es an der gemeinsamen Grenze zwischen den vormals verbündeten kommunistischen Vormächten schwere Kämpfe.

Diese wiederum eröffneten der amerikanischen Diplomatie unerwartet einen erheblichen Handlungsspielraum, der namentlich von Henry Kissinger zügig und geschickt genutzt wurde: Nicht nur erleichterte die feindselige Haltung zwischen den beiden Hauptstützen Nordvietnams den Vereinigten Staaten den Rückzug vom südostasiatischen Kriegsschauplatz, der am 27. Januar 1973 mit der Unterzeichnung des Waffenstillstandsabkommens für Vietnam besiegelt wurde; vielmehr öffnete der sowjetisch-chinesische Gegensatz auch die Chance zu einer Annäherung der Vereinigten Staaten von Amerika an die Volksrepublik China, die im Februar 1972 mit dem Besuch Nixons im Reich der Mitte ihren spektakulären Ausdruck fand. Es war Teil des amerikanischen Kalküls, daß die Sowjetunion auf diese Weise unter Druck gesetzt wurde und ihrerseits den Weg für das erste SALT-Abkommen freimachte. Im Gegenzug erklärte sich Washington bereit, Moskau in der Berlinfrage entgegenzukommen.

Am 6. und 7. August 1969 signalisierten die Westmächte in gleichlautenden Noten ihr Interesse an Gesprächen über eine Verbesserung der Beziehungen zwischen den beiden Teilen Deutschlands sowie der Lage innerhalb Berlins und auf den Zufahrtswegen. Das war ein recht bescheidener Vorschlag, aber der Westen war in der schlechteren Ausgangssituation, geographisch wie politisch: Erstens lag Berlin mitten in der sowjetischen Einflußsphäre, zweitens waren die Vereinigten Staaten vorrangig damit beschäftigt, den Rückzug aus Vietnam zu bewerkstelligen, und drittens wollte Washington zur gleichen Zeit die Verhandlungen mit der Sowjetunion über eine Begrenzung der Aufrüstung bei den interkontinentalen Nuklearwaffen in Gang bringen.

Am 26. März 1970 trafen sich erstmals die drei in Bonn akkreditierten Vertreter der Westmächte mit dem in Ost-Berlin akkreditierten Botschafter der Sowjetunion in West-Berlin. Diese Konstellation sprach für sich. Vertreter der beiden deutschen Teilstaaten waren selbstverständlich nicht beteiligt. Indessen hatte die Bundesregierung durchaus Möglichkeiten, Einfluß auf die westliche Position zu nehmen. Das wichtigste Forum dafür war die parallel zu den Verhandlungen tagende sogenannte Bonner „Vierer-Gruppe“ aus Vertretern der Bundesrepublik und der drei Westmächte. Darüber hinaus hielt Bonn auch unmittelbar Verbindung zu den Sowjets. In Moskau wurde ja zur gleichen Zeit über den deutsch-sowjetischen Vertrag verhandelt.

Schließlich gab es, wie in dieser Zeit allgemein üblich, auch im Umkreis der Viermächte-Verhandlungen über Berlin eine Vielzahl von Geheimkontakten, sogenannte „Back channels“. Eine nicht unerhebliche Rolle spielte dabei wieder Egon Bahr, der sowohl im Kontakt mit dem sowjetischen Botschafter in Bonn, Valentin Falin, als auch mit dessen amerikanischem Kollegen, Kenneth Rush, stand. Zwischen diesen dreien ist es zu einer Reihe geheimer informeller Begegnungen gekommen. Auch hier hatte, keineswegs nur nach eigener Erinnerung, Henry Kissinger seine Hand im Spiel. Bei diesen informellen Kontakten konnte der Durchbruch erzielt werden, da sie nicht dem öffentlichen Erwartungs- und Rechtfertigungsdruck der eigentlichen Verhandlungen ausgesetzt waren. Die Probleme, mit denen man zu kämpfen hatte, waren allerdings auf beiden Ebenen die gleichen. Dies zeigte sich schon bei der Sprachregelung. Die Sowjets wollten lediglich über den Status von West-Berlin sprechen, die Westmächte hingegen hatten stets Berlin als Ganzes im Auge. So kam es schließlich zu jener berühmten Kompromißlösung, wonach im Teil I des Abkommens nur von dem „betreffenden Gebiet“ die Rede ist.

Am 3. September 1971 wurde das Abkommen im „früher vom Alliierten Kontrollrat benutzten Gebäude“ in Berlin unterzeichnet. Es blieb bis zum Inkrafttreten des „Zwei-plus-Vier“-Vertrages die Grundlage der Berlin-Politik. Das Abkommen enthielt keine Lösung der Berlinfrage, konnte aber fortan als Instrument für deren Management dienen. Bezeichnenderweise gab es keine authentische deutsche Fassung. Hier spielte die Sorge der Franzosen eine Rolle, daß diese in einer ferneren Zukunft die Möglichkeit für ein nicht kontrollierbares deutsch-deutsches Arrangement bieten könne. Gerade in Paris wurde das Bahr-Brandtsche Konzept wörtlich genommen, wonach die deutsche Ostpolitik langfristig weniger auf die Erhaltung des Status quo als vielmehr gerade auf dessen Überwindung ziele. Schon aus dieser Regelung – oder Nicht-Regelung – ergab sich eine Fülle von Folgeproblemen, da Bonn und Ost-Berlin, ihrer jeweiligen Interpretation des Vertragstextes entsprechend, Schlüsselbegriffe unterschiedlich übersetzten. Das bekannteste Beispiel ist der Begriff „ties", der in der Sprachregelung der DDR für die „Verbindungen" zwischen dem Bundesgebiet und West-Berlin stand, nach Auffassung der Bundesregierung hingegen die „Bindungen" der alten Reichshauptstadt an die Bundesrepublik bestätigte.

Das „Quadripartite-Agreement", das in Bonn als „Viermächte-Abkommen" firmierte, weil es in der DDR korrekterweise als „Vierseitiges Abkommen" bezeichnet wurde, war ein Geschäft auf Gegenseitigkeit. Auf der einen Seite erklärte die Regierung der UdSSR ausdrücklich, daß der Transitverkehr zwischen West-Berlin und dem Bundesgebiet in Zukunft „ohne Behinderungen" sein und „in der einfachsten und schnellsten Weise" vor sich gehen werde. Das war auch deshalb ein wichtiges Zugeständnis, weil die Sowjetunion damit wieder selbst den Zugang von und nach Berlin garantierte, also erneut in jene Verantwortung trat, die sie am Ende der Berlin-Krise an die DDR delegiert hatte. Im Gegenzug bestätigten die Westmächte der Sowjetunion, daß die West-Sektoren Berlins „wie bisher kein Bestandteil (konstitutiver Teil) der Bundesrepublik Deutschland" sein und „auch weiterhin nicht von ihr regiert werden" würden.[43] Damit war eine Rückkehr zur Praxis der fünfziger Jahre ausgeschlossen, waren Amtsakte, wie zuletzt im März 1969 die Wahl des Bundespräsidenten, nicht mehr möglich. Angesichts der Turbulenzen und der Krisen, die solche Veranstaltungen in den vergangenen Jahren provoziert hatten, waren die Westmächte nicht minder als die Sowjets an dieser Regelung interessiert.

Das für die Bundesrepublik wichtigste Zugeständnis fand sich in Anlage III: „Die Kommunikationen zwischen den Westsektoren Berlins und Gebieten, die an diese Sektoren grenzen, sowie denjenigen Gebieten der Deutschen Demokratischen Republik, die nicht an diese Sektoren grenzen, werden verbessert werden."[44] Außerdem erklärte sich die Sowjetunion damit einverstanden, daß Bonn „die konsularische Betreuung für Personen mit ständigem Wohnsitz in den Westsektoren Berlins ausüben kann".[45] Insgesamt waren die Vorteile für die Bewohner beider deutscher Teilstaaten sowie Berlins beträchtlich: „erstmals seit dem Ende der Passierschein-Regelungen (1966) durften Westberliner wieder nach Ostberlin, erstmals seit 1952 in die übrige DDR fahren – ohne Einschränkung auf Feiertage und Verwandtenbesuche. Erstmals seit 19 Jahren konnten Ost- und West-Berliner wieder miteinander telefonieren",[46] und erstmals durfte die Bundesrepublik rechtlich das tun, was sie ohnehin schon seit 1954 praktizierte, nämlich West-Berliner im Ausland konsularisch betreuen. Im Gegenzug wurde Moskau die „Errichtung eines Generalkonsulats" sowie eine „Erweiterung der sowjetischen kommerziellen Aktivitäten" in den Westsektoren Berlins zugestanden.[47] Schließlich fühlte sich die Sowjetunion und mit ihr die DDR in der Auffassung bestätigt, daß Ost-Berlin die „Hauptstadt der DDR" sei und bleiben werde, und auch deshalb war es konsequent, daß die DDR im Viermächte-Abkommen erstmals von den Westmächten „namentlich mit der von ihr beanspruchten Staatsbezeichnung genannt" wurde.[48]

Zwar war das Viermächte-Abkommen eine Vereinbarung der alliierten Sieger des Zweiten Weltkrieges ohne deutsche Beteiligung. Sein Inkrafttreten hing allerdings unter anderem davon ab, daß die „zuständigen deutschen Behörden" einige konkret bezeichnete Fragen untereinander regelten. Im übrigen gab es inzwischen einen „Sachzusammenhang" zwischen dem Viermächte-Abkommen und den Verträgen Bonns mit Moskau und Warschau. Ursprünglich hatte die Bundesregierung die Ratifizierung dieser beiden Verträge nämlich indirekt vom Zustandekommen des Berlin-Abkommens abhängig gemacht. Dieses Junktim wurde im Laufe der Verhandlungen von Moskau umgedreht. Nunmehr koppelte der Kreml seinerseits die Unterzeichnung des Schlußprotokolls zum Viermächte-Abkommen, mit dem dieses in Kraft treten sollte, an die vorherige Ratifizierung der Ostverträge durch den Deutschen Bundestag. Dahinter stand die Sorge, daß der Moskauer und der Warschauer Vertrag wegen der sich ändernden Mehrheitsverhältnisse im deutschen Parlament an der Opposition scheitern könnten. Mit der Umkehrung des Junktims wurde die Opposition unter Druck gesetzt, hatte doch inzwischen auch die CDU/CSU-Fraktion Geschmack an den Berlin-Vereinbarungen gefunden.

Unter solchen Auspizien begannen am 23. Februar 1972 die Debatten des Deutschen Bundestages über die Ratifizierung der Ostverträge. Eine Schlüsselrolle im anstehenden Ratifizierungsprozeß kam dem Oppositionsführer Rainer Barzel zu, dem es gelang, die überwältigende Mehrzahl der Fraktionsmitglieder von seiner Linie zu überzeugen. Voraussetzung für den Stimmungswechsel innerhalb der CDU/CSU-Fraktion war ein Entschließungsantrag zum deutsch-sowjetischen Vertrag, der auf gemeinsame Bemühungen Barzels und Brandts zurückging und als Antrag aller im Bundestag vertretenen Parteien eingebracht wurde. In seinen zehn Punkten, in denen mancher eine Art Gegenentwurf zum „Bahr-Papier" gelesen hat, waren die Grundüberzeugungen bundesdeutscher Außenpolitik festgehalten. Insbesondere stellte das Dokument fest, daß die Bundesrepublik nach wie vor „eine friedliche Wiederherstellung der nationalen Einheit im europäischen Rahmen" anstrebe.[49]

Nicht zufällig erinnerte der Entschließungsantrag der Bundestagsfraktion vom 10. Mai 1972 in Form und Inhalt an jene Präambel, mit welcher der Auswärtige Ausschuß des Deutschen Bundestages fast auf den Tag genau neun Jahre zuvor, am 8. Mai 1963, das Ratifizierungsgesetz zum deutsch-französischen Vertrag versehen hatte. Auch jetzt legten die Parlamentarier großen Wert auf die Feststellung, daß der deutsch-sowjetische Vertrag nichts an der festen Verankerung der Bundesrepublik im Atlantischen Bündnis ändere und daß Bonn weiterhin die Politik der europäischen Einigung fortsetzen wolle, mit dem „Ziel, die Gemeinschaft stufenweise zu einer Politischen Union fortzuentwikkeln".[50] Damit stand der Ratifizierung nichts mehr im Wege. Als am 17. Mai 1972 die entscheidende Abstimmung stattfand, votierten 17 Abgeordnete gegen den Warschauer und zehn gegen den Moskauer Vertrag. Die große Mehrheit der CDU/CSU-Fraktion enthielt sich der Stimme und ließ die Verträge auf diese Weise passieren. Damit begann das „Godesberg" der CDU/CSU.[51]

Am 3. Juni 1972 traten sowohl der Moskauer und der Warschauer Vertrag als auch das Viermächte-Abkommen sowie die noch zu erläuternden deutsch-deutschen Ausfüllungsvereinbarungen in Kraft. Letztere waren ein erstes Ergebnis der Kontakte, Gespräche, Verhandlungen und schließlich Vereinbarungen zwischen Bonn und Ost-Berlin, die einen unverzichtbaren Bestandteil der „neuen" Ostpolitik der Jahre 1969 bis 1972 bildeten, und zwar aus sowjetischer und bundesdeutscher Sicht gleichermaßen, wie Brandt und Breschnew anläßlich ihres Treffens auf der Krim vom 16. bis zum 18. September 1971 ausdrücklich festgehalten hatten.

Als Willy Brandt in seiner Regierungserklärung vom 28. Oktober 1969 zu erkennen gegeben hatte, daß seine Regierung bereit sei, auch die DDR in einen umfassenden Gewaltverzicht miteinzubeziehen, ging es ihm zunächst um eine „Normalisierung“ im Verhältnis zweier Staaten zueinander, die im Verständnis des Bundeskanzlers nach wie vor ein und derselben Nation angehörten. Daß eben dieser Sachverhalt von den Machthabern in Ost-Berlin ganz anders gesehen wurde, zeigte sich schon nach wenigen Wochen. Die Kontakte zwischen führenden Repräsentanten der beiden deutschen Teilstaaten ließen sich entsprechend mühsam an. Nach einem ergebnislosen Briefwechsel zwischen dem Ministerpräsidenten der DDR und dem Bundeskanzler waren am 19. März und am 21. Mai 1970 in Erfurt beziehungsweise Kassel zwei nicht weniger erfolglose Begegnungen Brandts und Stophs gefolgt. Für das SED-Regime war indessen schon das Erfurter Treffen zumindest ein „Teilerfolg“, wie es in einer Einschätzung der Außenpolitischen Kommission der Partei vom 2. April hieß: „Zum ersten Mal nach 20 Jahren Bonner Politik im Zeichen der Alleinvertretungsanmaßung war ein westdeutscher Bundeskanzler gezwungen, sich mit dem Vorsitzenden des Ministerrates der DDR auf gleichberechtigter Ebene zu treffen“.[52]

Nach einer halbjährigen „Denkpause“ wurden am 27. November 1970 konkrete „Gespräche“ durch den Staatssekretär beim Ministerrat der DDR, Michael Kohl, und durch den Staatssekretär im Bundeskanzleramt, Egon Bahr, aufgenommen und dann abwechselnd in Ost-Berlin und Bonn geführt. Um die Atmosphäre nicht von vornherein zu belasten, hatte die DDR darauf verzichtet, einen Ressortvertreter ihres Außenministeriums in die Verhandlungen zu schicken, während die Bundesrepublik ihrerseits davon abgesehen hatte, die Gespräche von einem Vertreter des „Ministeriums für innerdeutsche Beziehungen“ führen zu lassen, wie das vormalige „Bundesministerium für Gesamtdeutsche Fragen“ seit Oktober 1969 hieß. Förderlich wirkte sich auch der Wechsel an der Spitze des SED-Regimes aus, nachdem Walter Ulbricht am 3. Mai 1971 auf sowjetischen Druck als Parteichef zurückgetreten war und mit Erich Honecker einem Genossen

Platz gemacht hatte, der als Vertreter der jüngeren Generation und eines flexibleren Kurses galt.

Die Gespräche zwischen Bahr und Kohl wurden von diversen Verhandlungen auf anderen Ebenen flankiert. Dabei ging es in der Regel um Fragen, die mit der Erfüllung des Viermächte-Abkommens zu tun hatten; involviert waren hier zum Beispiel Vertreter der beiden Postministerien. Insgesamt haben die Sondierungen drei Ergebnisse gezeitigt, und zwar erstens vier Ausfüllungsvereinbarungen zum Viermächte-Abkommen, zweitens einen Verkehrsvertrag und drittens den sogenannten „Grundlagenvertrag". Gemeinsam war allen Vereinbarungen und Verträgen, daß sie auf die Anormalität der deutschen und damit in gewisser Weise der europäischen Situation verwiesen. Im Unterschied zu den vier Ausfüllungsvereinbarungen zum Viermächte-Abkommen, die zwischen dem 30. September und dem 20. Dezember 1971 geschlossen worden sind – ein Postprotokoll, ein Transitabkommen, eine Besuchs- sowie eine Gebietsaustauschvereinbarung –, handelte es sich beim Verkehrsvertrag um den ersten zwischen Bonn und Ost-Berlin souverän ausgehandelten Staatsvertrag. Von Bahr und Kohl seit Januar 1972 sondiert, konnte er am 12. Mai paraphiert, 14 Tage später unterzeichnet und am 17. Oktober 1972 in Kraft gesetzt werden. Im Bundestag war er mit überwältigender Stimmenmehrheit angenommen worden. Auch die CDU/CSU-Fraktion hatte mit wenigen Ausnahmen zugestimmt, da Bundestagswahlen vor der Tür standen.

Dabei war es auch in diesem Falle nicht gelungen, das für die Bundesrepublik wichtige Zugeständnis im Vertrag selbst zu fixieren. Daß es zu „Reiseerleichterungen im Verkehr zwischen den beiden Staaten über das bisher übliche Maß kommen" werde,[53] stand in einem Brief Michael Kohls an Egon Bahr vom 26. Mai 1972. Immerhin stieg die Zahl der Reisen in die DDR und nach Ost-Berlin bis 1979 um 265 % auf über 22 Millionen an. Im Gegenzug fand sich die Bundesregierung bereit, der DDR-Führung in den für sie wichtigen Fragen entgegenzukommen. Das geschah im sogenannten „Grundlagenvertrag". Inzwischen ging es also nicht mehr um die Frage, ob ein solcher Vertrag geschlossen werden würde, sondern nur noch um den Zeitpunkt und um die Konditionen.

So erklärt sich die sogenannte Scheel-Doktrin vom 28. Oktober 1969. In einem Runderlaß an alle diplomatischen Vertretungen hatte der Außenminister die Parole ausgegeben, die bevorstehende Anerkennungswelle der DDR so lange aufzuhalten, bis die Bundesrepublik ihrerseits den entsprechenden Schritt getan und ihre Beziehungen zum zweiten deutschen Teilstaat vertraglich geregelt hatte. Tatsächlich haben in den Jahren 1970/71 lediglich zehn Staaten der Dritten Welt, darunter sieben schwarzafrikanische, diplomatische Beziehungen zur DDR aufgenommen. Interessant war der Fall Somalia, denn Mogadischu wurde durch diesen Akt „der erste Platz außerhalb der kommunistisch regierten Länder mit zwei deutschen Botschaftern".[54] Ein Land, die Zentralafrikanische Republik, brach sogar im August 1971 die diplomatischen Beziehungen zu Ost-Berlin wieder ab, und Indien, um das sich die Führung der DDR fast zwei Jahrzehnte bemüht hatte, tat den ersehnten Schritt erst nach Paraphierung des Grundlagenvertrages. Einige Staaten, wie etwa Schweden und die Schweiz, leiteten parallel zu den deutsch-deutschen Verhandlungen über einen Grundlagenvertrag diplomatische Beziehungen zur DDR ein. Gleichzeitig wurde mit der Vorbereitung ihrer Aufnahme in internationale Organisationen, wie zum Beispiel in die UNESCO, begonnen. Insoweit ist in dieser Parallelität der Ereignisse der „Schlußerfolg" der Scheel-Doktrin zu sehen.[55]

Spätestens im Verlaufe des Ratifizierungsverfahrens über die Ostverträge zeichnete sich indessen ab, daß dieses Ziel mit dem 1969 gewählten Bundestag nicht zu erreichen war. Zwar war am 27. April 1972 ein von der Opposition beantragtes Konstruktives Mißtrauensvotum gegen den Bundeskanzler gescheitert, allerdings nur mit der denkbar knappen Mehrheit von zwei Stimmen, und nur einen Tag später wurde der Kanzlerhaushalt bei Stimmengleichheit abgelehnt. In dieser Situation entschloß sich Willy Brandt, seinerseits die Vertrauensfrage zu stellen und damit den Weg für Neuwahlen freizumachen. Bei den daraufhin anberaumten Wahlen vom 19. November 1972 wurde die SPD erstmals, wenn auch mit nicht einmal 1 % Mehrheit der Stimmen, zur stärksten Partei gewählt. Immerhin, die Regierung Brandt konnte das Wahlergebnis mit Recht als Bestätigung ihrer Ost- und Deutschlandpolitik interpretieren, denn diese hatte im Zentrum des Wahlkampfes gestanden.

Im unmittelbaren Vorfeld des Wahltages, am 8. November, war der „Grundlagenvertrag" paraphiert worden, über den Bahr und Kohl seit dem 15. Juni 1972 „Gespräche" und seit dem 16. August offiziell „Verhandlungen" geführt hatten. Am 21. Dezember wurde der Vertrag in Ost-Berlin unterzeichnet, allerdings nicht, wie die eigentlichen Ostverträge, durch Brandt und Scheel, sondern durch Bahr. Auch parallel zu diesen Verhandlungen gab es eine Fülle direkter und indirekter, formeller und informeller Kontakte, insbesondere zwischen der Bundesrepublik und den drei Westmächten im Rahmen der „Vierer-Gruppe" in Bonn, und selbstverständlich wurden die Abmachungen nicht nur in dem eigentlichen „Vertrag über die Grundlagen der Beziehungen zwischen der Bundesrepublik Deutschland und der Deutschen Demokratischen Republik" festgehalten, sondern auch in einem Konvolut von Protokollen, Zusatzprotokollen, Protokollvermerken, Protokollerklärungen, Briefen, Briefwechseln und Erläuterungen.

Im Kern hielt der Vertrag fest, was bereits im „Bahr-Papier" und im Moskauer Vertrag nachzulesen war. Indem er expressis verbis „auf der Grundlage der Gleichberechtigung" geschlossen wurde,[56] brachte er der DDR nach mehr als zwei Jahrzehnten die faktische Anerkennung durch die Bundesrepublik, die förmliche Gleichberechtigung und damit den internationalen Durchbruch. Noch im Dezember 1972, dem Monat der Unterzeichnung, kam es zur Herstellung diplomatischer Beziehungen mit 21 Staaten, darunter Schweden, der Schweiz und Österreich. Allein 1973 nahmen insgesamt 47 Staaten diplomatische Beziehungen zur DDR auf, unter diesen Großbritannien und Frankreich, und natürlich bildete die Aufnahme diplomatischer Beziehungen zwischen Ost-Berlin und Washington im September 1974 einen vorläufigen Höhepunkt dieses Siegeslaufs. Bis 1978 hatten 123 Staaten die DDR völkerrechtlich anerkannt, 1980 wurde sie sogar für zwei Jahre nichtständiges Mitglied des Sicherheitsrates der Vereinten Nationen, in die beide deutsche Staaten am 18. September 1973 aufgenommen worden waren.

Es lag in der Logik der Entwicklung, daß sich die Machthaber der DDR durch die breite völkerrechtliche Anerkennung, vor allem aber durch die ersehnte Gleichberechtigung mit dem westlichen Nachbarn und die damit verbundene Statusaufwertung ihres Regimes in der Auffassung bestätigt sahen, daß ihr politischer

Kurs nicht korrekturbedürftig sei. Die Folge der allgemeinen „Annäherung" war daher keine „Öffnung" der DDR nach außen, sondern das gerade Gegenteil. Selbstredend war das nicht die Absicht der Bonner Politik, aber es war ihr Ergebnis. Wie konnte es dahin kommen? Nach dem Ende des Kalten Krieges hat ein englischer Beobachter festgestellt, daß die SED-Führung „während der gesamten Geschichte der deutsch-deutschen Beziehungen ... Bezahlung in zwei Währungen gefordert" habe, nämlich „in D-Mark und in Anerkennung".[57] Um derart fordernd auftreten zu können, mußte sie etwas zu bieten haben, das Bonn sowohl Geld als eben auch, nach fast einem Vierteljahrhundert, ein beträchtliches politisches Zugeständnis wert war. In der Tat bestand ein herausragendes Ziel der Ost- und Deutschlandpolitik aller Bundesregierungen seit den Tagen Konrad Adenauers darin, „menschliche Erleichterungen" für die Bewohner der DDR zu erwirken.

Das galt vor allem für Personen, denen aus sehr unterschiedlichen – auch politischen – Gründen von den Machthabern der DDR zugesetzt wurde und für die es nur eine Hoffnung gab: die Übersiedlung in die Bundesrepublik. Zwischen 1963 und 1989 sind mehr als 30000 Häftlinge freigekauft worden. Indem die sozial-liberale Koalition den Status quo in Deutschland anerkannte, trug sie jedoch indirekt dazu bei, das Selbstbewußtsein der Machthaber in Ost-Berlin so zu festigen, daß diese mit dem Schicksal vieler Menschen noch ungenierter umgingen als zuvor. Das war die bittere Kehrseite der Deutschlandpolitik seit den siebziger Jahren. Daß es aus diesem Dilemma keinen Ausweg gab, sollte sich nach der noch zu betrachtenden „Wende" des Jahres 1982 zeigen, die gerade in der Deutschlandpolitik keinen Kurswechsel brachte, weil es ohne die Preisgabe des Ziels „menschlicher Erleichterung" keinen geben konnte.

Schon weil Willy Brandt sich ursprünglich hartnäckig geweigert hatte, den Gedanken an das Fortbestehen der deutschen Nation aufzugeben und das Unrechtsregime förmlich anzuerkennen, konnte sich Pankow 1972 indessen nicht mit der Forderung durchsetzen, daß die Bundesrepublik den DDR-Staat und mit ihm seine 1967 eingeführte Staatsbürgerschaft völkerrechtlich anerkennen müsse. Daran hat sich bis zum Zusammenbruch der DDR nichts geändert. So wurden in Ost-Berlin und Bonn keine Botschaften eingerichtet, sondern „Ständige Vertretungen".[58] Im

Laufe der Jahre reduzierte sich dieser Statusunterschied allerdings auf einen symbolischen Sachverhalt, denn die Beziehungen wurden in der Praxis nach den Regeln des Völkerrechts abgewickelt, das heißt: Deutschlandpolitik war Außenpolitik.

Auch die Hoffnung auf die geschichtsmächtige Wirkung der Präambel des Grundlagenvertrages, wonach die beiden deutschen Teilstaaten zu „grundsätzlichen Fragen, darunter zur nationalen Frage“, unterschiedlicher Auffassung seien,[59] erwies sich als trügerisch. Die Interpretation von Antonius Eitel – Angehöriger des Auswärtigen Amtes und persönlicher Referent Egon Bahrs in den Jahren 1970 bis 1973 –, daß damit „die nationale Frage und das gemeinsame Deutschtum sozusagen im letzten Augenblick in einem Vertrag festgeschrieben“ worden seien,[60] wurde jedenfalls in Ost-Berlin nicht geteilt. Am 27. September 1974 beschloß die 13. Tagung der Volkskammer das „Gesetz zur Ergänzung und Änderung der Verfassung der DDR“, das am 7. Oktober in Kraft trat und endgültig den Zusatz „Deutsche Nation“ aus ihrem Text tilgte.

Der Grundlagenvertrag ist wie kaum ein zweites Abkommen, das die Regierung Brandt abgeschlossen hat, auf heftigen Widerspruch gestoßen. Die Kritiker waren der Ansicht, daß er mit dem Wiedervereinigungsgebot des Grundgesetzes nicht vereinbar sei. Das von Bayern mit einer Normenkontrollklage angerufene Bundesverfassungsgericht gelangte in seinem Urteil vom 31. Juli 1973 zu einer bemerkenswerten Interpretation der historisch-politischen Wirklichkeit. Danach war die Bundesrepublik Deutschland nicht „Rechtsnachfolger“ des Deutschen Reiches, sondern sie war „als Staat identisch mit dem Staat ‚Deutsches Reich‘, – in bezug auf seine räumliche Ausdehnung allerdings ‚teilidentisch‘„. Folglich „gehört[e]“ die DDR „zu Deutschland“ und konnte „im Verhältnis zur Bundesrepublik Deutschland“ nicht als Ausland angesehen werden.[61]

Darin konnte die Regierung Brandt durchaus eine Bestätigung ihrer ursprünglichen Auffassung lesen. Auch deshalb hatte ihre Ost- und Deutschlandpolitik am Jahresende 1972 eine beachtliche Erfolgsbilanz vorzuweisen. Was fehlte, war langfristig die Überführung der einzelnen Bestandteile in eine übergreifende europäische Ordnung und kurzfristig die noch ausstehende Verständigung mit der Tschechoslowakei. Die Verhandlungen über einen entsprechenden Vertrag zogen sich auch deshalb in die Länge, weil die Außen- und namentlich die Ostpolitik der Regierung an Schwung verlor. Ganz offensichtlich hatte sie in den Jahren 1971/72 ihren Höhepunkt erreicht, den die Verleihung des Friedensnobelpreises an Willy Brandt eindrucksvoll unterstrich. Fortan wurde die sozialliberale Koalition an diesen Erfolgen und an diesem Tempo gemessen. Der politische Alltag unterschied sich jedoch auffallend von der Dynamik der Anfangsphase. Das sahen auch parteiinterne Kritiker des Bundeskanzlers so, namentlich der Fraktionsvorsitzende Herbert Wehner. Ausgerechnet in der sowjetischen Hauptstadt ließ sich Wehner im September 1973 zu abfälligen Worten über Willy Brandt hinreißen, die der „Spiegel" am 8. Oktober unter dem Titel „Was der Regierung fehlt, ist ein Kopf" seinen Lesern in einer Titelgeschichte servierte.[62]

Daß in der Bonner Ostpolitik eine langsamere Gangart eingeschlagen werden mußte, hatte sich bereits anläßlich jenes Besuchs gezeigt, den Leonid Breschnew als erster Generalsekretär der KPdSU vom 18. bis zum 22. Mai 1973 der Bundesrepublik abstattete. Auch anderthalb Jahre nach der Krim-Begegnung war die Atmosphäre zwar insgesamt gut, wie der gemeinsame Wille zur Fortsetzung der Gespräche über eine europäische Sicherheitskonferenz erkennen ließ. Doch zeigte die Visite zugleich die Grenzen der Zusammenarbeit. Wohl kam es unter anderem zur Unterzeichnung eines Abkommens über die Entwicklung der wirtschaftlichen, industriellen und technischen Zusammenarbeit und zu Gesprächen mit Vertretern der deutschen Industrie über einige Großprojekte, doch mußte Breschnew letztlich ohne konkrete Zusagen in den Kreml zurückkehren. Erst knapp ein Jahr später, im März 1974, unterzeichnete ein deutsches Firmenkonsortium in Moskau einen Vertrag über die Errichtung eines Stahlwerkkomplexes bei Kursk, und ein halbes Jahr darauf, Ende Oktober 1974, kam es zu einem weiteren deutsch-sowjetischen „Erdgas-Röhren-Geschäft". Allerdings blieb der Anteil der deutschen Ausfuhren in die Sowjetunion gering. Er pendelte sich im Laufe der Jahre bei etwa 2 % ein und blieb damit noch unter dem Anteil der nach Österreich gehenden Exporte.

Stagnation bestimmte einstweilen auch die Verhandlungen mit der Tschechoslowakei über jenen Vertrag, der den Schlußstein dieser Runde der Bonner Ostpolitik bilden sollte. Die Sondierungen hatten bereits am 13. Oktober 1970 begonnen, zogen sich aber, unterbrochen auch hier von einer „Denkpause“, gut zweieinhalb Jahre ohne Ergebnis hin. Erst am 7. Mai 1973 konnte mit den offiziellen Verhandlungen der Außenminister begonnen werden, die schließlich am 20. Juni zur Paraphierung und am 11. Dezember 1973 zur Unterzeichnung des Vertrages durch Brandt und Scheel führten, der mit dem Austausch der Ratifizierungsurkunden am 19. Juli 1974 in Kraft trat. Die Dauer der Sondierungen und Verhandlungen überrascht, wenn man bedenkt, daß die Ausgangslage für die Bundesregierung vergleichsweise günstig war: Ihrem Verhandlungspartner hing nach wie vor die Niederschlagung des „Prager Frühlings“ an, während sie selbst mit jedem ost- und deutschlandpolitischen Schritt an internationaler Reputation gewonnen hatte. Dieser Vertrauensvorschuß war gerade in den Verhandlungen mit Prag besonders wichtig, ging es hier doch um eine Frage von grundsätzlicher und symbolischer Dimension gleichermaßen.

Zur Debatte stand das sogenannte Münchener Abkommen, das am 29. September 1938 zwischen Deutschland, Italien, Großbritannien und Frankreich geschlossen worden war und unter anderem die Modalitäten der „Abtretung“ der sudetendeutschen Gebiete der Tschechoslowakei an das Deutsche Reich geregelt hatte. In den frühen siebziger Jahren ging es um die Frage, ob das Münchener Abkommen „von Anfang an“ ungültig sei, wie Prag und seine Verbündeten behaupteten. Die Bundesregierung sah das anders: Erstens führte nach ihrer Auffassung kein Weg an der Erkenntnis vorbei, daß das Abkommen ein Gemeinschaftswerk von vier europäischen Großmächten und das Deutsche Reich lediglich eine Vertragspartei unter diesen gewesen war. Zwar hatten Großbritannien am 5. August 1942, das Frankreich de Gaulles am 29. September 1942 sowie Italien – nach dem Sturz Mussolinis – durch die Regierung Badoglio am 26. September 1944 jeweils das Münchener Abkommen für ungültig beziehungsweise für „null und nichtig“ erklärt, aber eben nicht ausdrücklich von Anfang an. Das hatte lediglich die DDR im Rahmen des Freundschafts- und Beistandsvertrages mit der CSSR am 17. März 1967 getan. Allerdings dürfte hier der entsprechende sowjetische Wunsch den Ausschlag gegeben haben.

Zweitens wurde seitens der Bundesregierung argumentiert, daß ja die Tschechoslowakei ihrerseits am 21. September 1938 im vorhinein der Abtretung der sudetendeutschen Gebiete zugestimmt habe. Das Argument, daß diese Abtretung unter Androhung von Gewalt erfolgt sei, wurde von Bonn, drittens, damit relativiert, daß nach internationaler Rechtsauffassung der Zwischenkriegszeit Druck als Mittel der Politik noch nicht ausdrücklich ausgeschlossen war. Viertens und vor allem aber hatte man in Bonn erhebliche Bedenken hinsichtlich der Rechtsfolgen einer Ungültigkeitserklärung im Prager Sinne. Hätte man nämlich der Forderung zugestimmt, wonach das Münchener Abkommen „von Anfang an" ungültig gewesen sei, wäre damit im nachhinein die Vertreibung der Sudetendeutschen aus ihrer angestammten Heimat mit allen ihren Begleiterscheinungen und Folgen legitimiert worden.

Der Vertrag, dem mehrere Briefe beziehungsweise Briefwechsel beigegeben waren, hatte folglich in hohem Maße Kompromißcharakter. Zwar stellte er fest, daß das Münchener Abkommen der Tschechoslowakischen Republik „unter Androhung von Gewalt aufgezwungen" worden sei, allerdings, wie es ausdrücklich hieß, „durch das nationalsozialistische Regime", nicht also durch das Deutsche Reich. Beide betrachteten es „im Hinblick auf ihre gegenseitigen Beziehungen nach Maßgabe dieses Vertrages als nichtig".[63] Im übrigen rangierte im Prager ähnlich wie im Moskauer und anders als im Warschauer Vertrag der Gewaltverzicht vor der Feststellung der Unverletzlichkeit der Grenzen.

Das Abkommen war einerseits der vorläufige Schlußstein der „neuen" Ostpolitik, lag aber andererseits bereits im Schatten erster Schwierigkeiten, die sich trotz oder wegen ihrer Ergebnisse einstellten. Im Falle der Sowjetunion hatte sich das bereits anläßlich des Breschnew-Besuchs gezeigt, und auch im Verhältnis zu Polen und zur DDR liefen die Dinge keineswegs so reibungslos, wie man das nach Abschluß der Verträge gehofft hatte. Warschau spielte jetzt unter anderem, wie gesehen, den Trumpf der deutschstämmigen Übersiedler, und die DDR setzte den Hebel in der alten Reichshauptstadt an: So kam es im Juli 1974 zu Behinderungen auf den Transitwegen nach Berlin, mit denen das SED-Regime gegen die Errichtung des Umweltbundesamtes in der Stadt protestierte.

Angesichts solcher Irritationen nahm man kaum mehr zur Kenntnis, daß die Normalisierung des Verhältnisses zwischen der Bundesrepublik und einigen neutralen beziehungsweise kommunistischen Staaten durchaus beachtliche Fortschritte machte. So wurden zum Beispiel zwischen dem Oktober 1972 und dem Januar 1974, beginnend mit der Volksrepublik China und vorläufig endend mit der Mongolischen Volksrepublik, zu einer Reihe von Staaten diplomatische Beziehungen aufgenommen, darunter 1973 zu Finnland, Bulgarien und Ungarn. Keine Frage, politisch gesehen hatte sich die Lage der Bundesrepublik innerhalb weniger Jahre grundlegend gewandelt: Die faktische Anerkennung des territorialen Status quo in Europa hatte den Handlungsspielraum der deutschen Außenpolitik merklich erweitert.

In anderer, vor allem in militärischer Hinsicht mußte allerdings von Stagnation, ja sogar von einer relativen Verschlechterung der allgemeinen Lage gesprochen werden. Die SALT-Vereinbarungen zwischen Moskau und Washington hatten im wesentlichen gleiche Obergrenzen bei den interkontinentalen Nuklearwaffen festgeschrieben und damit indirekt die konventionellen Waffensysteme in Europa aufgewertet. Diese Situation führte denen, die ihre Augen vor der Realität nicht verschließen mochten, die Bedeutung der amerikanischen Truppenpräsenz in Europa drastisch vor Augen. Der alte Kontinent konnte eben auch in dieser Hochzeit der Entspannungspolitik nicht ohne amerikanische Sicherheitsgarantien auskommen. Dieses ungeschriebene Gesetz behielt bis zum Ende des Kalten Krieges seine Gültigkeit. Entspannung hieß nicht, wie man anfänglich glauben mochte, das Ende des Kalten Krieges. Sie war nur eine neue Etappe, eine Durchgangsstation in seinem Verlauf.

Das galt in besonderem Maße für die Bundesrepublik, die als unmittelbarer Nachbar der Warschauer-Pakt-Staaten der erste Schauplatz eines konventionell geführten Krieges gewesen wäre. Alarmiert reagierte Bonn daher auf jene prominenten Stimmen in den USA, die für einen einseitigen amerikanischen Truppenabbau in Europa plädierten. Im März 1973 gewann der Führer der demokratischen Mehrheit im Senat seine Fraktion für die Forderung einer Halbierung der Landstreitkräfte in Europa. Wurde dieser Plan Wirklichkeit, so mußte er das am Rhein intensiv ventilierte Projekt einer beiderseitigen, ausgewogenen Reduzierung der konventionellen Potentiale in Europa unterlaufen.

Dem war zu begegnen; gefordert war wieder einmal die deutsche Konzessionsbereitschaft, vor allem bei den Devisenausgleichszahlungen. Hier war aber inzwischen die Schmerzgrenze erreicht – sowohl finanziell als auch psychologisch. Immerhin sahen die „Offset"-Abkommen für die Jahre 1971 bis 1975 Zahlungen in Höhe von insgesamt rund 12,5 Milliarden D-Mark vor, die unter anderem in den Kauf von „Phantom"-Jagdflugzeugen eingingen. Erst im Juli 1976 gelang die endgültige Lösung eines für die deutsch-amerikanischen Beziehungen seit mehr als zwei Jahrzehnten höchst widrigen Problems. In einem Briefwechsel zwischen dem Bundeskanzler und dem amerikanischen Präsidenten wurde ein Kompromiß vereinbart, der die Stationierung einer zusätzlichen amerikanischen Brigade in Deutschland vorsah. Diese bot nach der Erinnerung Helmut Schmidts „den Anlaß für eine einmalige Abschlußzahlung, deren geringes Ausmaß finanzwirtschaftlich nicht ins Gewicht fiel und die den Amerikanern erlaubte, das Gesicht zu wahren".[64]

Die Devisenausgleichszahlungen waren indessen nicht die einzige Quelle deutsch-amerikanischer Irritationen. Auch die weltwirtschaftliche Entwicklung trug einiges dazu bei, daß sich die Bundesrepublik einmal mehr in der unangenehmen Lage fand, gleichzeitig als Partner und Verbündeter der Vereinigten Staaten und als Mitglied des Interessenverbundes EG handeln zu müssen. Das war wahrlich keine beneidenswerte Situation. Im März 1973 nämlich mußte das System fester Wechselkurse, insbesondere auch zwischen den USA und der EG, endgültig aufgegeben werden. Es war nicht zuletzt der geschickten Krisendiplomatie des Bundesfinanzministers Helmut Schmidt zu danken, daß der wieder aufbrechende amerikanisch-französische Gegensatz in dieser Frage keine über den Anlaß hinausreichenden Folgen zeitigte.

Die Lösung bestand in einem partiellen „Block-Floating", d.h. in der Freigabe der europäischen Wechselkurse gegenüber dem Dollar unter Beibehaltung im wesentlichen fester Paritäten zwischen den europäischen Währungen. Das war die „Schlange im Tunnel". Dieser lag die Idee zugrunde, das Verhältnis der Währungen der europäischen Mitgliedsstaaten untereinander so festzulegen, daß ein Spielraum von lediglich 1,125 % nach oben und unten bestand. Partiell war dieses „Block-Floating" deshalb, weil sich Großbritannien, Italien, Irland und Frankreich nicht oder nur zeitweilig an der „Währungsschlange" beteiligten. Bereits nach einem dreiviertel Jahr begann der Währungsblock zu bröckeln: Am 19. Januar 1974 zog sich Frankreich erstmals zurück.

In Washington wurden die europäischen Währungskunststücke mit gemischten Gefühlen beobachtet. Zwar führte bei nüchterner Betrachtung kein Weg an der Erkenntnis vorbei, daß die USA mit der Demontage von Bretton Woods ihre „währungspolitische Führung" preisgegeben hatten.[65] Aber natürlich war das nicht in der Absicht geschehen, auf diese Weise zur Fortsetzung und Intensivierung der europäischen Integration beizutragen. So sehr diese in den fünfziger Jahren in Washington begrüßt und gefördert worden war, so wenig paßten europäische Alleingänge in eine Zeit, die ohnehin einmal mehr von Schwächeanfällen des westlichen Bündnisses geprägt war.

Die Krise des Jahres 1973 hatte langfristige Ursachen und zwei konkrete Anlässe. Zu den erstgenannten gehörte, neben der Verschiebung des transatlantischen wirtschaftlichen Gleichgewichts zugunsten Europas, daß die konsensstiftende Wirkung einer gemeinsam empfundenen Bedrohung nachließ. Das ging mit dem Tauwetter der Entspannungspolitik einher. Hinzu kam die unaufhaltsame Überlagerung des Ost-West-Gegensatzes durch den Nord-Süd-Konflikt. Ausgelöst wurde die Krise indessen durch den Konflikt im Nahen Osten und die „Osterbotschaft" des amerikanischen Außenministers. Im Kern enthielt Kissingers Botschaft vom 23. April den Vorschlag zur Abfassung einer neuen „Atlantik-Charta" auf höchster Ebene. Das war Augenwischerei. Denn anders als die amerikanisch-britische Charta vom 14. August 1941, die zugleich die Geburtsurkunde der späteren Vereinten Nationen darstellte, ging die Botschaft des amerikanischen Außenministers gerade nicht von der prinzipiellen Gleichheit aller Partner aus. Im Gegenteil, Nixon und Kissinger hoben die regionalen Interessen der Europäer ausdrücklich von den globalen der Amerikaner ab[66] und forderten sie auf, sich als Regionalmacht zu verstehen und entsprechend in das amerikanische Weltmachtkonzept einzufügen.

In der Konsequenz trugen die „Washingtoner Zumutungen" nach Auffassung Willy Brandts zwar zur fortschreitenden „Europäisierung Europas" bei;[67] kurzfristig jedoch wurde das transatlantische Kräftemessen eindeutig zugunsten der USA entschieden, die offenbar nach Beendigung des Vietnam-Krieges zu ihrem alten

Selbstbewußtsein zurückzufinden begannen. Wohl bestand die 1970 ins Leben gerufene, bis dahin wenig auffällige „Europäische Politische Zusammenarbeit“ in der Konfrontation mit der amerikanischen Initiative ihre erste Bewährungsprobe; wohl war im Entwurf der EG für eine Grundsatzerklärung über die amerikanisch-europäischen Beziehungen vom 20. September 1973 davon die Rede, „daß die Gemeinschaft ihre Position als selbständiger Faktor in der Weltpolitik“ festigen wolle;[68] doch rückte die Nahostkrise die Dinge rasch wieder zurecht.

Gerade für die Bundesrepublik bildete ja der Nahe Osten ein besonders schwieriges Terrain. Die guten Beziehungen zu den arabischen Staaten hatten zwar nach der Einrichtung von Botschaften in Bonn und Tel Aviv einige Blessuren erlitten, aber keinen irreparablen Schaden genommen. Anfang der siebziger Jahre bewegten sich die deutsch-arabischen Beziehungen insgesamt wieder in den bewährten Bahnen, und das war angesichts der steigenden Bedeutung der Region als Öllieferant nicht zu unterschätzen. Das deutsch-israelische Verhältnis war natürlich von besonderer Art. Drei Jahrzehnte nach Beendigung des Zweiten Weltkrieges konnte in jenem Staat, dessen Gründung das Ergebnis deutscher Politik und Kriegführung gewesen war, nicht vergessen sein, was Deutsche Juden angetan hatten. Erst im Juni 1973 stattete mit Willy Brandt ein deutscher Bundeskanzler Israel einen offiziellen Besuch ab – ein wichtiger Schritt auf dem schwierigen Weg der deutsch-jüdischen Verständigung. Erfolglos waren hingegen Brandts Vorschläge für eine Vermittlung im sich zuspitzenden Nahostkonflikt, die auf eine koordinierte Aktion der beiden Supermächte hinausliefen. Seine Initiativen stießen bei den verbündeten Amerikanern auf Ablehnung. Eine weitere Zuspitzung der sich anbahnenden Krise war dadurch nicht zu verhindern.

Diese Krise eskalierte am 6. Oktober 1973, dem jüdischen Feiertag „Jom-Kippur“, als ägyptische und syrische Verbände Israel überraschend angriffen. Dieser vierte Nahostkrieg, der nach drei Wochen durch eine Waffenruhe beendet werden konnte, hatte beträchtliche Folgen, zu denen vor allem die Hinwendung Ägyptens unter seinem Präsidenten Anwar as-Sadat zum Westen und zum Ausgleich mit Israel, aber auch eine Klarstellung des Verhältnisses der Vereinigten Staaten zu Europa – und dort vor allem zur Bundesrepublik – zählten. Diese nämlich wurde durch den „Jom-Kippur"-Krieg in diplomatische Bedrängnis gebracht. Das fing schon mit der Unsicherheit an, wie man sich gegenüber den kriegführenden Parteien verhalten sollte. Es hatte konkrete Gründe, daß anders als während des „Sechstagekrieges" keine große Sympathie für Israel zu verzeichnen war. Noch während der Kampfhandlungen bekam nämlich die Bonner Republik sowohl deren wirtschaftliche als auch ihre politischen Auswirkungen zu spüren. Sie bestätigten einmal mehr die Abhängigkeit Bonns von der weltpolitischen Großwetterlage. Die Blitze des nahöstlichen Gewitters schlugen in Europa ein und führten zu erneuten Spannungen im deutsch-amerikanischen Verhältnis, die durchaus „ernstere Folgen hätten haben können".[69]

Die Quelle der Irritationen lag eindeutig in Washington. Wie selbstverständlich benutzten die Vereinigten Staaten ihre Militärdepots und ihre Basen in der Bundesrepublik, zum Beispiel Bremerhaven, als Drehscheibe für den Nachschub zur Unterstützung der israelischen Kriegführung. Natürlich konnte das der Öffentlichkeit nur kurze Zeit verborgen bleiben. Nach Bekanntwerden der Vorgänge sah sich die Bundesregierung zu einem förmlichen Protest in Washington gezwungen. Überdies setzten die Vereinigten Staaten am 24. beziehungsweise 25. Oktober 1973 ihre Streitkräfte weltweit in Alarmbereitschaft, ohne die Verbündeten vorher zu konsultieren oder auch nur zu informieren. Die Antwort Washingtons auf die deutschen Bedenken und Vorbehalte war unmißverständlich: Aus Sicht der Vereinigten Staaten, so erinnerte sich Willy Brandt, „verfüge die Bundesrepublik nur über beschränkte Souveränität". Washington behalte „sich das Recht vor, Maßnahmen zu ergreifen, die im Interesse der internationalen Sicherheit als angemessen und notwendig erschienen".[70]

Aber nicht nur das Auftreten der westlichen Vor- und Schutzmacht zeigte den rheinischen Außenpolitikern ihre Abhängigkeit von den weltpolitischen Rahmenbedingungen auf, sondern auch der massive Druck der ölfördernden Staaten des Nahen Ostens, die das begehrte schwarze Gold unverhohlen als ökonomische Waffe einsetzten. Am 17. Oktober 1973 erklärten die in der „Organisation der Arabischen Erdölexportierenden Länder" (OAPEC) zusammengeschlossenen Staaten, „unverzüglich in jedem arabischen erdölproduzierenden Land mit einer *Produk-*

tionsverminderung um nicht weniger als 5 % der Förderung für den Monat September" 1973 beginnen zu wollen.[71]

Am 19. November 1973 wurden in der Bundesrepublik entsprechende Maßnahmen ergriffen. Dazu zählten ein viermaliges Sonntags-"Fahrverbot" und eine halbjährige Geschwindigkeitsbegrenzung auf Landstraßen und Autobahnen. Diese Maßnahmen mochten insofern überraschen, als die OAPEC-Staaten einen Tag zuvor, am 18. November, beschlossen hatten, das Embargo gegen die EG-Staaten aufzuheben. Da jedoch die Niederlande von dieser Aufhebung ausgeschlossen blieben und die Bundesrepublik ihr Öl über die holländischen Häfen bezog, war auch sie vom Totalboykott gegen das Nachbarland direkt betroffen.

Warum aber hatten die arabischen erdölfördernden Staaten ihr Embargo gegen die EG aufgehoben? Die Antwort findet sich in einer Erklärung der EG-Außenminister zur Lage im Nahen Osten vom 6. November 1973. Darin war unter Berufung auf die UN-Resolution 242 von der „Notwendigkeit" die Rede, „daß Israel die territoriale Besetzung beendet, die es seit dem Konflikt von 1967 aufrechterhalten hat". Außerdem erkannten die Außenminister ausdrücklich an, „daß bei der Schaffung eines gerechten und dauerhaften Friedens die legitimen Rechte der Palästinenser berücksichtigt werden müssen".[72] Bei der Abfassung dieses Dokuments haben sich die Europäer nicht zuletzt von ihrer Empörung über die Vereinigten Staaten während des Nahostkrieges leiten lassen.

Mit offenbar ungetrübtem Selbstbewußtsein trafen sich die Staats- und Regierungschefs sowie die Außenminister der EG-Mitgliedsstaaten am 14. und 15. Dezember 1973 in Kopenhagen. Beschlossen wurde unter anderem die Fortsetzung der Nahostpolitik im Sinne der Erklärung vom 6. November, wobei jetzt allerdings auf Drängen Willy Brandts auch ausdrücklich der israelische Anspruch auf Sicherheit Erwähnung fand. Vor allem aber verabschiedeten die Außenminister auf französische Initiative ein „Dokument über die europäische Identität", das eine Zwischenbilanz der jüngsten Entwicklungen zog. Hier wurde die „Entschlossenheit der Neun" bekundet, „als ein eigenständiges, unverwechselbares Ganzes aufzutreten" und die Zusammenarbeit mit den Vereinigten Staaten „auf der Grundlage der Gleichberechtigung" weiterzuentwickeln.[73]

Das klang überzeugend und so, als sei man sich rundum einig. Der Eindruck täuschte. Auch das „Dokument über die europäische Identität" machte wieder einmal deutlich, daß die USA trotz aller Differenzen und trotz aller Bemühungen der Europäer um weltpolitische Eigenständigkeit gebraucht wurden. So hielt das Papier fast lapidar die Erkenntnis der NATO-Mitglieder „unter ihnen" fest, „daß es gegenwärtig keine Alternative zu der Sicherheit gibt, die die Kernwaffen der Vereinigten Staaten und die Präsenz der nordamerikanischen Streitkräfte in Europa gewährleisten".[74] Das rückte die Dinge wieder zurecht, und es war der amerikanische Präsident Nixon, der in Beantwortung einer Frage am 15. März 1974 in Chicago sagte, warum das so war: „Nun können *die Europäer nicht* beides haben. Sie können nicht *an der Sicherheitsfront die Beteiligung* der Kooperation *der USA* haben und an der wirtschaftlichen und *politischen Front eine Konfrontation* oder gar Feindschaft".[75]

So kam es denn, wie es kommen mußte: Auf Einladung der Bundesrepublik, die zu diesem Zeitpunkt die EG-Präsidentschaft sowie den EPZ-Vorsitz innehatte, trafen sich die Außenminister der EG am 20. und 21. April 1974 auf Schloß Gymnich, um auf einer informellen Sitzung das „Wintertheater" zu beenden. Das Ergebnis, das am 10./11. Juni auch durch die EPZ offiziell bestätigt wurde, mußte ein Kompromiß sein. Von Europa als „eigenständigem Faktor der Weltpolitik" wie noch im Herbst 1973 war keine Rede mehr. Statt dessen ordneten sich die Europäer weitgehend den amerikanischen Vorstellungen unter, indem sie, wie es im Bericht der deutschen Präsidentschaft vom 9. August 1974 hieß, ein „gentleman's agreement in der Konsultationsfrage" beschlossen. Damit glaubte man von vornherein Befürchtungen entkräften zu können, welche „die Partner Europas in aller Welt möglicherweise mit dem Entstehen eines neuen außenpolitischen Faktors im Netz internationaler Beziehungen" verbanden.[76]

So identitätsstiftend die Rivalität zu den Vereinigten Staaten gelegentlich sein mochte, so sehr hatte sie den gegenteiligen Effekt, wenn die Frage der Sicherheit in und für Europa zur Debatte stand. Auch das war 1973 deutlich geworden. Denn am 3. Juli hatte jene „Konferenz über Sicherheit und Zusammenarbeit in Europa" (KSZE) begonnen, die von vielen Westeuropäern ursprünglich mit einiger Skepsis betrachtet worden war, weil die

Initiative bei den Sowjets lag, die sich bereits in den dreißiger Jahren als Protagonisten der Idee kollektiver Sicherheit profiliert hatten. 1954 war dann Molotow auf der Berliner Außenministerkonferenz mit dem Vorschlag eines „Gesamteuropäischen Vertrages über die kollektive Sicherheit in Europa" hervorgetreten, den die Sowjets allein im gleichen Jahr noch dreimal wiederholt hatten und der fortan zum ständigen Repertoire der sowjetischen Diplomatie zählte.

Für den Westen war diese Initiative anfänglich schon deshalb nicht akzeptabel, weil sie sich auf den Status quo bezog und folglich auf eine Festschreibung unter anderem der deutschen Teilung hinauslief. Hier gab es nur zwei Möglichkeiten. Entweder der Kreml ließ von seinem Ansinnen ab, und das war höchst unwahrscheinlich, oder aber der Westen bewegte sich in diesem Punkt auf die Sowjets zu. Eben das war der Fall. Die geschilderte Distanzierung der Westmächte von einer aktiven Politik in der Frage der deutschen Wiedervereinigung, die sich in der zweiten Hälfte der fünfziger Jahre immer deutlicher abgezeichnet hatte, vor allem aber die faktische Anerkennung der Existenz „zwei[er] Staaten in Deutschland", die Willy Brandt in seiner ersten Regierungserklärung am 28. Oktober 1969 zu erkennen gegeben hatte,[77] machten dafür den Weg frei.

Damit verband die deutsche Außenpolitik freilich auch Erwartungen. Diese bezogen sich vor allem darauf, daß parallel zu einer europäischen Sicherheitskonferenz Verhandlungen zwischen der NATO und dem Warschauer Pakt über „Mutual and Balanced Force Reductions" (MBFR), beiderseitige ausgewogene Truppenreduzierung in Europa, geführt wurden. Die Gründe für das eminente Bonner Interesse an MBFR lagen auf der Hand: Es war vor allem die Bundesrepublik, die sich durch die drückende Überlegenheit des Warschauer Paktes im konventionellen Bereich bedroht fühlen mußte. Für die NATO besaßen die MBFR-Verhandlungen eindeutig Priorität vor der KSZE; beim Warschauer Pakt war das genau umgekehrt.

Im Verlauf des Jahres 1972 näherte man sich erkennbar an. Eine bedeutende Rolle spielte dabei die finnische Diplomatie. Dank der Vorarbeit Helsinkis konnten schließlich beim Moskau-Besuch Henry Kissingers im September 1972 parallele Zeitpläne festgelegt werden: Am 31. Januar 1973 fiel der Startschuß für die

MBFR-Explorationen in Wien. Die Hauptkonferenz wurde am 30. Oktober 1973 eröffnet. Für die NATO nahmen sieben Mitglieder teil, darunter die Bundesrepublik, für den Warschauer Pakt vier, unter ihnen die DDR. Bis Anfang Februar 1989 fanden etwa 500 Plenarsitzungen statt, ohne daß es zu konkreten Ergebnissen gekommen wäre. Das Hauptproblem lag in der Bestimmung der tatsächlichen Truppenstärken. Moskau weigerte sich hartnäckig, den westlichen Zahlen und damit einer asymmetrischen Verringerung der Streitkräfte des Warschauer Paktes zuzustimmen und die Bezeichnung „MBFR", d.h. genauer gesagt die Feststellung „Balanced", zu akzeptieren.

Anders und insgesamt erfolgreicher verlief die KSZE. Die Konferenz tagte in drei Phasen. Vom 3. bis zum 7. Juli 1973 trafen sich die Außenminister aller 33 europäischen Staaten außer Albaniens, das nach wie vor einen eng auf die Volksrepublik China fixierten Kurs verfolgte, sowie der USA und Kanadas in Helsinki; vom 18. September 1973 bis zum 21. Juli 1975 wurde dann der Text des KSZE-Dokuments auf Expertenebene in Genf erarbeitet; und vom 30. Juli bis zum 1. August fand, wiederum in Helsinki, das abschließende Treffen der Staats- und Regierungs- beziehungsweise Parteichefs statt, die dann auch die Schlußakte von Helsinki unterzeichneten und sie damit in Kraft setzten. Diese war nämlich ein Regierungsabkommen, kein völkerrechtlicher Vertrag. In sechs Sprachen, darunter der deutschen, abgefaßt, hat die Akte mehrere Schwerpunkte.[78] Das sind die „Körbe", in denen ursprünglich durch die Schweizer Delegation alle eingehenden Vorschläge sortiert worden waren. Die Bezeichnung ist bis heute gebräuchlich, obgleich sie sich in der Schlußakte nicht findet.

Korb 1 enthielt zum einen die „Erklärung über die Prinzipien, die die Beziehungen der Teilnehmer leiten", den sogenannten Prinzipienkatalog, und zum anderen ein Dokument über „vertrauensbildende Maßnahmen und bestimmte Aspekte der Sicherheit und Abrüstung", zu denen zum Beispiel die Ankündigung von Manövern zählte. Hier lag für lange Zeit die einzige sachliche Verbindung zum MBFR-Komplex. Korb 2 regelte die „Zusammenarbeit in den Bereichen der Wirtschaft, der Wissenschaft und der Technik sowie der Umwelt". Gewissermaßen zwischen den Körben 2 und 3 waren die „Fragen der Sicherheit und Zusammenarbeit im Mittelmeerraum" angesiedelt. Damit sollte auch deutlich gemacht werden, daß Sicherheit und Zusammenarbeit nicht auf den europäischen Kontinent begrenzt werden konnten, sondern daß langfristig auch die angrenzenden Räume mit einbezogen werden mußten. In Korb 3 waren die für den Westen, insbesondere für die Bundesrepublik, wichtigen Grundsätze der Zusammenarbeit in „humanitären und anderen Bereichen" formuliert. Korb 4 schließlich regelte die „Folgen der Konferenz".

Die Sowjetunion, die eigentliche Initiatorin der Konferenz, konnte mit diesem Ergebnis einen wichtigen Teilerfolg verbuchen. Immerhin verpflichteten sich alle Teilnehmer ausdrücklich zur „Enthaltung von der Androhung oder Anwendung von Gewalt", zur „Unverletzlichkeit" der Grenzen, zur Beachtung der territorialen Integrität der Staaten sowie zum Prinzip der Nichteinmischung in die inneren Angelegenheiten der anderen Unterzeichner des Abkommens. Insofern legitimierte die KSZE-Schlußakte die Sowjetunion de facto in ihrer „Vormachtstellung in Osteuropa", wie Helmut Schmidt, der sie seinerzeit für die Bundesrepublik unterzeichnete, im Rückblick festgestellt hat.[79]

Indessen ist nicht zu übersehen, daß einige „klassische" Forderungen des Kreml nicht durchgesetzt werden konnten und die Warschauer-Pakt-Staaten zugleich andere, westliche Vorstellungen akzeptieren mußten. So wurde zwar in Helsinki die „Unverletzlichkeit" der Grenzen festgeschrieben, aber eben nicht ihre „Unveränderbarkeit". Damit war immerhin, so unrealistisch es auch 1975 klingen mochte, die Möglichkeit einer gewaltfreien, einvernehmlichen Änderung der bestehenden Grenzen in Europa nicht ausgeschlossen. Auch gelang es der Sowjetunion nicht, ihre alte Forderung nach Installierung eines europäischen Sicherheits-"Systems" durchzusetzen. Für die NATO-Staaten, allen voran für die Bundesrepublik, bedeutete dieses Ergebnis, daß ihre Sicherheit nach wie vor durch das Nordatlantische Bündnis gewährleistet wurde.

Schließlich mußten die Staaten des Warschauer Paktes 1975 in der Frage der Menschenrechte und der Grundfreiheiten die weitergehenden Vorstellungen des Westens akzeptieren, die in erheblichem Maße von den blockfreien und neutralen Staaten unterstützt wurden. Das gilt insbesondere für die im Prinzip VII von Korb 1 festgelegte „Achtung der Menschenrechte und Grundfreiheiten, einschließlich der Gedanken-, Gewissens-, Religions- oder

Überzeugungsfreiheit“ sowie für die Bestimmungen von Korb 3. Dort wurde unter anderem die Frage der „menschlichen Kontakte“ oder auch die „Verbesserung der Verbreitung von, des Zugangs zu und des Austausches von Informationen“ geregelt. Diese Formulierungen der Körbe 1 und 3 boten dem Westen eine Art legales Mittel, um sich in der Frage der Menschenrechte in die inneren Angelegenheiten der Staaten Osteuropas „einzumischen“, ohne das zitierte Prinzip zu verletzen. Das galt auch für das Selbstbestimmungsrecht der Völker, das traditionell gerade für die Bundesrepublik von besonderer Bedeutung war und als Prinzip VIII in der Schlußakte ausdrücklich festgeschrieben wurde. Darauf haben sich Bonner Politiker bis zum Ende des Kalten Krieges immer wieder berufen.

Nach bundesdeutschem Rechtsverständnis war die Deutsche Frage durch die KSZE nicht im Sinne der Teilung Deutschlands beantwortet worden. Überhaupt war die KSZE keine Konferenz über Deutschland. Die Schlußakte bedeutete auch keinen Ersatz- oder Quasi-Friedensvertrag wie zum Beispiel das „Potsdamer Abkommen“: Die Rechte und Verantwortlichkeiten der Vier Mächte für Berlin und für Deutschland als Ganzes blieben unberührt. Wenn auch damit einmal mehr deutlich wurde, daß die Deutsche Frage völkerrechtlich nach wie vor nicht definitiv beantwortet, sondern vielmehr offen war, so hatte doch gerade nach Abschluß der KSZE kaum jemand Zweifel, daß diese Frage im Sinne der Teilung Deutschlands auf absehbare Zeit entschieden sei und es jetzt darum gehe, sich mit dem Status quo zu arrangieren.

5. Sicherung des Status quo 1975–1989

Jede Medaille hat bekanntlich zwei Seiten. Diese Erfahrung machten auch die Europäer in den siebziger Jahren. Einerseits hatten Entspannung und Status-quo-Politik ihnen neue Spielräume eröffnet und zugleich das Gefühl der Sicherheit deutlich erhöht. Andererseits hatte das zur Folge, daß sich die Weltmächte, auch die Schutzmacht der Bundesrepublik, vom einstweilen ruhig gestellten Mitteleuropa ab- und neuen Herausforderungen zuwandten. Es waren nicht zuletzt die Entwicklungen in der außereuropäischen Welt – in Angola, Äthiopien, Somalia, Vietnam, Persien oder Afghanistan –, die den Supermächten das Gesetz des Handelns aufzwangen und Europa wieder einmal, wie schon zu Beginn der sechziger Jahre, mit der Möglichkeit einer weltpolitischen Marginalisierung konfrontierten.

Die Erkenntnis, daß nicht die Vorgänge in der alten Welt, sondern die Entwicklungen in jenen Teilen der Erde das Geschehen bestimmten, die einst von Europa aus regiert wurden und die man jetzt die „Dritte Welt“ nannte, fiel insbesondere den Deutschen schwer. Diese hatten ja bereits mit dem Versailler Vertrag des Jahres 1919 auf ihren gesamten kolonialen Besitz verzichten müssen. Was damals Anlaß für Empörung gewesen war, erwies sich nach dem Zweiten Weltkrieg als Vorteil: Im Unterschied zu den großen und kleinen Kolonialmächten waren die beiden deutschen Staaten nicht unmittelbar von jenem welthistorischen Prozeß der Dekolonisierung beziehungsweise Befreiung betroffen, der manches europäische Land wie Frankreich bis in die Grundfesten erschütterte.

Auf der anderen Seite blieb den meisten Deutschen der fundamentale Charakter dieser Bewegung lange Zeit verborgen. Für die Politiker in der rheinischen Provinzmetropole Bonn war die sprunghaft zunehmende Zahl unabhängiger Staaten in der Dritten Welt vor allem ein Problem für ihre Deutschlandpolitik. Die jungen Staaten Asiens und Afrikas davon abzuhalten, die DDR anzuerkennen, war lange Zeit die einzige erkennbare Strategie Bonns gegenüber der Dritten Welt. Seit den ausgehenden sechziger Jahren begann sich das zu ändern. Einmal war mit der Aufgabe der „Hallstein-Doktrin" und der faktischen Anerkennung der DDR durch die Bundesrepublik die Verhinderungsstrategie in der Dritten Welt obsolet geworden. Dann aber ließ sich schlechterdings nicht mehr übersehen, daß die Unabhängigkeit in den meisten Staaten der südlichen Halbkugel keineswegs nur inneren Frieden und größeren Wohlstand gebracht hatte, im Gegenteil.

Auch weil alle Bemühungen – wie etwa die der „Konferenz über Internationale Wirtschaftliche Zusammenarbeit" (KIWZ) in den Jahren 1975 bis 1977 –, eine neue, gerechte Weltwirtschaftsordnung zu etablieren, scheiterten, setzte Bonn auf die gezielte Unterstützung solcher Länder, die von der wirtschaftlichen beziehungsweise von der Rohstoffpreisentwicklung besonders betroffen waren. Diese Politik firmierte unter dem Stichwort „länderbezogene Hilfeprogramme".[1] Nun sind Ideen und Programme eine Sache, ihre Realisierung eine andere. Der „Gesamtrahmen der deutschen Entwicklungspolitik", von dem im Bericht des Bundesministers für Wirtschaftliche Zusammenarbeit im Februar 1972 die Rede war, kostete Geld, ganz gleich wie man ihn organisierte beziehungsweise umorganisierte. Und Geld wurde als Folge der weltwirtschaftlichen Entwicklung, also für die Betroffenen genau zum falschen Zeitpunkt, knapp.

Im Sommer 1974 beschloß die Bundesregierung für die kommenden vier Jahre eine Kürzung der Entwicklungshilfe um zwei Milliarden D-Mark. Die Entwicklungshilfe der Bundesrepublik, die sich in absoluten Zahlen beachtlich ausnahm, war im internationalen Vergleich ohnehin nicht gerade großzügig. Das 1968 von der Zweiten „United Nations Conference on Trade and Development" (UNCTAD) festgelegte Ziel, wonach 0,7 % des Bruttosozialproduktes aus öffentlichen Mitteln in die Entwicklungshilfe fließen sollten, wurde annähernd nur von den Niederlanden und einigen skandinavischen Staaten erreicht. Die USA ließen sich 1980 die Entwicklungshilfe 0,27 % ihres Bruttosozialprodukts kosten, die Sowjetunion gar nur 0,12 %. Die Bundesrepublik kam in der Zeit des Kalten Krieges nie über 0,5 % hinaus.

Die krisenhafte Entwicklung der Weltwirtschaft brachte für die Bundesrepublik Vor- und Nachteile. Auf der einen Seite litt sie unter der Explosion der Ölpreise. So mußte Bonn 1976 160 % mehr für seine Ölimporte ausgeben als noch drei Jahre zuvor, obgleich diese im selben Zeitraum um 10 % zurückgegangen waren. Das entsprach einem Anstieg der Ausgaben für das schwarze Gold von 9 Milliarden D-Mark im Jahr 1973 auf fast 24 Milliarden D-Mark drei Jahre später.[2] Andererseits bescherten aber die währungspolitischen Turbulenzen, d.h. insbesondere die Schwäche des Dollars und die Stärke der D-Mark, der Bonner Republik recht unerwartet eine führende Rolle im internationalen Währungsgeschehen, und hier fühlten sich deutsche Politiker, insbesondere der neue Bundeskanzler Helmut Schmidt, durchaus kompetent.

Am 6. Mai war Willy Brandt vom Amt des Bundeskanzlers zurückgetreten. Den Anlaß für diesen spektakulären Entschluß bildete eine Spionage-Affäre, der Fall Guillaume, aber sie war nicht der eigentliche, jedenfalls nicht der einzige Grund. Vielmehr spielten für diese Entscheidung auch eine zunehmende Amtsmüdigkeit Brandts sowie Intrigen in den Reihen der SPD eine Rolle. Allerdings kam es 1974 nicht nur in der Bundesrepublik zu einem Regierungswechsel. Wie schon einmal 1963, als Adenauer, Kennedy und Macmillan die politische Bühne verließen, und 1969, als Kiesinger, Johnson und de Gaulle aus dem Rampenlicht der großen Politik traten, sah auch das Jahr, in dem Willy Brandt aus dem Amt des Bundeskanzlers schied, Wechsel an der politischen Spitze in Frankreich und den Vereinigten Staaten. Der französische Staatspräsident Georges Pompidou verstarb nach schwerer Krankheit, und der amerikanische Präsident Nixon, der erst zwei Jahre zuvor mit großer Mehrheit im Amt bestätigt worden war, mußte am 9. August 1974 endgültig sein Amt aufgeben. Damit zog er die Konsequenzen aus der „Watergate"-Affäre und kam einer drohenden Amtsenthebung zuvor.

Aus deutscher Sicht hatte Nixon nicht nur eine beeindruckende weltpolitische Neuorientierung und den Rückzug der USA aus Vietnam herbeigeführt, sondern insgesamt auch eine deutliche Besserung der transatlantischen Atmosphäre bewirkt. Dabei blieb es im wesentlichen auch in der Amtszeit des Übergangspräsidenten Gerald Ford. Dagegen verschlechterten sich die Beziehungen zwischen den Vereinigten Staaten und Europa bald nach der Amtsübernahme durch den Demokraten Jimmy Carter im Januar

1977. Besonders unerquicklich gestalteten sich die Beziehungen zur Bundesrepublik. Schon vor seinem Amtsantritt hatte Carter seinen künftigen deutschen Partnern signalisiert, daß er die bereits vereinbarte Lieferung deutscher Kernkraftwerke an Brasilien unterbinden wolle, was dann freilich nicht gelang. Am Ende seiner Amtszeit waren die ohnehin unterkühlten Beziehungen des amerikanischen Präsidenten zum deutschen Bundeskanzler regelrecht zerrüttet. Das wird noch in der Erinnerung Helmut Schmidts überaus deutlich: „Carters Vorstellung von der Überlegenheit seiner moralischen Position und seine Überschätzung der Gestaltbarkeit der internationalen Politik, kombiniert mit der Neigung Brzezinskis, sich als Vertreter der Weltmacht ohne viel Aufhebens über die Interessen der deutschen Verbündeten hinwegsetzen zu können: etwas Vergleichbares hatte es im Verhältnis zwischen Washington und Bonn seit Johnsons Umgang mit Erhard nicht mehr gegeben."[3]

Aber wie so häufig in der Politik der westlichen Verbündeten hatte auch diese jüngste Verschlechterung im deutsch-amerikanischen Verhältnis nicht nur negative Folgen, sondern auch eine positive Kehrseite. Denn einmal mehr trug die amerikanisch-europäische Rivalität einiges zur weiteren Festigung der binneneuropäischen Identität und ihres Kerns, der deutsch-französischen Beziehungen, bei. Mit Valéry Giscard d'Estaing trat ein Mann das Amt des Staatspräsidenten an, der in den Jahren 1962 bis 1966 und 1969 bis 1974 Minister für Wirtschaft und Finanzen gewesen war und sich ganz im Gegensatz zum amerikanischen Präsidenten vorzüglich mit Schmidt verstand.

Gemeinsam gaben die beiden maßgebliche Anstöße für neue Formen des internationalen wirtschaftlichen Krisenmanagements. In diesem Zusammenhang verdient der erste sogenannte Weltwirtschaftsgipfel besondere Beachtung, der vom 15. bis zum 17. November 1975 auf Schloß Rambouillet abgehalten wurde. Teilnehmer waren neben dem Gastgeber Frankreich und dem Mitinitiator Bundesrepublik die USA, Großbritannien, Italien und Japan. Der Achtungserfolg dieser Begegnung trug dazu bei, daß sich die Weltwirtschaftsgipfel als jährliche Treffen einbürgerten. Seit 1976 nahm auch Kanada daran teil. In Rambouillet wurde unter anderem die gemeinsame Absicht formuliert, Verhandlungen voranzutreiben, welche „wesentliche Zollsenkungen, in einigen Bereichen sogar Nullzölle, einen erheblich expandierenden Agrarhandel und den Abbau nichttarifärer Maßnahmen zum Ziel haben". Die Devise des Tages hieß: „größtmögliche Handelsliberalisierung".[4]

Insbesondere in diesem Punkt deckten sich die Beschlüsse des ersten Weltwirtschaftsgipfels mit dem entsprechenden Vorhaben der EG. Auch in der Gemeinschaft gab es selbstverständlich den Versuch, vor dem Hintergrund der Weltwirtschaftskrise die Integration auf diesen zentralen Gebieten voranzutreiben; auch hier wurde nach neuen Formen des Krisenmanagements gesucht. Dabei war allen Beteiligten klar, daß Fortschritte auf dem Wirtschaftssektor ohne weitgehende politische Einigkeit und Kooperation nicht zu haben waren. Das Feld, auf dem diese alsbald gefordert wurden, war das der Währungspolitik. Die Installierung der „Währungsschlange" im März 1972 hatte keine dauerhafte Konsolidierung gebracht, weil wichtige Partner ausgeschert waren. Eine Neuregelung war geboten, und wieder einmal kam der letzte Anstoß von außen: Im Frühjahr 1977 geriet der US-Dollar auf eine neue Talfahrt, welche die amerikanische Währung schließlich im März 1978 unter die magische Zwei-Mark-Grenze drückte. Folgewirkungen – die Aufwertung der D-Mark, Rückschläge für die deutsche Exportwirtschaft und eine offene Auseinandersetzung zwischen Schmidt und Carter – schufen vor allem in Bonn Handlungsbedarf.

Das Forum, auf dem Schmidt in enger Absprache mit Giscard d'Estaing die Initiative ergriff, waren die drei Tagungen des Europäischen Rates im Verlauf des Jahres 1978. Am 5. Dezember 1978 verabschiedeten die Staats- und Regierungschefs das „Europäische Währungssystem" (EWS), das am 13. März des darauffolgenden Jahres in Kraft trat und im Prinzip eine Weiterentwicklung der „Währungsschlange" darstellte. Vereinbart wurden feste Wechselkurse mit einer Schwankungsbreite von 2,25 % nach oben und unten, also einer Bandbreite von 4,5 %, sowie die Einführung einer europäischen Währungseinheit, des „European Currency Unit" (ECU). Dabei handelte es sich vorerst um eine Recheneinheit, um einen „Cocktail", in den die Währungen der Teilnehmer „mit verschiedenem Gewicht eingemischt" wurden, wie Schmidt vor dem Bundestag erläuterte.[5]

Die Geschichte des EWS war symptomatisch für die erheblichen Schwierigkeiten, denen sich der Integrationsprozeß im westlichen Europa gegenübersah. So war der zweite Schritt, die Etablierung einer europäischen Währungsbehörde, ursprünglich bereits für das Jahr 1981 vorgesehen, doch sind konkretere Schritte in diese Richtung erst im Vertrag von Maastricht, also nach dem Kalten Krieg, getan worden. Schließlich umfaßte der Verbund nie alle Mitglieder der Gemeinschaft. Erhebliche Probleme warf auch die sogenannte Süderweiterung der EG auf. Der griechische Beitritt erfolgte 1981, Portugal und Spanien wurden 1986, nach achtjährigen Verhandlungen, aufgenommen. Für den relativ späten EG-Beitritt dieser drei Staaten waren nicht in erster Linie wirtschaftliche, sondern politische Gründe ausschlaggebend. In allen drei Fällen machte erst der Übergang von der Diktatur zu demokratischen Verhältnissen den Weg für eine Aufnahme in die EG frei.

Der Festigung des demokratischen Prinzips dienten auch die ersten Wahlen zum Europäischen Parlament. Auf ihrem Pariser Gipfel hatten die Staats- und Regierungschefs am 10. Dezember 1974 festgestellt, daß das im Vertrag festgelegte Ziel „allgemeiner Wahlen zum Europäischen Parlament so bald wie möglich verwirklicht werden sollte".[6] Nach einem entsprechenden Ministerratsbeschluß vom 20. September 1976 wurden die ersten direkten und allgemeinen Wahlen zum Europäischen Parlament vom 7. bis zum 10. Juni 1979 abgehalten. Sie brachten eine knappe Mehrheit für die sozialistischen und sozialdemokratischen Parteien. Der mehrtägige Wahltermin erklärte sich aus den unterschiedlichen Wahltagen in den einzelnen Mitgliedsländern. Auch waren die Teilnehmerstaaten im Vorfeld der Wahl nicht in der Lage, sich auf ein einheitliches Wahlsystem zu verständigen. Angesichts der sehr unterschiedlichen Wahlbeteiligung, die zum Beispiel in Großbritannien mit gut 32 % extrem niedrig, in der Bundesrepublik mit knapp 66 % vergleichsweise hoch war, vor allem aber wegen der unterschiedlichen Wahlverfahren konnte man sich fragen, wie repräsentativ die Versammlung eigentlich war. Zudem stellten die Bundesrepublik, Frankreich, Italien und Großbritannien trotz der unterschiedlichen Bevölkerungszahl jeweils 81 der insgesamt 410 Abgeordneten.

Insgesamt blieb der Ministerrat das für die politischen Entscheidungen maßgebliche Organ. Seit der Legislaturperiode des ersten Parlaments gab es bei den Regierungen Europas wenig

Neigung, an diesen Kompetenzen etwas zu ändern. Vielmehr ging ganz allgemein die Sorge um, das Parlament könne die Arbeit des Ministerrates blockieren oder doch verlangsamen und damit den mühsamen Entscheidungsprozeß noch weniger effizient gestalten, als er es vielen ohnehin zu sein schien. Außerdem herrschte die Auffassung vor, daß die Außenpolitik, ungeachtet der EPZ, eine Domäne der nationalen Regierungen bleiben müsse. Das galt für alle Staaten der EG, jedenfalls für die größeren und nicht zuletzt für die Bundesrepublik.

Bonn wollte auch unter der neuen Regierung Schmidt/Genscher seine Deutschland- und Ostpolitik fortsetzen, und die war nun einmal nicht als gesamteuropäisches Unternehmen zu betreiben. Genaugenommen entwickelte sie Mitte der siebziger Jahre sogar eine noch größere Eigenständigkeit als zuvor. Der Alleingang mußte Nachbarn und Verbündete irritieren, weil er mit beträchtlichen Zugeständnissen an die Machthaber in Warschau, Moskau und Ost-Berlin verbunden war. Diese nämlich ließen sich die von Bonn gewünschte Kooperationsbereitschaft teuer bezahlen. So hat die Ost- und Deutschlandpolitik der Bundesregierung in der zweiten Hälfte der siebziger Jahre, wenn auch vielleicht ungewollt, das Ihre zur Stabilisierung der Systeme in Ost- und Mitteleuropa beigetragen. Das gilt in besonderem Maße für das SED-Regime. Selbst Rudolf Augstein, eine der gewichtigsten publizistischen Stützen sozial-liberaler Politik, wurde nach dem Kalten Krieg nachdenklich: „Wir haben das alle falsch eingeschätzt. Wir haben diesen Staat, die DDR, am Leben gehalten … Wir haben dem gesamten Ostblock … eine Lebenszeit zugetraut, die über die unsrige weit hinausgehen würde.“[7]

Gemeinsam war Bonn und Ost-Berlin das Bestreben, ihre eigenständige Normalisierungspolitik nicht in den Sog der allgemeinen Klimaverschlechterung seit den ausgehenden siebziger Jahren hineinziehen zu lassen. Die Voraussetzungen für Geschäfte blieben gut, weil jeder vom anderen etwas wollte, was dieser ohne große Opfer auch bieten konnte. Bonn ging es wie jeher um menschliche Erleichterungen für die Bewohner der DDR, Ost-Berlin ging es um Devisen und um die Anerkennung auf möglichst vielen politischen Ebenen. Dahinter verbarg sich das unschwer zu erkennende Fernziel der DDR, durch die Kooperation die Abgrenzung zu fördern und in der Zusammenarbeit ein klares

Profil als eigenständiger, souveräner, gleichrangiger Akteur auf der internationalen Bühne zu gewinnen. Zunächst mußten allerdings die Beziehungen zueinander formalisiert werden. Das geschah am 14. März 1974 mit der Unterzeichnung des Protokolls über die Einrichtung Ständiger Vertretungen in Bonn beziehungsweis Ost-Berlin.[8] Bei diesen lag auch in der Regel die Federführung der Verhandlungen.

Fortschritte wurden vor allem dort erzielt, wo die DDR auf sie angewiesen war, also bei Wirtschafts-, Handels- und Kreditfragen. Die Grundlage bildete die am 6. Dezember 1968, in der Zeit der Großen Koalition, geschlossene Vereinbarung über den innerdeutschen Handel, zu deren zentralen Bestandteilen der „Swing", ein zinsloser Überziehungskredit, gehörte. Er wurde ursprünglich jeweils im Januar „dynamisiert" und brachte Ost-Berlin erhebliche Einsparungen an Zinsen, also an Devisen. Wie wichtig die „Swing"-Abkommen für die DDR waren, zeigte deren auffälliges Entgegenkommen während der Verlängerungsverhandlungen des Jahres 1974: So senkte Ost-Berlin wieder den Mindestumtausch für DDR-Reisende und insbesondere für Rentner. Am 9. Dezember wurde sogar offiziell der Beschluß bekanntgegeben, den Mindestumtausch für Rentner ganz aufzuheben und Reisen von Bundesbürgern in die DDR allgemein zu erleichtern. So war nunmehr die Benutzung des eigenen Pkws gestattet.

Wesentlich zäher ging es bei den für die Bundesrepublik wichtigen Verhandlungen über einen Gebietsaustausch und über die Festlegung des Verlaufs der gemeinsamen „Grenze" zu. Die erheblichen Probleme, die sich bei den Verhandlungen über die Grenzfeststellung im Elb-Abschnitt zwischen Schnakenburg und Lauenburg ergaben, offenbarte schon die Sprachregelung: Für die DDR ging es um eine „Grenzfestlegung", für die Bundesrepublik um eine „Grenzfeststellung". Immerhin konnte am 29. November 1978, nach beinahe sechsjährigen Verhandlungen, ein Protokoll unterzeichnet werden. Nicht weniger schwierig gestalteten sich die Verhandlungen über Verkehrsfragen. Zwei Abkommen vom 16. November 1978 und vom 30. April 1980 legten unter anderem den Bau einer neuen Autobahn von Berlin nach Hamburg, die Verbreiterung eines Abschnitts des Mittellandkanals und die Errichtung des zweigleisigen Eisenbahnverkehrs zwischen Berlin und Helmstedt fest. Die Gesamtsumme aller Verpflichtungen, welche die Bundesrepublik bis 1984 für den Ausbau der Transitstrecken übernahm, belief sich auf 2,2 Milliarden D-Mark.

Keine Frage: Zahlungen dieser Art waren für den SED-Staat von vitaler Bedeutung. Seine Repräsentanten zögerten daher nicht, sich alles und jedes in Devisen entgelten zu lassen. Für sie war der Bau der Autobahn aus Bundesmitteln eine Sache, deren Benutzung eine andere. So zahlte die Bundesrepublik jährlich, nach dem Stand von 1985, eine Transitpauschale von 525 Millionen D-Mark, eine Straßenbenutzungspauschale von 50 Millionen D-Mark oder zum Beispiel auch eine Postpauschale, letztere eine Art Gegenleistung für das im März 1976 zwischen Bonn und Ost-Berlin geschlossene Abkommen über das Post- und Fernmeldewesen.[9]

Für Bonn waren diese Geschäftsbeziehungen also ausgesprochen kostspielig und im Grunde eine politische Erpressung, aber letztlich nicht zu ändern, solange man erstens West-Berlin nicht aufgeben, zweitens menschliche Erleichterungen für die Bewohner der DDR erwirken und drittens am Prinzip des „Wandels durch Annäherung“ festhalten wollte, auch wenn diese Form der Annäherung ganz offensichtlich weniger einen Wandel als vielmehr eine Stabilisierung der Verhältnisse zur Folge hatte. So kam es, daß der im übrigen in jeder Hinsicht stärkere Teil Deutschlands sich mit den Launen des in jeder Hinsicht – außer eben dieser einen – schwächeren Teils auseinanderzusetzen hatte.

Den Beteiligten war klar, daß eine wie immer geartete Fortsetzung des deutsch-deutschen Dialogs ohne die Zustimmung beziehungsweise den ausdrücklichen Wunsch Moskaus keine Chance hatte. Schon deshalb bildeten die Beziehungen zur Sowjetunion auch weiterhin den Dreh- und Angelpunkt der Bonner Ost- und Deutschlandpolitik. Im Zentrum standen die Themen Handel und Wirtschaft. So wurden bereits beim ersten Moskau-Besuch des neuen Bundeskanzlers vom 28. bis zum 31. Oktober 1974 mehrere Abkommen und Verträge unterzeichnet, unter anderem das dritte „Erdgas-Röhren-Abkommen“ über die Lieferung von etwa 60 Milliarden Kubikmeter sowjetischen Erdgases in die Bundesrepublik im Zeitraum zwischen 1978 und dem Jahre 2000, und zwar im Austausch gegen Großröhren und Ausrüstung für die sowjetische Erdgasindustrie aus deutscher Produktion.

Für die UdSSR entwickelte sich die Bundesrepublik zum wichtigsten westlichen Handelspartner. So wurde beim Besuch

Breschnews in Bonn vom 4. bis zum 7. Mai 1978, der ersten Visite eines sowjetischen Staatsoberhaupts in der Bundesrepublik, unter anderem ein Wirtschafts- und Industrieabkommen unterzeichnet, das immerhin eine Laufzeit von 25 Jahren hatte. Dennoch dürfen die Relationen nicht aus dem Blick geraten: Der Anteil des sowjetischen Warenaustausches mit der Bundesrepublik belief sich 1978 auf 4,7 % des gesamten sowjetischen Außenhandels, gefolgt von demjenigen mit Finnland, der 3,1 % ausmachte.[10]

Freilich hatte diese vergleichsweise gut funktionierende wirtschaftliche Kooperation immer auch politische Bedeutung. Sie bildete den soliden Grundstock in einer Zeit, als die Entspannungspolitik in die Krise geriet und sich in den ausgehenden siebziger Jahren ein erneuter Klimasturz in Europa anbahnte. Aus westlicher Sicht gab es keinen Zweifel, wer für diese Entwicklung verantwortlich zeichnete: Konnte man die umfassende Aufrüstung der Sowjetunion sowohl im nuklearen als auch im konventionellen Bereich, und dort wiederum sowohl bei den Land- als auch bei den Seestreitkräften, noch als Spätfolgen von Planungen interpretieren, die in die sechziger Jahre zurückgingen – was sie freilich nicht weniger gefährlich machte –, so handelte es sich bei Moskaus Vorgehen in der Dritten Welt offenbar um eine neue Runde kommunistischer Globalstrategie. Das sowjetische Engagement in Angola und im äthiopisch-somalischen Konflikt um den Ogaden war aus westlicher Sicht schon deswegen höchst bedenklich, weil hier mit Unterstützung des Kreml kubanische Einheiten direkt am Kampfgeschehen beteiligt waren. Nicht ohne Grund hat der amerikanische Sicherheitsberater Zbigniew Brzezinski resümiert, daß die Entspannungspolitik der frühen siebziger Jahre im „Sand des Ogaden" begraben worden sei.[11]

Eine dramatische Zuspitzung erfuhr die ohnehin angespannte Lage, als seit dem 24. Dezember 1979 Verbände der Roten Armee nach Afghanistan einmarschierten. Welche Motive und Erwägungen den Kreml bei dieser Aktion auch bewogen haben mögen, der Westen mußte schon deshalb entschieden reagieren, weil die sowjetische Invasion die Krise in der Region weiter verschärfte: Im Januar desselben Jahres nämlich hatte der Schah von Persien, Resa Pahlewi, sein Land verlassen müssen und damit der radikalen religiös-politischen Bewegung des Ayatollah Khomeini das Feld geräumt. Was das bedeutete, erfuhr die Welt spätestens am 4. November 1979, als ein „Revolutionskomitee" die amerikanische Botschaft in Teheran stürmte und fast 70 Geiseln nahm. Der Mittlere Osten entwickelte sich zu einem Pulverfaß. Daß die Sowjetunion direkt in die Vorgänge involviert war und ihre Intervention in Afghanistan die durch die iranischen Wirren geschwächte amerikanische Position weiter destabilisieren konnte, stand außer Frage; daß die Vereinigten Staaten ihrerseits in anderen Gegenden der Dritten Welt eine höchst fragwürdige Politik betrieben, indem sie beispielsweise die vietnamesische Intervention in Kambodscha um die Jahreswende 1978/79, die immerhin zum Sturz des Terrorregimes der Roten Khmer führte, nachdrücklich verurteilten und sich beim chinesischen Einfall in Vietnam wenige Wochen später betont zurückhielten, stand aus dieser Sicht auf einem anderen Blatt.

Die amerikanische Reaktion auf den Afghanistan-Einmarsch der Sowjets war jedenfalls entschieden. Sie reichte von einem Weizenembargo über den Boykott der olympischen Spiele in Moskau bis hin zur Aufforderung des amerikanischen Präsidenten an den Senat, das zweite SALT-Abkommen nicht zu ratifizieren, das von ihm selbst wie vom Generalsekretär der KPdSU, Leonid Breschnew, am 18. Juni 1979 in Wien unterzeichnet worden war. Selbstverständlich ging man in Washington davon aus, daß sich die Verbündeten an den Sanktionsmaßnahmen beteiligten, auch die Bundesrepublik. So erklärte sich Bonn zur Unterstützung jener Staaten bereit, welche durch die Iran-Afghanistan-Krise direkt oder indirekt betroffen waren. Das galt auch für Pakistan, da das Land als Nachbar Afghanistans nicht nur einen enormen Flüchtlingsstrom zu bewältigen hatte, sondern auch als Ausgangsbasis für die Mudschahedin, die afghanischen Freiheitskämpfer gegen die sowjetischen Besatzer, diente. Die Hilfsmaßnahmen der Bundesrepublik bestanden vor allem in einer Aufstockung der Entwicklungshilfe für das Land, in der Unterstützung der Flüchtlingshilfe und anderen Maßnahmen mehr. Darüber hinaus verstärkte Bonn die Rüstungshilfe für den NATO-Partner Türkei.

Obgleich das im Innern alles andere als unumstritten war, tat sich die Bundesregierung mit ihrer Hilfe vergleichsweise leicht, weil sie traditionell ein erhebliches Interesse an einer Stabilisierung der sogenannten Südostflanke der NATO hatte. Im übrigen war sie in eben dieser Situation ihrerseits in besonderem Maße auf die NATO und hier vor allem auf die Vereinigten Staaten angewiesen. Das lag an den amerikanisch-sowjetischen Vereinbarungen über die strategischen Nuklearwaffen. Zwar war der zweite SALT-Vertrag in den USA nicht ratifiziert worden und folglich nicht in Kraft getreten, doch hielten sich beide Seiten mit guten Gründen an die Absprachen. Während allerdings SALT II für die Sowjetunion die prinzipielle Parität auf diesem Gebiet bedeutete, hatte das Abkommen für die Vereinigten Staaten eine relative Zunahme ihrer eigenen Verwundbarkeit zur Folge.

Damit stellte sich für die Europäer die Frage, ob die USA angesichts dieser neuen Situation noch bereit wären, ihr strategisches Arsenal im Falle eines regionalen europäischen Konfliktes zur Verteidigung ihrer westeuropäischen Verbündeten einzusetzen. Ein Ersteinsatz von Nuklearwaffen mußte nach der Abschreckungslogik des Kalten Krieges einen Zweitschlag zur Folge haben. Wäre Washington entschlossen, einen solchen Gegenschlag zu riskieren, wenn keine vitalen amerikanischen Interessen auf dem Spiel standen, und würde Westeuropa in letzter Konsequenz zu diesen „Interessen" zählen? Und was würde geschehen, wenn die Kremlherrn davon ausgingen, daß man diese Frage am Potomac verneinte? War dann nicht, vielleicht nach einem Führungswechsel in Moskau, die Rückkehr zu einem expansiven außenpolitischen Kurs denkbar oder sogar naheliegend? Gab es nicht, als der Scheitelpunkt der Entspannungspolitik seit Mitte der siebziger Jahre überschritten war, schon eindeutige Anzeichen für eine solche Entwicklung?

Die Parität im strategischen Bereich, die durch die SALT-Vereinbarungen festgeschrieben wurde, hatte jedenfalls zu einer Aufwertung aller übrigen Waffensysteme in Europa geführt. Das galt sowohl für den konventionellen als auch für den sogenannten eurostrategischen Bereich, also die Mittelstreckenraketen aller Reichweiten. Und auf beiden Gebieten besaß die Sowjetunion nach westlicher Auffassung bereits eine eindeutige Überlegenheit oder war im Begriff, diese zu erreichen. Was also konnte man tun? Die Frage stellte sich besonders drängend in Bonn, hatte sich doch an der sicherheitspolitischen Lage der Bundesrepublik seit ihrer Gründung und den Anfängen des Kalten Krieges nichts wesentlich geändert. Sie war ein sogenannter Frontstaat; zunächst und vor allem auf ihrem Territorium wäre ein konventionell geführter Krieg begonnen und ausgetragen worden. Schon deshalb war kein zweites Land des westlichen Bündnisses in solchem Maße von den strategischen und namentlich den nuklearen Planungen der amerikanischen Vormacht abhängig.

Aus dieser Konstellation ergab sich für den Bundeskanzler eine klare Strategie. Helmut Schmidt wußte, daß es zu einer grundsätzlichen Befürwortung des SALT-Prozesses keine Alternative gab. Weil dem so war, blieb den Westeuropäern und insbesondere den Deutschen nichts anderes übrig, als ihre prinzipielle Unterstützung mit der Forderung zu verbinden, „die eurostrategischen Nuklearwaffen und ebenso die konventionellen Streitkräfte in Europa in die von beiden Supermächten angestrebte Rüstungsbegrenzung von SALT II einzubeziehen".[12] Das warf erhebliche Probleme auf. Mehr und mehr stellte sich nämlich heraus, daß die westliche Antwort auf die sowjetische Überlegenheit im konventionellen und eurostrategischen Bereich angesichts der starren Haltung des Kreml in einer gezielten Nachrüstung bestehen mußte. Wie aber sollte man den Menschen in Westeuropa erklären, daß es nach dem so hoch gelobten KSZE-Gipfel und angesichts einer allgemeinen Entspannungseuphorie notwendig sei, erneut an der Rüstungsspirale zu drehen?

Die ganze Situation wurde dadurch noch komplizierter, daß selbst die Fachleute mit der Bezeichnung der einzelnen Systeme, um die es da ging, zuweilen ihre Schwierigkeiten hatten. Unter den Experten der nuklearstrategischen Geheimwissenschaft herrschte beträchtliche Verwirrung. Mit zeitlichem Abstand lasen sich selbst für einen Kenner der Materie wie Henry Kissinger „die Erörterungen darüber, wie amerikanische Marschflugkörper mit sowjetischen Langstreckenbombern, Abschußvorrichtungen mit Gefechtsköpfen zu verrechnen seien, gleichsam wie mittelalterliche Traktate, von Schreibern in einem weltabgeschiedenen Kloster verfaßt".[13] Klar war immerhin, daß es sich bei den strategischen Systemen, bei den „Intercontinental Ballistic Missiles" (ICBM), um Flugkörper handelte, die eine Distanz von mindestens 5500 Kilometern überbrücken konnten. Nur die Vereinigten Staaten und die Sowjetunion besaßen die entsprechenden Arsenale, und um diese ging es bei den SALT-Verhandlungen.

Die darunter angesiedelten Systeme mit einer Reichweite von weniger als 5500 Kilometern wurden seit den ausgehenden siebziger und den beginnenden achtziger Jahren in zwei beziehungsweise drei Kategorien unterteilt. Da waren einmal die sogenannten taktischen Nuklearwaffen, die „Kurzstreckenraketen", die „Gefechtsfeldwaffen" beziehungsweise „Battlefield Weapons". Diese hatten eine Reichweite von bis zu 500 Kilometern. Zwischen ihnen und den strategischen Waffen rangierten die Mittelstreckensysteme, die „Intermediate-Range Nuclear Forces" (INF), die vor allem dadurch gekennzeichnet waren, daß sie nicht den amerikanischen Kontinent erreichen konnten. Sie wurden in Mittelstreckenraketen kürzerer und längerer Reichweite, in „Shorter-Range-Intermediate-Range Nuclear Forces" (SRINF) und in „Longer-Range-Intermediate-Range Nuclear Forces" (LRINF) unterteilt. Allerdings waren die amerikanischen und die sowjetischen Systeme, von denen gleich noch die Rede sein wird, nicht ohne weiteres gegeneinander aufzurechnen. Das schuf zusätzliche Schwierigkeiten bei der Beurteilung der gegenseitigen Kräfteverhältnisse.

Die nuklearen Mittelstreckensysteme rückten jetzt in dem Maße ins Zentrum der westeuropäischen Besorgnisse, in dem sich die USA und die Sowjetunion im Zuge der SALT-Verhandlungen auf der darüberliegenden strategischen Ebene verständigten. Der deutsche Bundeskanzler war einer der ersten, der öffentlich die Konsequenzen zog. Insbesondere seine Rede am 28. Oktober 1977 am „International Institute for Strategic Studies" in London rief allgemein ein großes Echo hervor, auch in den Vereinigten Staaten. Mit guten Argumenten wies der Bundeskanzler darauf hin, daß die Neutralisierung der strategischen Nuklearpotentiale, auf welche die SALT-Vereinbarungen hinausliefen, in Europa die Bedeutung der „Disparitäten militärischer Kräfte auf nukleartaktischem und konventionellem Gebiet" wachsen lasse: Es gelte nunmehr, „die Verzahnung von SALT und MBFR klar zu erkennen und daraus die notwendigen praktischen Schlüsse zu ziehen".[14]

Welche „notwendigen praktischen Schlüsse" aber waren denkbar? Zum einen waren erkennbare Fortschritte bei den Verhandlungen über eine ausgewogene beiderseitige Truppenreduzierung in Europa, also bei den MBFR-Gesprächen, vorstellbar. Die kamen jedoch wegen der Unvereinbarkeit der Ausgangspositionen nicht zustande. Zum anderen konnten die Westeuropäer darauf dringen, daß die eurostrategischen, also die Mittelstreckenraketen, die Schmidt in seiner Rede als „taktisch-nukleare" beziehungsweise „nukleartaktische" Systeme bezeichnete,[15] direkt in die SALT-Vereinbarungen einbezogen und zum Gegenstand eines III. SALT-Abkommens gemacht wurden. Auch das gelang nicht.

Aus westeuropäischer Sicht wurde der Handlungsbedarf um so größer, je deutlicher sich in den siebziger Jahren eine krasse sowjetische Überlegenheit auf dem Gebiet der Mittelstreckenwaffen abzuzeichnen begann. Seit geraumer Zeit wurde die Dislozierung von Mittelstreckenraketen eines neuen Typs registriert. Es handelte sich dabei um die neuentwickelte „SS 20". Sie wurde im Westen aus drei Gründen als besonders gefährlich eingeschätzt: In der zweiten Hälfte der siebziger Jahre wurden bis zu acht dieser Raketen pro Monat stationiert; sie konnten von beweglichen Rampen aus abgefeuert werden; überdies trug jede Raktete drei unabhängig voneinander steuerbare Sprengköpfe. 1983 hatten die Sowjets 243 Startgeräte stationiert,[16] bis 1987 erhöhte sich die Zahl der Abschußrampen für die „SS 20" auf über 400. Dem hatte die NATO nichts Vergleichbares entgegenzusetzen. Hinzu kam die Stationierung von Mittelstreckenraketen kürzerer Reichweite im strategischen Vorfeld der Sowjetunion, nämlich auf den Territorien der DDR und der Tschechoslowakei.

So wie die Dinge lagen, bekam die Sowjetunion mit dieser Machtverschiebung zu ihren Gunsten im Bereich der Mittelstreckenraketen über kurz oder lang ein potentielles „Erpressungsinstrument" in die Hand.[17] Es kann bis heute nicht mit Gewißheit gesagt werden, ob die sowjetische Führung dieses Ziel im Auge hatte. Möglicherweise lagen der „SS-20"-Stationierung ganz andere Motive zugrunde. Man muß auch hier in Rechnung stellen, daß der Stationierung solcher Systeme eine lange Planungs- und Entwicklungszeit vorausgeht; die Anfänge der „SS 20" lagen wohl noch in der Chruschtschow-Ära mit ihrer Verabsolutierung der Nuklearwaffen. Aber natürlich hätte die Entwicklung und Produktion der Waffen nicht zwingend auch ihre Stationierung zur Folge haben müssen. Michail Gorbatschow, mit dessen Name sich auch die Verschrottung der „SS 20" verbindet, hat diese Stationierung rückblickend als „unverzeihliches Abenteuer" bezeichnet,

„begangen unter dem Druck des militärisch-industriellen Komplexes", das dem weltpolitischen Gegner geradezu in die Hände gespielt habe.[18]

Die Westeuropäer selbst, die ja von der „SS 20" unmittelbar bedroht waren, konnten der sowjetischen Vorrüstung kaum etwas entgegensetzen. Das nukleare Potential der Briten und Franzosen war vergleichsweise bescheiden und aus Bonner Sicht ohnehin nicht unproblematisch: Die französischen Kurzstreckenraketen, sowohl die des älteren Typs „Pluto" als auch die in der Entwicklung befindlichen neueren vom Typ „Hades", waren wegen ihrer Reichweite weniger für einen potentiellen Angreifer gefährlich als vielmehr für die Bundesrepublik, über deren Territorium sie nicht hinausgelangen konnten. Schon aus diesem Grunde, aber auch weil die Bundesrepublik ihrerseits 1954/55, im Zuge ihres Beitritts zur WEU, auf die Produktion von Nuklearwaffen auf eigenem Territorium verzichtet hatte, war Bonn in dieser Frage mehr noch als Frankreich oder Großbritannien von den USA abhängig. Das machte die Situation für die Bundesrepublik außerordentlich schwierig, denn die Diskussion über die sogenannten Neutronenwaffen hatte soeben offenbart, wie belastend dieses Abhängigkeitsverhältnis für die deutsche Außen- und Sicherheits-, aber auch die Innenpolitik sein konnte.

Bei diesen Neutronenwaffen, den „Enhanced Radiation Weapons" (ERW), handelte es sich um Bomben mit erhöhter Strahlenwirksamkeit. Sie sollten vor allem die Überlegenheit der Panzerwaffe des Warschauer Paktes neutralisieren. Die Panzerbesatzungen wurden getötet, das Gerät selbst blieb unzerstört. Kritiker dieses Waffensystems, wie Egon Bahr, bezeichneten die Neutronenbombe zu Recht als ein „Symbol der Perversion des Denkens".[19] Diese Kritik nicht nur aus den eigenen Reihen, sondern auch aus großen Teilen der Bevölkerung machte es der Bundesregierung schwer, der Aufforderung Carters an die Verbündeten der USA nachzukommen und einen Beschluß über die Lagerung und, im Ernstfall, den Einsatz der Waffe in ihren Ländern durchzusetzen. Eben das taten Schmidt und Genscher mit beträchtlichem persönlichen Engagement. Allerdings mußten sie auf dem Höhepunkt ihres politischen Einsatzes für das neue Waffensystem zur Kenntnis nehmen, daß sich die Regierung Carter inzwischen entschlossen hatte, die Entscheidung über die Produktion zu verschieben. Auch dieser Entschluß, an dem selbst ein Blitzbesuch des deutschen Außenministers in Washington Anfang April nichts mehr zu ändern vermochte, war ohne vorherige Konsultation der wichtigsten Verbündeten getroffen worden. Seitdem war das Verhältnis Schmidt-Carter endgültig beschädigt.

Das war nicht einmal die schlimmste Folge, die der Alleingang Carters für die Bundesregierung zeitigte. Vielmehr war die deutsche Öffentlichkeit nunmehr in der Frage der nuklearen Nachrüstung hoch emotionalisiert. Eine nüchterne Diskussion dieses komplexen Problems schien immer weniger möglich, und eine Antwort auf die sowjetische Vorrüstung im Mittelstreckenbereich stand nach wie vor aus. Um diese zu formulieren und möglichst überzeugend um- beziehungsweise durchsetzen zu können, trafen sich am 5. und 6. Januar 1979 die Staats- und Regierungschefs der Vereinigten Staaten, Großbritanniens, Frankreichs und der Bundesrepublik auf der französischen Karibikinsel Guadeloupe. Die Idee zu diesem Treffen ging nicht zufällig auf den deutschen Teilnehmer zurück, denn die Bundesrepublik war als das wichtigste Stationierungsland der neuen Waffen von der Entscheidung besonders betroffen, ganz gleich wie sie ausfiel.

Das war auch der Grund, warum sich Schmidt weigerte, vorab und einseitig seine Zustimmung zu einer Stationierung amerikanischer Mittelstreckenraketen zu geben. Andere Erwägungen kamen hinzu. Immerhin ging es bei den anstehenden Entscheidungen auch um die Frage, ob man die Ergebnisse der Entspannungspolitik übereilt preisgeben wollte. Jedenfalls hielten das die Kritiker des sich abzeichnenden neuen außen- und sicherheitspolitischen Kurses der Regierung vor. In deren Reihen hingegen begann sich die Auffassung durchzusetzen, daß nur eine entschiedene Haltung in der Nachrüstungsfrage die Sowjets zum Einlenken und damit erneut auf den Weg der Entspannung zurückführen könne.

Das Treffen von Guadeloupe blieb ohne konkretes Ergebnis. Man einigte sich lediglich darauf, NATO-intern eine gemeinsame Verhandlungsposition gegenüber Moskau zu erarbeiten. Am 12. Dezember 1979 wurde der sogenannte NATO-Doppelbeschluß verabschiedet. Er war ein förmlicher Beschluß der Außen- und Verteidigungsminister jener Staaten, die an der integrierten Verteidigungsstruktur der NATO beteiligt waren; vor allem Frankreich trug den Beschluß also nicht mit. Dieser NATO-

Doppelbeschluß war eigentlich „politischer, nicht strategischer Natur".[20] Denn unbeschadet seiner militärisch-strategischen Konsequenzen ging es doch in erster Linie darum, zu vermeiden, daß sich die Vereinigten Staaten in Folge der SALT-Vereinbarungen von ihren westeuropäischen Partnern abkoppelten.

In diesem Sinne wurde beschlossen, die Mittelstreckensysteme des Bündnisses „durch die Dislozierung von amerikanischen bodengestützten Systemen in Europa zu modernisieren. Diese Systeme umfassen 108 Abschußvorrichtungen für Pershing II, welche die derzeitigen amerikanischen Pershing Ia ersetzen werden, und 464 bodengestützte Marschflugkörper", sogenannte „Ground-Launched Cruise Missiles" (GLCM). Der Beschluß zielte auf die Wiederherstellung einer glaubwürdigen Abschrekkung durch die Modernisierung bestehender Systeme. Es ging also nicht darum, den sowjetischen Vorsprung einzuholen oder sich gar selbst einen solchen zu verschaffen. Deshalb betonten die Minister auch, daß sie im Zuge der Modernisierung der taktischen Nuklearwaffen „so bald wie möglich" 1000 amerikanische Nukleargefechtsköpfe aus Europa abziehen wollten. Noch wichtiger aber war jener Vorschlag, der den zweiten Teil des Doppelbeschlusses bildete: das Angebot an die Adresse Moskaus, „so bald wie möglich" Verhandlungen aufzunehmen. Über die weitreichenden taktischen Nuklearwaffen sollte im Rahmen von SALT III verhandelt werden. Nach Auffassung der NATO-Minister sollten die Begrenzungen „in einer Form vereinbart werden, die de jure Gleichheit sowohl für die Obergrenzen als auch für die daraus resultierenden Rechte festlegt".[21]

Kaum eine zweite außen- und sicherheitspolitische Entscheidung nach 1945 hat im westlichen Europa, und namentlich in der Bundesrepublik, einen solchen Sturm der Entrüstung entfacht wie dieser NATO-Doppelbeschluß. Nach den Diskussionen um die Neutronenwaffe war das beinahe zu erwarten gewesen, und so erklärt sich auch die Formulierung des Kommuniqués, wonach die Raketen „in ausgewählten Ländern stationiert" werden sollten. Damit waren zunächst neben der Bundesrepublik Großbritannien und Italien sowie, vorbehaltlich einer entsprechenden Prüfung, Belgien und die Niederlande gemeint. Der Bundeskanzler hatte auf diese neutrale Formulierung gedrängt, um den innenpolitischen Sprengstoff etwas zu entschärfen.

Dennoch übertraf die Welle des Protestes in den folgenden Wochen, Monaten und Jahren die schlimmsten Befürchtungen der Bundesregierung. Für diese stellte sich auch ein bündnispolitisches Problem: Wie würde man im fernen Amerika, das gerade nach der sowjetischen Afghanistan-Intervention von einer solidarischen Haltung innerhalb der Atlantischen Allianz ausging, die sich formierende Protestbewegung deuten? Unter den 250000 Teilnehmern an der Bonner Großdemonstration vom 10. Oktober 1981 befanden sich immerhin auch zahlreiche prominente Persönlichkeiten aus der Partei des Bundeskanzlers. Mit scharfen Worten suchte dieser am 14. Januar 1982 vor dem Parlament richtigzustellen, daß man nicht so tun solle, „als ob vorhandene sowjetische SS-20-Raketen, die auf Ziele auch in Deutschland gerichtet sind, weniger gefährlich seien als amerikanische Raketen, die es hier noch gar nicht gibt".[22]

Zusätzlich genährt wurde das amerikanische Mißtrauen gegenüber Deutschland und den Deutschen durch die wenig enthusiastische Beteiligung der Bundesrepublik an den Boykott- und Sanktionsmaßnahmen gegenüber den Staaten des Ostblocks. In der Tat machte die Bundesregierung keinen Hehl aus ihrem Wunsch, Rückschläge in der Ost- beziehungsweise Entspannungspolitik zu vermeiden. Das galt insbesondere für die deutsch-deutschen Beziehungen, und aus der Perspektive der westlichen Nachbarn mochte es merkwürdig anmuten, daß Bonn ausgerechnet in dieser Zeit eines allgemeinen Klimasturzes Vorbereitungen für eine Spitzenbegegnung Helmut Schmidts mit Erich Honecker traf.

In Ost-Berlin wurden die Bonner Nöte aufmerksam registriert. Die DDR verfolgte in den Jahren 1979/80 eine Doppelstrategie: Gezielt wurde die Bundesregierung beziehungsweise die bundesdeutsche Öffentlichkeit mit einer ganzen Serie alter, für Bonn nicht erfüllbarer Forderungen, aber auch mit Drohungen konfrontiert. Flankiert wurde diese Offensive von Kooperationsangeboten und Ermahnungen, das deutsch-deutsche Gespräch fortzusetzen. Am 1. November 1979 warnte Erich Honecker in Sofia vor negativen Konsequenzen für den Fall, daß sich die NATO tatsächlich zu einer Nachrüstung im eurostrategischen Bereich entschließen sollte. Und am 13. Oktober 1980 wiederholte er in Gera jene Maximalforderungen, die, wie die Anerkennung der DDR-Staatsbürgerschaft, für Bonn unannehmbar waren. Am gleichen Tag trat eine Anordnung des DDR-Finanzministeriums vom 9. Oktober in Kraft, wodurch der Mindestumtausch für Reisen in die DDR und nach Ost-Berlin auf 25 D-Mark angehoben wurde.

Natürlich kam es den Machthabern in Ost-Berlin sehr entgegen, daß die Regierung Schmidt ihrerseits dringend Erfolge benötigte. Dem in der „Nachrüstungsfrage" stark bedrängten Bundeskanzler war sehr daran gelegen, sich als durchsetzungsfähiger Entspannungs- und Deutschlandpolitiker zu profilieren. Bereits am 21. Mai 1980, also knapp zwei Wochen nach seiner Begegnung mit Helmut Schmidt anläßlich der Beisetzungsfeierlichkeiten für Tito, hatte Erich Honecker öffentlich von der „Verantwortung der beiden deutschen Staaten für den Frieden gerade in einer Zeit" gesprochen, „in der die internationale Lage komplizierter geworden ist".[23] Vom 11. bis zum 13. Dezember 1981 trafen sich Schmidt und Honecker auf dem Boden der DDR zu einem deutsch-deutschen Gipfel am Werbellinsee. Diese Begegnung war schon deshalb nicht unproblematisch, weil sie vor dem Hintergrund der sich zuspitzenden Entwicklung in Polen stattfand: Am 13. Dezember verhängte der starke Mann Polens, General Wojciech Jaruzelski, das Kriegsrecht über das Land. Tausende von Anhängern der „Solidarność", der ersten unabhängigen Gewerkschaft in einem Staat des Ostblocks, wurden interniert, und bei der Erstürmung der Grube „Wujek" gab es Tote.

Seit der Öffnung der Archive wissen wir, daß es nicht nur Vorbereitungen für eine Intervention des Warschauer Paktes gab, sondern daß in diesem Zusammenhang unter anderem die 9. Panzerdivision der NVA über die Oder-Neiße-Grenze nach Polen vorstoßen sollte.[24] Es ist ungeklärt, ob die Bundesregierung über diese Interventionsabsichten unterrichtet war. Es sei auch dahingestellt, ob Honecker Jaruzelski korrekt informierte, als er diesem am 16. Dezember telefonisch über den Besuch des Bundeskanzlers berichtete: „Schmidt hat ... erklärt, es wird höchste Zeit, daß man begonnen hat, in Polen Ordnung zu machen. Ich möchte Dir das vertraulich mitteilen, weil in dieser Art Schmidt natürlich nicht auftreten will ..."[25] Fest steht jedenfalls, daß Schmidt einmal, am 22. August 1980, wegen der Streiks in Polen einen Besuch bei Honecker abgesagt hatte, aber ein gutes Jahr später seinen Besuch trotz der Vorgänge in Polen nicht abbrach.

Dafür mag der Bundeskanzler gute Gründe gehabt haben, etwa den, daß seine Rückkehr nach Bonn ohnehin nichts an den Ereignissen in Polen hätte ändern können. Aber solche Argumente vermochten nicht überall zu überzeugen, auch nicht die westlichen Nachbarn und Verbündeten der Bundesrepublik, die das deutsch-deutsche Tête-à-tête ohnehin mit einem gewissen Argwohn verfolgten. Schon vor der Begegnung hatte der Bundeskanzler den Generalsekretär telefonisch in der Auffassung bestärkt, „daß wir beide gemeinsam dazu beitragen können, daß die Atmosphäre hier in Mittel-Europa und Zentraleuropa wieder stärker auf Entspannung hin orientiert wird“.[26] Es ist schwer auszuloten, wie groß das Gewicht der beiden deutschen Staaten tatsächlich war, wenn sie konzertiert operierten, doch zweifellos hätte ein solches Vorgehen, sozusagen ein Wuchern mit dem Doppelgewicht, unverzüglich Gegenreaktionen in West und Ost ausgelöst. So wird man den Eindruck nicht los, als habe sich der Realpolitiker Schmidt, der zum Beispiel 1979 öffentlich davor gewarnt hatte, „eine illusionistische Wiedervereinigungsdebatte zu führen“,[27] hier durch seinen Gesprächspartner beziehungsweise von der Situation selbst etwas davontragen lassen.

Auf besonderes Unverständnis traf das deutsch-deutsche Rendezvous, das sich ja vor dem Hintergrund von Massenprotesten der deutschen „Friedensbewegung“ abspielte, in den Vereinigten Staaten. Dort wurde zum einen der deutlich antiamerikanische Unterton der Demonstrationen nicht überhört, und zum anderen wurde jetzt in den USA gegenüber den alten und neuen weltpolitischen Rivalen eine erkennbar härtere Gangart eingeschlagen: Mit seinem dezidiert antisowjetischen Kurs schien der Republikaner Ronald Reagan für viele Beobachter das Rad der Geschichte zurückdrehen zu wollen. Seit dem 20. Januar 1981 im Amt, knüpfte Reagan zunächst ziemlich nahtlos an die Vorgaben der Carter-Administration an. Bald jedoch wurde erkennbar, daß seine Rüstungsprogramme eindeutig auf die Wiederherstellung der militärischen Überlegenheit der USA zielten und damit einer Aufkündigung der militärisch-politischen Parität gleichkamen, wie sie beispielsweise durch die SALT-Verträge festgeschrieben worden war. Am 23. März kündigte der Präsident großangelegte Forschungs- und Entwicklungsarbeiten auf dem Gebiet der Raketenabwehr an. Das war die heftig umstrittene „Strategic Defense Initiative“ (SDI).

Schnell rückten jene Probleme in den Vordergrund der Debatte, die sich insbesondere für die Sowjetunion einstellen mußten, wenn SDI jemals Wirklichkeit werden sollte: Dann nämlich war die sowjetische Zweitschlagsfähigkeit akut bedroht und damit die gesamte Abschreckungslogik des Kalten Krieges gefährdet. Moskau wies deshalb – keineswegs mit schwachen Argumenten – darauf hin, daß SDI eine Verletzung des ABM-Vertrages aus dem Jahre 1972 bedeute. Dieser Vertrag war ein Bestandteil der SALT-I-Vereinbarungen und legte unter anderem die Zahl der „Anti-Ballistic-Missile“-Systeme sowie deren Stellungen fest. Schließlich mußte SDI auch, einmal in die Tat umgesetzt, die im Zuge der Nachrüstung für Westeuropa geplanten amerikanischen Mittelstreckenraketen aus sowjetischer Sicht zu Offensivwaffen werden lassen, da es eine strategische Antwort der Sowjetunion von vornherein unmöglich machte. Ein erfolgreiches SDI-Programm hätte damit die nukleare strategische Balance zwischen den Supermächten zugunsten der USA außer Kraft gesetzt.

In scheinbar krassem Gegensatz zu diesem Programm gab Reagan am 18. November 1981 in einer Rede vor dem „National Press Club“ bekannt, daß er dem sowjetischen Generalsekretär Breschnew eine substantielle Verringerung der strategischen Waffen vorgeschlagen habe. Diese Gespräche sollten als „Strategic Arms Reduction Talks“ (START) geführt werden. Gleichzeitig schlug Reagan eine „Null-Lösung“ im Bereich der nuklearen Mittelstreckenraketen in Europa vor.[28] Tatsächlich wurden am 29. Juni 1982 die START-Verhandlungen in Genf aufgenommen, wo Sowjets und Amerikaner bereits seit dem 30. November 1981 über die „Intermediate-Range Nuclear Forces“ (INF), also über die Mittelstreckenwaffen, verhandelten. Zwar konnten sich der amerikanische Unterhändler Paul H. Nitze und sein sowjetischer Verhandlungspartner Julij A. Kwizinskij auf einen Kompromiß einigen, doch wurde dieser, wie kaum anders zu erwarten, sowohl im Weißen Haus als auch im Kreml abgelehnt.

Es sei hier dahingestellt, ob Reagan anfänglich an einer Abrüstung interessiert gewesen ist. Jedenfalls begann die NATO, nach dem Scheitern der Genfer Gespräche, am 14. Oktober 1983 mit der Stationierung amerikanischer Marschflugkörper in Großbritannien, also mit der Umsetzung des NATO-Doppelbeschlusses. Eine Woche später, am 22. November, beschloß der Deutsche Bundestag nach einer heftigen Debatte, an diesem festzuhalten. Die Entscheidung fiel gegen die Stimmen der SPD und der Grünen, die mit den Wahlen vom 6. März 1983 erstmals in den Bundestag gekommen waren. Wenige Tage zuvor, am 19. November 1983, hatte sich die SPD mit überwältigender Mehrheit gegen den Beschluß, die Nachrüstung und damit auch gegen den Kurs von Helmut Schmidt ausgesprochen. Doch Schmidt war zu diesem Zeitpunkt schon seit einem Jahr nicht mehr Kanzler der Bundesrepublik Deutschland. Am 1. Oktober 1982 hatte ihm der Deutsche Bundestag mit den Stimmen von CDU/CSU und FDP das Mißtrauen ausgesprochen und Helmut Kohl, den Fraktionsvorsitzenden der CDU/CSU, zum neuen Bundeskanzler gewählt.

Den unmittelbaren Anlaß für den Bruch der sozial-liberalen Koalition bildeten wachsende Meinungsverschiedenheiten der Regierung Schmidt/Genscher über die Wirtschafts-, Finanz- und Sozialpolitik. Der eigentliche Grund lag jedoch, jedenfalls nach der Darstellung Genschers, der den Bruch der Koalition seit dem Sommer 1981 betrieb, in der Haltung der SPD zum NATO-Doppelbeschluß und damit zur Stationierung amerikanischer Mittelstreckenwaffen auf dem Boden der Bundesrepublik.[29] Schmidts Nachfolger hatte es in dieser Frage keineswegs leichter, denn die Proteste ließen nicht etwa nach, sondern nahmen eher noch zu. Tatsächlich schien die weitere Entwicklung den Gegnern der Nachrüstungspolitik recht zu geben; Moskau tat alles, um diesem Eindruck Vorschub zu leisten: Am 23. November 1983, nur einen Tag nachdem der Bundestag der Stationierung neuer amerikanischer Mittelstreckenraketen in der Bundesrepublik zugestimmt hatte, unterbrach die Sowjetunion die Genfer INF-Verhandlungen. Wenige Monate später, im Frühjahr 1984, begann der Kreml mit den angekündigten Gegenmaßnahmen, unter anderem mit der Verlegung von Mittelstreckenraketen kürzerer Reichweite, insbesondere des Typs „SS 12/22“, nach Mitteleuropa.

Damit hatte die Entspannungspolitik der siebziger Jahre einen schweren Rückschlag erfahren. Nicht einmal zehn Jahre nach dem KSZE-Gipfel von Helsinki stand die Welt vor einer neuen politischen Eiszeit. Daß diese Entwicklung auch Wurzeln in der außereuropäischen Welt, in Afrika und im Mittleren Osten, hatte, hätte eigentlich für eine stärkere Konzentration der Europäer auf die Probleme der Dritten Welt sprechen müssen. Davon war aber nur wenig zu spüren. Fortschritte konnten bei den sogenannten Lomé-Abkommen mit den Staaten Afrikas, der Karibik und des Pazifik vermeldet werden, sofern man sie an der rasch wachsenden Zahl der Teilnehmerstaaten maß. Beim letzten von insgesamt vier Abkommen, das am 15. Dezember 1989 abgeschlossen wurde, waren es immerhin 69. Allerdings ließ sich nicht übersehen, daß die einzelnen Mitglieder der EG mit der Politik der Gemeinschaft nicht immer auch dieselben Ziele verfolgten.

Dabei kehrten die Europäer, allen voran die Deutschen, immer wieder heraus, daß es sich bei ihrer Unterstützung der armen und ärmsten Staaten der Welt keineswegs um ein selbstloses Unternehmen handele. Selbstverständlich mußte ein exportorientiertes Land wie die Bundesrepublik ein genuines Interesse daran haben, daß die Zahl der Krisenherde in der Welt nicht weiter zunahm. Bonn stellte daher, wie es in den „Leitgedanken" deutscher Außenpolitik an der Schwelle der achtziger Jahre hieß, „die Unterstützung der Selbständigkeit und Unabhängigkeit der Staaten der Dritten Welt gegen eine Politik der Einfluß- und Vorherrschaftszonen, die die Dritte Welt zum Ausgangspunkt weltweiter Spannungen macht".[30] An dieser Strategie hat sich bis zum Ende des Kalten Krieges begreiflicherweise kaum etwas geändert.

In diesem Sinne definierte der Bundesminister für wirtschaftliche Zusammenarbeit, Hans Klein, am 25. Juni 1987 die „entwicklungspolitische Aufgabe Nummer eins": „Zügiger Abbau der offiziellen und der verdeckten Einfuhrbeschränkungen seitens der Industrieländer. Mit einer einzigen, ebenso einfachen wie einleuchtenden Feststellung ist belegbar, daß dies keineswegs nur altruistisch gemeint ist: Wer nichts verkaufen kann, kann auch nichts kaufen ... Es liegt deshalb in unserem ureigensten Interesse als exportabhängigem Industriestaat, möglichst alle Länder zu wirtschaftlich ebenbürtigen Partnern entwickeln zu helfen."[31] In der Tat bedurfte die Zahl, die der Minister in diesem Zusammenhang beispielhaft nannte, keiner weiteren Erläuterung: Danach war der Außenhandel der Bundesrepublik Deutschland mit 15 Millionen Niederländern größer als der mit 3,5 Milliarden Menschen in den Entwicklungsländern.

Im übrigen offenbarte die Politik der EG gegenüber der Dritten Welt in den achtziger Jahren einmal mehr einen Grundzug der Geschichte der europäischen Integration. Einig waren die Europäer immer dann, wenn die Gemeinschaft einem spürbaren Außendruck ausgesetzt war. Und ein solcher zeichnete sich zu Beginn der achtziger Jahre erneut ab. In diesem Falle hatte er seine Wurzeln im Nahen Osten. Die erwähnten Entwicklungen des Jahres 1979, insbesondere der Sturz des Schah und der Ausfall des iranischen Öls, führten die Welt in eine zweite Ölkrise und zwangen das vom Ölimport abhängige Europa zur Reaktion. Am 13. Juni 1980 gab der Europäische Rat anläßlich seiner Tagung in Venedig eine Erklärung über den Nahen Osten ab. Ausdrücklich wurde auf die „Anerkennung der legitimen Rechte des palästinensischen Volkes" verwiesen und auch darauf, daß die PLO an den Verhandlungen über eine Friedensregelung „beteiligt werden muß". Außerdem erinnerten die Neun an die Notwendigkeit, „daß Israel, wie es dies hinsichtlich eines Teils von Sinai schon getan hat, die territoriale Besetzung beendet, die es seit dem Konflikt von 1967 aufrechterhält".[32]

Gewiß brachten viele Europäer, nicht zuletzt auch die Deutschen, Verständnis für Israels Nöte auf, aber die Realitäten der Weltpolitik sprachen eine andere Sprache. Nicht Israel, sondern seine arabischen Nachbarn verfügten über das lebenswichtige Öl, ohne das der Motor der westlichen Industriegesellschaften ins Stottern kam. Überdies machte es Tel Aviv mit einzelnen hochkontroversen Aktionen seinen Kritikern leicht. Das galt für die Bombardierung des im Bau befindlichen irakischen Atomreaktors „Osirak" im Juni 1981, vor allem aber für die israelische Invasion des Libanon, die ein Jahr darauf begann und auf die Vertreibung der Palästinenser zielte.

Die Wahl des Zeitpunktes für den israelischen Einmarsch in den Libanon war kein Zufall gewesen. Die Invasion erfolgte im Windschatten eines Krieges, der für einige Wochen die Aufmerksamkeit der internationalen Öffentlichkeit auf eine ganz andere Weltgegend lenkte: Am 2. April 1982 begann Argentinien mit der militärischen Inbesitznahme der britischen Falklandinseln. Drei Tage später beschloß die Regierung der konservativen Premierministerin Margaret Thatcher die Entsendung von Marinekampftruppen, welche die Inseln zurückerobern sollten, was mit der

Kapitulation der argentinischen Streitkräfte in der Nacht vom 14. auf den 15. Juni auch gelang. Selbstverständlich erwartete die britische Regierung, daß die Europäer ihren Segen zum Falkland-Abenteuer gaben. Das taten sie, wenn auch eher widerwillig. Denn der Alleingang eines Mitglieds war nicht gerade dazu angetan, die ohnehin sehr mühsamen Versuche zur Koordination beziehungsweise Intensivierung einer gemeinsamen europäischen Außen- oder gar Sicherheitspolitik zu fördern.

Dieses Ziel verfolgte traditionell die bundesdeutsche Politik, und auch nach dem Regierungswechsel vom Oktober 1982 änderte sich daran nichts. Bereits im Mai 1980 hatte Außenminister Genscher zu energischen Anstrengungen aufgerufen, um eine Desintegration Europas zu einer reinen „Zollgemeinschaft" zu verhindern,[33] und ein gutes halbes Jahr später, am 6. Januar 1981, mahnte er an, daß Europa einen sichtbaren Schritt in Richtung auf eine „Europäische Union" brauche.[34] Die Reaktionen der Partner auf diese Appelle waren verhalten. Lediglich der italienische Außenminister Emilio Colombo beurteilte die Lage ähnlich.

Das Ergebnis war ein deutsch-italienischer Vorschlag für die Europäische Union, der am 4. November 1981 veröffentlicht wurde. Der deutsche Außenminister stellte ihn zwei Wochen später, am 19. November, dem Europäischen Parlament vor. Dabei wurde deutlich, daß auch diese Initiative auf die Koordination nationaler Alleingänge abzielte: „Die Handlungsfähigkeit Europas auch nach außen macht es notwendig, die Außenpolitik der Europäischen Politischen Zusammenarbeit und die Außenwirtschaftspolitik der Europäischen Gemeinschaft zu einer kohärenten und umfassenden europäischen Politik zu integrieren."[35] Zunächst allerdings wurde wieder verhandelt, diesmal zweieinhalb Jahre. Am Ende stand indessen kein weiterführender Vertrag, sondern lediglich die Unterzeichnung einer „Feierlichen Deklaration zur Europäischen Union" durch die Staats- und Regierungschefs der EG anläßlich der Tagung des Europäischen Rates in Stuttgart im Juni 1983, und bald zeigte sich, daß selbst dieser bescheidene Schritt manchem zu weit ging, daß insbesondere Großbritannien nicht bereit war, weitere nationale Rechte und Kompetenzen an eine supranationale Institution zu delegieren: So willkommen während des Falkland-Krieges die Solidarität der Europäer gewesen war, so unabweisbar hatte gerade dieser Krieg für London die Notwendigkeit zu politischer Unabhängigkeit und Handlungsfreiheit demonstriert.

Günstiger sah es mit den deutsch-französischen Beziehungen aus. Insgesamt setzte sich die gute Zusammenarbeit der Ära Schmidt/Giscard in der Ära Mitterrand/Kohl fort. Das war keineswegs selbstverständlich. Denn auf den ersten Blick brachten der deutsche Christdemokrat Helmut Kohl und der französische Sozialist François Mitterand, der im Mai 1981 auch mit den Stimmen der Kommunisten zum Staatspräsidenten gewählt worden war, wenig Gemeinsames mit in ein Jahrzehnt, das sie schließlich maßgeblich mitgestalten sollten. Mit Bedacht reiste der Bundeskanzler bereits wenige Stunden nach seiner Ernennung zu einem ersten Gespräch in den Elysée. Daß sich aus der politisch gebotenen Zusammenarbeit im Laufe der Jahre ein freundschaftliches Verhältnis entwickeln würde, war damals nicht absehbar. Auch jetzt stand die wirtschaftliche Kooperation mit Deutschland im Vordergrund, und einmal mehr erwies sich der Außendruck als ein stimulierendes Element der europäischen Integration.

Ronald Reagans Hochzins- und „Deficit-spending"-Politik mußte unmittelbare Auswirkungen auch auf Europa haben. Hinzu kam im Juni 1982 die Einführung einer Importausgleichsabgabe für europäischen Stahl. Die anschließenden Verhandlungen zwischen der EG-Kommission und dem amerikanischen Handelsministerium führten schließlich am 21. Oktober zur Beilegung des Streits. Das alles war unerfreulich, aber nicht so problematisch und für das amerikanisch-europäische Verhältnis langfristig derart schädlich wie der Druck, den Washington auf seine europäischen Verbündeten in der Absicht ausübte, diese zu einer Beteiligung an Wirtschaftssanktionen gegenüber der Sowjetunion zu bewegen und damit auf die sowjetische Intervention in Afghanistan und die Verhängung des Kriegsrechtes in Polen zu reagieren.

Direkt betroffen von dieser Politik war die Bundesrepublik. Sie schloß sich zwar dem Boykott der Olympischen Spiele in Moskau unter einigem Murren an, verspürte jedoch wenig Neigung, dem amerikanischen Wunsch nachzukommen, von einem geplanten neuen „Erdgas-Röhren-Geschäft" Abstand zu nehmen. Dabei handelte es sich, wie schon bei ähnlichen Vereinbarungen in den voraufgegangenen Jahren, um ein Unternehmen, das zwar unter deutscher Führung stand, an dem sich aber auch zahlreiche Firmen aus anderen westeuropäischen Ländern beteiligten. Deshalb schwenkten insbesondere der französische Präsident Mitterrand, aber auch die britische Premierministerin Thatcher auf eine Art europäische Einheitsfront ein, um dem amerikanischen Ansinnen wirkungsvoller entgegentreten zu können. Zwar ließ die Wirtschaftspolitik Thatchers durchaus manche Ähnlichkeiten mit derjenigen Reagans erkennen, hier aber ging es um eine grundsätzliche Frage. Die Argumente, mit denen der Präsident die Europäer und vor allem die Deutschen zur Aufgabe ihrer Ostgeschäfte zu bewegen suchte, stammten nach dem Geschmack vieler Europäer aus einer vergangenen Epoche des Kalten Krieges.

Gewiß, Reagans Vorhaltungen, wonach sich Westeuropa in eine immer stärkere Abhängigkeit von russischen Erdgaslieferungen begeben und damit einer potentiellen Erpreßbarkeit ausliefern könne, oder sein Argument, daß durch solche Geschäfte die Deviseneinnahmen der Sowjetunion erhöht und mit diesen wiederum die Stärkung des militärischen Potentials gefördert werde, mochten – isoliert betrachtet – nicht falsch sein. Aber in den Metropolen Westeuropas konnte man sich nicht des Eindrucks erwehren, daß der Präsident die Europäer auf einen Kreuzzug gegen die Sowjetunion verpflichten wollte. Als besonders problematisch erwies sich Reagans Kurs auch deshalb, weil er sich nicht nur auf das Gebiet der Wirtschaftspolitik erstreckte, sondern auch auf andere Bereiche wie den KSZE-Prozeß, der für die Europäer stets eine größere Bedeutung besaß als für die Amerikaner.

Ohnehin stand es mit der KSZE nicht zum besten. Das Erste Folgetreffen, das vom 4. Oktober 1977 bis zum 9. März 1978 in Belgrad stattgefunden hatte, war ohne konkretes Ergebnis geblieben. Immerhin bot die KSZE die Möglichkeit, auch in schwierigen internationalen Situationen im Gespräch zu bleiben. Das gilt nicht zuletzt für den deutsch-deutschen Meinungsaustausch, und so war die Bundesregierung bemüht gewesen, das Belgrader Treffen nicht zu einem Forum zu machen, auf dem Menschenrechtsverletzungen angeprangert wurden, wie es Jimmy Carter wohl gerne gesehen hätte. Doch auch der KSZE-Prozeß blieb vom Klimasturz in der Weltpolitik nicht unberührt. Dem Zweiten Folgetreffen, das vom 11. November 1980 bis zum 12. März 1982 und vom 9. November 1982 bis zum 9. September 1983 in Madrid abgehalten wurde, drohte gar nach der Verhängung des Kriegsrechtes in Polen der Abbruch. Wieder waren es vor allem die USA, und jetzt ihr neuer Präsident Reagan, die auf drastische Maßnahmen auch im Rahmen des KSZE-Prozesses drängten; wieder waren es die Europäer, die gerade wegen der allgemeinen Klimaverschlechterung nicht auch noch dieses Gesprächsforum gefährden wollten.

Während des Zweiten Folgetreffens in Madrid kam es zum geschilderten Bonner Regierungswechsel. Dieser hatte jedoch, anders als von vielen Beobachtern erwartet, keine Änderung des außenpolitischen Kurses zur Folge – weder in der KSZE-, noch in der Ost-, noch in der Deutschlandpolitik. Zwar betonte die Regierung Kohl vernehmlicher als die Regierung Schmidt die Unvereinbarkeit der politischen, wirtschaftlichen und sozialen Systeme. Auch wurde in der Öffentlichkeit immer wieder eine Änderung unhaltbarer Zustände angemahnt, wie der Ausweisung prominenter Regimegegner, der Verletzung der Menschenrechte, des Schießbefehls an der deutsch-deutschen Grenze und vor allem der automatischen Selbstschußanlagen. Daß Pankow Ende September 1983 mit deren Abbau begann, wurde allgemein als Erfolg der Deutschlandpolitik der Regierung Kohl gewertet. Der neue Kanzler versah die jährlichen Berichte zur „Lage der Nation" auch wieder demonstrativ mit dem Zusatz „im geteilten Deutschland", der 1969 stillschweigend gestrichen worden war. Im Kern setzte aber die neue Bundesregierung die pragmatische Kooperation mit dem Honecker-Regime ungebrochen fort.

Wie sein Vorgänger hat auch Kohl mit Honecker wiederholt persönlich gesprochen. Bereits in seinem ersten Telefonat mit dem Vorsitzenden des Staatsrates der DDR sprach der Bundeskanzler am 24. Januar 1983 davon, „die Möglichkeiten aus dem Grundlagenvertrag weiterzuentwickeln und zu nutzen, um positive Impulse für die Zusammenarbeit zu ermöglichen".[36] Daran hat sich bis 1989 nichts geändert. Im März 1985 wies Kohl seinen Gesprächspartner darauf hin, daß er „eine Reihe von Schritten getan" habe, „an die seine Vorgänger nicht zu denken gewagt, geschweige denn unternommen hätten ... Er habe E. Honecker als einen Partner kennengelernt, auf den Verlaß sei."[37] Wie Schmidt war Kohl der Auffassung, daß die beiden deutschen Teilstaaten ihren „Teil an Einfluß geltend" machen sollten,[38] sagte allerdings

Honecker bei dessen Deutschlandbesuch auch, daß die beiden deutschen Staaten zwar „ihren Beitrag zum Frieden leisten", sich dabei aber „natürlich … nicht übernehmen [könnten]. Sie seien nicht das Maß aller Dinge." Im übrigen hätten neben der Abrüstung „Fragen wie Wirtschaft, Kultur, Menschenrechte besonderes Gewicht".[39]

Schon deshalb setzte die Regierung Kohl auch im Rahmen der KSZE den bisherigen Kurs im wesentlichen fort. Die Haltung der CDU/CSU hatte sich seit Mitte der siebziger Jahre grundlegend geändert. Hatte sie die Schlußakte von Helsinki abgelehnt und sich damit europaweit isoliert, weil sie darin, ähnlich wie in der Ost- und Deutschlandpolitik, ein ohne Not erfolgtes Festschreiben der deutschen Teilung erblickte, so sah auch sie in den folgenden Jahren in der KSZE zunehmend eine Möglichkeit, um auf die Notwendigkeit ihrer Überwindung hinzuweisen, einer weiteren Vertiefung der Spaltung entgegenzuwirken und vor allem immer wieder die „humanitäre Frage" einzuklagen.

Die Zeit zwischen dem Zweiten und dem Dritten Folgetreffen der KSZE war mit insgesamt sechs Expertentreffen, Seminaren und Konferenzen zu Einzelthemen gefüllt. Insbesondere die Expertentreffen über Menschenrechte und Grundfreiheiten in Ottawa (1985) und über menschliche Kontakte in Bern (1986) sowie das im Herbst 1985 veranstaltete „Kulturforum" der KSZE blieben ohne jedes konkrete Ergebnis. Anders verhielt es sich mit der „Konferenz für Vertrauens- und Sicherheitsbildende Maßnahmen und Abrüstung in Europa" (KVAE), deren Einberufung in Madrid beschlossen worden war. Sie trat am 17. Januar 1984 in Stockholm zusammen.

Als die KVAE gut zweieinhalb Jahre später, am 19. September 1986, ihre Arbeit einstellte, konnte man mit Fug und Recht von einem Durchbruch im sensiblen und zugleich wichtigen Bereich „Sicherheit" sprechen. Schon daß diese Fragen nunmehr als Bestandteil des zwar mühsamen, aber alles in allem doch bewährten KSZE-Prozesses und nicht mehr nur ausschließlich und vornehmlich der festgefahrenen MBFR-Verhandlungen betrachtet wurden, durfte als Erfolg gelten. Die Schwerpunkte des KVAE-Schlußdokuments lagen auf dem Gebiet der Ankündigung und Beobachtung von Manövern einschließlich sogenannter Überraschungsinspektionen. Als „Anwendungszone für vertrauens- und sicherheitsbildende Maßnahmen" (VSBM) galt ganz Europa bis zum Ural, also nicht mehr nur ein 250 Kilometer breiter Streifen des sowjetischen Territoriums, sowie „das angrenzende Seegebiet und der angrenzende Luftraum".[40] Als am 25. März 1987 erstmals zwei Bundeswehroffiziere in Uniform gemäß dem Beschluß der KVAE ein Manöver von sowjetischen Soldaten und Angehörigen der Nationalen Volksarmee auf dem Gebiet der DDR beobachteten, hatte das mehr als nur symbolische Bedeutung.

Dieser Durchbruch bei den vertrauensbildenden Maßnahmen im Bereich der Rüstungskontrolle war nun allerdings seinerseits bereits ein erstes Ergebnis neuer Weichenstellungen in der internationalen Politik. Diese hatten, wie immer in der Geschichte, auch mit personellen Änderungen zu tun. Am 11. März 1985 hatte Michail Gorbatschow, ein bis dahin im Westen relativ unbekannter Mann, das Amt des Generalsekretärs der KPdSU übernommen. Er war damit nach Jurij W. Andropow und Konstantin U. Tschernenko bereits der dritte Nachfolger des im Dezember 1982 gestorbenen Breschnew. Gorbatschow trat mit einem Programm an, das seit Januar 1987 als „Perestroika" firmierte und auf die Reform der gesellschaftlichen, wirtschaftlichen und politischen, also der inneren Strukturen der Sowjetunion zielte. Am Ende des Weges sollte nicht etwa die Überwindung des kommunistischen Systems und der Vorherschaft der KPdSU stehen, sondern vielmehr ihre Reformierung, Stabilisierung und damit Transformierung in eine erneuerte, nach innen und außen effiziente Organisation. Daß sich der Prozeß alsbald verselbständigen und die Reise gewissermaßen am falschen Ziel, also mit der Auflösung von Partei, Staat und Imperium enden sollte, erschien damals noch undenkbar.

Die Außen- und Sicherheitspolitik war ursprünglich kein Bestandteil der „Perestroika". Wohl aber sollte sie ganz offenkundig einige Voraussetzungen beziehungsweise Rahmenbedingungen für deren erfolgreiche Umsetzung bilden. Die spürbare Verlangsamung des Rüstungswettlaufs, auf die Gorbatschows zum Teil sensationelle Abrüstungsvorschläge hinausliefen, sollte unter anderem zu einer drastischen Reduzierung der Rüstungsausgaben führen und damit zur Erholung der sowjetischen Wirtschaft beitragen. Wie sich die Dinge entwickelt hätten, wäre Gorbatschow durch den Westen weitgehend isoliert worden, wissen wir nicht.

Daß eben das nicht geschah, lag auch an der Unterstützung, die er von ganz unerwarteter Seite erhielt.

Ausgerechnet beim amerikanischen Präsidenten Ronald Reagan, der noch zwei Jahre zuvor die Sowjetunion als das „Reich des Bösen“ schlechthin bezeichnet hatte, fanden die Vorschläge und Initiativen Gorbatschows ein nachhaltiges Echo. In erster Linie war es der Druck des Repräsentantenhauses mit seiner demokratischen Mehrheit, der den Präsidenten veranlaßte, sich seit 1985/86 auf den Dialog mit Gorbatschow einzulassen und sich an die Umsetzung jener bereits erwähnten Vorschläge zu machen, die er selbst am 18. November 1981 der damals erstaunten Weltöffentlichkeit bekanntgegeben hatte. Andere Erwägungen kamen hinzu, und auch sie hatten vor allem einen innenpolitischen Hintergrund; die „Iran-Contra-Affäre“ brachte den amerikanischen Präsidenten zur gleichen Zeit in die allergrößte Verlegenheit.

Am 8. Dezember 1987 unterzeichneten Reagan und Gorbatschow, der seinerseits seit der Reaktorkatastrophe von Tschernobyl am 26. April 1986 unter politischem Erfolgsdruck stand, in Washington den INF-Vertrag. Danach sollten alle landgestützten Mittelstreckenraketen größerer Reichweite, also zwischen 1000 und 5500 Kilometern, innerhalb von drei Jahren und alle landgestützten Mittelstreckenraketen kürzerer Reichweite, also zwischen 500 und 1000 Kilometern, innerhalb von anderthalb Jahren nach Inkrafttreten des Vertrages beseitigt sein. Außerdem wurden Inspektionssysteme und andere Maßnahmen festgelegt. Beide Seiten haben sich an den Vertrag gehalten: Im Mai 1991, also in den Dämmerstunden des Kalten Krieges, wurde die letzte „SS 20“ verschrottet. Erstmals in der Geschichte der Abrüstung und der Rüstungskontrolle hatte ein Staat, die Sowjetunion, der asymmetrischen Reduktion eines Waffensystems und damit dem Abbau seiner diesbezüglichen Überlegenheit zugestimmt; erstmals wurde ein hochmodernes Waffensystem vollständig zur Verschrottung freigegeben.

In der Bundesrepublik gab es anfänglich erhebliche Widerstände gegen den Vertrag. Zum einen war umstritten, ob die Amerikaner tatsächlich der doppelten „Null-Lösung“, also der Einbeziehung der Mittelstreckenraketen kürzerer Reichweite in den INF-Vertrag zustimmen sollten. Hier kam es zu „offenen Meinungsverschiedenheiten zwischen den Koalitionsparteien",[41] da sich Kohl zunächst dagegen aussprach. Anfang Juni schwenkte die Bundesregierung schließlich auf die amerikanische Linie ein. Dann aber ging es um die Frage der in deutschem Besitz befindlichen „Pershing I A", die zwar in diese Kategorie von Mittelstreckenraketen mit einer Reichweite von 500–1000 Kilometern gehörten, aber von den Amerikanern ebensowenig wie die britischen und französischen Nuklearwaffen direkt zum Gegenstand ihrer Verhandlungen mit den Sowjets gemacht werden konnten. Der Kreml aber bestand auf der Einbeziehung der deutschen Raketen in das Gesamtpaket. Erst am 26. August 1987 erklärte der Bundeskanzler die Bereitschaft der Bundesrepublik, nach Inkrafttreten des INF-Vertrages die deutschen „Pershing I A" abzubauen, und machte damit auch für die deutsche Seite den Weg zur Vertragsunterzeichnung frei. Natürlich gab es keine Alternative: Formal handelte es sich zwar um eine „autonome deutsche Entscheidung".[42] Da aber die Sprengköpfe für die „Pershing I A" unter alleiniger amerikanischer Verfügungsgewalt standen, gab es in der Sache letztlich nichts zu entscheiden.

Im Grunde machte der INF-Vertrag „Carters Konzession rückgängig", indem er die amerikanische Europastrategie fast vollständig denuklearisierte.[43] Die Beseitigung einer ganzen Waffenkategorie, der Mittelstreckenraketen mit einer Reichweite von 500 bis 5500 Kilometern, die der INF-Vertrag festschrieb, schwächte noch einmal das Abschreckungspotential und gefährdete grundsätzlich die Strategie der „Flexible response". Tatsächlich verlor die NATO mit dem INF-Vertrag die Möglichkeit, das Territorium der Sowjetunion von Westeuropa aus mit amerikanischen nuklearen Waffen zu erreichen. Hingegen behielt die Sowjetunion ihre Optionen. An der sowjetischen Überlegenheit unterhalb der Ebene der Mittelstreckenraketen kürzerer und längerer Reichweiten hatte sich ja nichts geändert – weder bei den konventionellen Waffen noch bei den atomaren Kurzstreckenraketen beziehungsweise Gefechtsfeldwaffen mit einer Reichweite von weniger als 500 Kilometern. Damit stand die NATO vor der Alternative, entweder auf dem Gebiet der atomaren Kurzstreckenwaffen ihrerseits nachzurüsten beziehungsweise zu modernisieren oder aber einen vollständigen Abbau dieser Systeme in Europa, also die dritte „Null-Lösung", herbeizuführen.

Die Bundesregierung sprach sich anfänglich entschieden gegen eine solche dritte „Null-Lösung“ aus und wußte sich dabei in vollständiger Übereinstimmung mit ihren wichtigsten Partnern. Die Beseitigung des letzten Restes nuklearer Abschreckung hätte nämlich die massive sowjetische Überlegenheit im konventionellen Bereich voll wirksam werden lassen. Davon war potentiell wiederum in erster Linie die Bundesrepublik betroffen, da diese nach wie vor „Frontstaat“ und im Falle einer künftigen militärischen Auseinandersetzung das wichtigste Schlachtfeld gewesen wäre. Dieser Sorge trug die Ministerratstagung der NATO vom 11. Dezember 1987, auf der im übrigen mit dem deutschen Verteidigungsminister Manfred Wörner erstmals in der Geschichte der Allianz ein Deutscher zu ihrem Generalsekretär gewählt wurde, Rechnung, indem sie unter anderem „im Zusammenhang mit der Herstellung eines konventionellen Gleichgewichts ... deutliche und überprüfbare Reduzierungen amerikanischer und sowjetischer bodengestützter nuklearer Flugkörpersysteme kürzerer Reichweite“ forderte, „die zu gleichen Obergrenzen führen“.[44]

Auf der Basis dieser von Bonn mitgetragenen Beschlüsse bestand im Frühjahr 1988 die einzige denkbare Möglichkeit in einem asymmetrischen Abbau der sowjetischen Systeme etwa auf den Stand der amerikanischen. Das Forum, auf dem dieser Vorschlag hätte erörtert werden können, waren die MBFR-Verhandlungen. Diese aber befanden sich nach 15 Jahren endgültig in der Sackgasse, und am 2. Februar 1989 wurden sie dann auch konsequenterweise beendet und durch die noch zu erläuternden VKSE-Verhandlungen ersetzt. Daß diese bereits anderthalb Jahre später erfolgreich abgeschlossen werden konnten, hat allerdings im Frühjahr 1988 niemand für möglich gehalten.

Damals standen in Europa den vergleichsweise veralteten 88 Kurzstreckenraketen der NATO vom Typ „Lance“ knapp 1400 vergleichbare Systeme des Warschauer Paktes gegenüber. Anzeichen für einen asymmetrischen Abbau der dramatischen Überlegenheit des Warschauer Paktes gab es nicht. Angesichts dieser Lage hätte eigentlich gerade für die Bundesrepublik Veranlassung bestanden, an ihrer Linie festzuhalten und zu den NATO-Beschlüssen zu stehen. Eben das aber tat sie nicht. Die Folge war eine schwere Krise zwischen der Bundesrepublik auf der einen und den USA und Großbritannien auf der anderen Seite, die sich während des ganzen Winters 1988/89 hinschleppte und ihren Höhepunkt im April und Mai 1989 erreichte.

Offenbar hatten die spektakulären Ankündigungen einseitiger Abrüstung auf dem Gebiet der konventionellen Rüstung, mit denen der Warschauer Pakt im Winter 1988/89 hervortrat, ihre Wirkung auf Bonn nicht verfehlt. Während Washington, London und auch Den Haag auf einer Modernisierung der „Lance"-Raketen bestanden, wollte Bonn mit Moskau über eine Reduzierung oder sogar den vollständigen Abbau der sowjetischen Raketen verhandeln und bündnisintern nicht vor 1992 über die Einführung eines Nachfolgesystems entscheiden. Zur Begründung stellte der Bundeskanzler, der sich diese Position nur zögernd zu eigen gemacht hatte, am 27. April 1989 vor dem Bundestag fest, daß die Bundesrepublik angesichts der Reichweite der Kurzstreckensysteme stärker berührt sei als alle anderen NATO-Partner. „Von daher ist es für mich selbstverständlich, daß unsere Freunde für unsere Interessen das gleiche Verständnis haben, wie wir es bei vielen Gelegenheiten ebenso selbstverständlich für sie bewiesen haben."[45] Das war ein Irrtum.

Ihren Höhepunkt erreichte die Krise anläßlich des Treffens von Bundeskanzler Kohl und Premierministerin Thatcher am 30. April 1989 im pfälzischen Deidesheim. Im Vorfeld der Begegnung hatte sich die Kritik der britischen und amerikanischen Presse an der Bundesregierung erheblich verschärft. Dabei wurde deutlich, daß es im Frühjahr 1989 nur noch am Rande um die Raketen beziehungsweise ihre Modernisierung ging. Statt dessen brachen sich starke Zweifel der Verbündeten an der Zuverlässigkeit des deutschen Partners Bahn. Amerikaner wie Briten glaubten deutliche „Warnsignale" auffangen zu können, wonach sich der westdeutsche „Konsens" in Verteidigungsfragen zu verflüchtigen begann.[46] So wurde die Frage, ob die Bundesrepublik auch weiter eng an der Seite Amerikas stehen solle, im Dezember 1987 nur noch von 32 % der Bundesbürger bejaht; im November 1980 waren es noch 56 % gewesen. Und die Frage, ob die Bundesrepublik eine Politik der Neutralität zwischen den Großmächten in Ost und West führen solle, fand bereits bei 44 % Zustimmung im Unterschied zu 31 %, die diese Frage im November 1980 bejaht hatten.[47]

In einem solchen Klima konnten Ängste, Vorurteile und Klischees prächtig gedeihen. Alsbald liefen sie unter der blumigen

Wortschöpfung „Genscherismus“ um, mit der um die Jahreswende 1988/89 in den Hauptstädten der Alliierten „abfällig“ das bezeichnet wurde, „was man dort für Servilität und den sehnsüchtigen Versuch“ hielt, „der Wirklichkeit aus dem Wege zu gehen“.[48] Der „Genscherismus“ war gewissermaßen die anglo-amerikanische Variante des französischen „Rapallo-Komplexes“, der gleichfalls wieder zum Leben erwachte, als Gorbatschow im Juni 1989 die Bundesrepublik besuchte.[49] Zu diesem Zeitpunkt war allerdings die NATO-Krise bereits überwunden.

Hinter der vordergründigen Kritik an der Bonner Politik kamen alte Sorgen und Ängste ihrer Verbündeten zum Vorschein. Immer wieder wurde im Frühjahr 1989 die Vermutung geäußert, daß Deutschland, ohnehin die „dominierende Wirtschaftsmacht in West-Europa“, nach neuer „Macht im Osten“ strebe,[50] und daß Bonn erneut gegenüber der Sowjetunion eine „selbstbewußte und unabhängige Politik“ betreiben wolle.[51] Aus dieser Perspektive war Gorbatschow gleichsam der Steigbügelhalter der deutschen Ambitionen, und es ging um nichts weniger als Deutschlands künftige Rolle in Europa. Zwar rechnete damals noch niemand mit der Überwindung der deutschen Teilung. Aber allein die Vorstellung, daß die Bundesrepublik in Europa stärker als bislang Machtpolitik betreiben könne, löste starke Besorgnisse aus.

Daß die Raketen nur der Anlaß der Krise waren, hinter der tatsächlich die Frage nach der künftigen Rolle Deutschlands stand, ließ eine Reihe von Indikatoren erkennen: So zögerte nicht nur die Bundesregierung in der Frage der Modernisierung der „Lance“-Raketen, sondern zum Beispiel auch die Regierungen Belgiens, Dänemarks, Griechenlands, Spaniens und Italiens, ohne daß in diesen Fällen eine vergleichbare Kritik hörbar wurde. Mitterrand unterstützte sogar zeitweilig die deutsche Forderung, die Entscheidung aufzuschieben. Schließlich konnte beim Treffen der Staats- und Regierungschefs der NATO am 29. und 30. Mai 1989 eine Einigung in den umstrittenen Fragen gefunden werden. Wie kaum anders zu erwarten, handelte es sich dabei um einen Kompromiß.

Einvernehmlich wurde festgestellt, daß die Nuklearstreitkräfte unterhalb der strategischen Ebene einen „wesentlichen Beitrag zur Abschreckung“ leisteten. Eine Möglichkeit, die „direkte Bedrohung“ durch die zahlenmäßig weit überlegenen und „in den letzten Jahren erheblich verbesserten nuklearen Flugkörper kürzerer Reichweite“ zu beseitigen, „wären deutliche und überprüfbare Reduzierungen“ der amerikanischen und sowjetischen Systeme, „die zu gleichen Obergrenzen auf niedrigerem Niveau führen“. Die Voraussetzung dafür sei die Implementierung eines Abkommens über „Reduzierungen konventioneller Streitkräfte“ in Europa. Die Frage der Modernisierung sollte 1992 behandelt werden, und zwar – das war die Konzession an die Adresse Bonns – „im Lichte der sicherheitspolitischen Gesamtentwicklung“.[52]

Tatsächlich sah es im Frühjahr 1989 so aus, als könne es zu den geforderten „Reduzierungen konventioneller Streitkräfte“ in Europa kommen. Am 15. Januar war nämlich in Wien das Dritte KSZE-Folgetreffen nach fast zweieinhalb Jahren erfolgreich beendet worden. Das lag auch an den weltpolitischen Rahmenbedingungen. Am 8. Dezember 1987 war, wie gesehen, der INF-Vertrag unterzeichnet worden, und bereits am 25. Februar 1986, also noch in der Endphase der KVAE, hatte Gorbatschow angekündigt, daß die Sowjetunion in naher Zukunft ihre Truppen aus Afghanistan abziehen werde. Im Februar 1988 wurde dafür ein konkreter Termin bekanntgegeben, und am 15. Februar 1989 verließ der letzte sowjetische Soldat das Land.

Mit seinen zahlreichen Anhängen ist das Schlußdokument von Wien umfangreicher als die Schlußakte von Helsinki. Zu den wichtigsten Bestimmungen gehörten die im Rahmen der „Neuen Bemühungen um Sicherheit und Abrüstung in Europa“ erteilten Mandate. Einmal wurde der KVAE-Gedanke in Form von „Verhandlungen über Vertrauens- und Sicherheitsbildende Maßnahmen“ (VVSBM) der KSZE-Teilnehmer fortgeschrieben. Dann aber erteilte die KSZE den Staaten der NATO und des Warschauer Paktes ein Mandat, „Verhandlungen über Konventionelle Streitkräfte in Europa“ (VKSE) zu führen. Sie sollten die seit 1973 mehr oder weniger stagnierenden und am 2. Februar 1989 ohne Ergebnis eingestellten MBFR-Verhandlungen ablösen, jedoch ausdrücklich „im Rahmen des KSZE-Prozesses“.[53] Am 9. März 1989 fiel der Startschuß sowohl für VVSBM als auch für VKSE. Damit hatte sich die KSZE in der Endphase des Kalten Krieges zu einem Motor der Einigung des Kontinents beziehungsweise der Überwindung seiner Teilung entwickelt.

Einen vergleichbaren Fortschritt konnte man auf dem steinigen Weg der EG hin zu einer vollintegrierten Gemeinschaft nicht verzeichnen. Allerdings gab die Unterzeichnung der sogenannten „Einheitlichen Europäischen Akte", die am 17. und 28. Februar 1986 in Luxemburg beziehungsweise Den Haag zelebriert wurde, Anlaß zur Hoffnung. Nach Abschluß des Ratifizierungsverfahrens trat sie am 1. Juli 1987 in Kraft. Die Akte brachte die erste Reform der Römischen Verträge von 1957. In gewisser Weise stellte sie so etwas wie eine Übergangslösung auf dem Weg zur vorerst nicht erreichbaren Politischen Union dar. Überdies peilte das Dokument den 31. Dezember 1992 als Stichtag für die Vollendung des europäischen Binnenmarktes einschließlich der begleitenden Maßnahmen an, wie etwa des Fortfalls der Grenzkontrollen. Nicht zuletzt wurden mit der Akte sowohl die EPZ als auch der „Europäische Rat" in das Vertragswerk eingegliedert, also europäischem Recht unterstellt. Letzterer, der in den Gründungsverträgen der Gemeinschaft nicht vorgesehen war und sich aus Gewohnheit gebildet hatte, sollte aus den Staats- und Regierungschefs sowie dem Präsidenten der Kommission bestehen, von den Außenministern unterstützt werden und mindestens zweimal jährlich tagen.[54]

Ergänzend wurde in den späten achtziger Jahren eine Serie von organisatorischen Reformmaßnahmen auf den Weg gebracht. Sie waren in hohem Maße das Verdienst von Jacques Delors, der seit dem Januar 1985 der Europäischen Kommission präsidierte. Am 26. und 27. Juni 1989 nahm der Europäische Rat in Madrid den später so genannten „Delors-Bericht" an, der ein Jahr zuvor vom Präsidenten angeregt und 1988/89 durch ein Komitee der EG-Notenbankpräsidenten sowie von unabhängigen Sachverständigen erarbeitet worden war. Das war die eigentliche Geburtsstunde der „Wirtschafts- und Währungsunion". Ihre Einrichtung sollte einem Stufenplan folgen und im monetären Bereich aus drei Schritten bestehen, nämlich erstens einer Kapitalverkehrsliberalisierung mit verstärkter Koordination, die am 1. Juli 1990 in Kraft trat, zweitens der Einrichtung eines Europäischen Zentralbanksystems und drittens der Währungsunion mit festen Wechselkursen beziehungsweise einer Zentralwährung. Eine Schlüsselstellung in diesem Prozeß fiel Deutschland zu, das traditionell zu den Promotoren der europäischen Integration zählte. Ohnehin war die Wirtschafts- und Währungsunion nicht gegen das ökonomisch stärkste Mitglied der Gemeinschaft durchzusetzen. In den Jahren 1988/89 ging es erst einmal darum, die Voraussetzungen für den Ausbau des Europäischen Währungssystems (EWS) und den Aufbau einer Europäischen Zentralbank zu schaffen.

Alles in allem wurde wieder deutlich, in welchem Maße die Entwicklung der europäischen Integration von der Zusammenarbeit zwischen Bonn und Paris abhängig war. So war die „Einheitliche Europäische Akte" das Ergebnis einer gemeinsamen Initiative der rheinischen Nachbarn. Damit wurde einem zunehmenden französischen Bedürfnis Rechnung getragen. Unzweideutig hatten die Entwicklungen im Umkreis des NATO-Doppelbeschlusses gezeigt, wie fest die Bundesrepublik im Atlantischen Bündnis verankert war, dessen militärisch integrierter Struktur Frankreich ja seit 1966 nicht mehr angehörte. Entsprechend gering waren auch die für Paris so wichtigen Kontrollmöglichkeiten. Zudem erwies sich die WEU, die ursprünglich für eben diesen Zweck geschaffen worden war, als wenig handlungsfähige Institution. Einem Beschluß der Außenminister vom 12. Juni 1984, die WEU zu aktivieren, folgten bezeichnenderweise keine Taten.

Daher wuchs in Paris der Wunsch nach einer engeren französisch-deutschen Kooperation auch auf diesem Gebiet. Bereits 1985 war es zur Einrichtung eines „Roten Telefons" gekommen; Ende Februar 1986 erklärte der französische Präsident seine Bereitschaft, den Bundeskanzler über den etwaigen Einsatz jener prästrategischen Nuklearwaffen zu konsultieren, deren Reichweite nicht über deutsches Gebiet hinausging. Hinzu kamen gemeinsame Manöver, die Anfänge einer koordinierten Offiziersausbildung, die Planungen für einen gemeinsamen Panzerabwehrhubschrauber sowie die Aufstellung einer deutsch-französischen Brigade. Am 22. Januar 1988 wurden aus Anlaß des fünfundzwanzigjährigen Jubiläums der Unterzeichnung des Elysée-Vertrages in zwei Zusatzprotokollen ein gemeinsamer Finanz- und Wirtschaftsrat sowie ein gemeinsamer Verteidigungs- und Sicherheitsrat eingerichtet. Die konstituierende Sitzung fand am 20. April 1989, einen Tag nach Austausch der Ratifikationsurkunden, statt. Zu den Aufgaben des Verteidigungsrates gehörten die „Entwicklung und Vertiefung der Rüstungszusammenarbeit unter Berücksichtigung der Notwendigkeit, zur Sicherung der gemeinsamen Verteidigung ein angemessenes industrielles und technologisches Potential in Europa aufrechtzuerhalten und zu stärken".[55]

In diesem Zusammenhang ist auch das Projekt eines eigenen europäischen Hochtechnologieprogramms zu sehen, das am 17. Juli 1985 durch 17 Staaten aus der Taufe gehoben wurde. Das ehrgeizige Unternehmen einer „European Research Coordination Agency" (EUREKA) war eine französische Initiative. Im Kern ging es dabei um den Versuch, ein wissenschaftlich-technologisches Modernisierungsprogramm, das angesichts seiner Dimensionen nicht im Alleingang zu realisieren war, mit den erforderlichen Partnern durchzusetzen. Zwar gab es bereits seit 1964 zwei europäische Weltraumorganisationen, die 1975 durch die „European Space Agency" (ESA) abgelöst worden waren. Allerdings konzentrierten die Mitgliedsstaaten – seit 1987 waren es 13 – ihre ganze Energie auf die Satellitentechnik und den Bau von Raketen. Anfang der neunziger Jahre hielt die „Ariane", die Antwort der Europäer auf ihre langjährige Abhängigkeit von der amerikanischen Raumfahrttechnik, 60 % Anteil am Weltmarkt der Trägerraketen für zivile Satelliten.[56]

Wie die Partner der ESA wurden auch die von EUREKA im Kern durch die Mitglieder der EG gestellt. François Mitterrand, dem Initiator des Unternehmens, ging es auch in diesem Falle in erster Linie darum, Europa auf dem zukunftsträchtigen Gebiet der Hochtechnologie seine Konkurrenzfähigkeit gegenüber den USA und Japan zu sichern. Bei den Staaten, die am 17. Juli 1985 in Paris EUREKA begründeten, handelte es sich um die in der EG zusammengeschlossenen Länder einschließlich ihrer designierten Mitglieder Spanien und Portugal sowie um Finnland, Norwegen, Österreich, Schweden und die Schweiz. Immerhin waren Mitte 1990, also in der Endphase des Kalten Krieges, 369 EUREKA-Projekte vereinbart, die ein Finanzvolumen von 15,6 Milliarden D-Mark hatten und an denen 1 273 Unternehmen und Forschungseinrichtungen beteiligt waren.[57]

Insbesondere die Bundesrepublik geriet durch die französische EUREKA-Initiative in nicht unbeträchtliche Verlegenheit. Für Paris war Bonn von Anfang an der wichtigste Partner. Dafür gab es sachbezogene, aber auch politische Gründe. Eben diese spielten auch bei dem Bemühen Washingtons eine Rolle, Bonn von einer

Beteiligung an SDI zu überzeugen. Tatsächlich wurde am 27. März 1986 unter anderem ein deutsch-amerikanisches Abkommen über eine Beteiligung der Bundesrepublik an den SDI-Forschungen unterzeichnet. Die ganze Angelegenheit war jedoch in mehrfacher Hinsicht delikat. Die Bundesregierung wußte sehr wohl, warum sie in der öffentlichen Debatte die militärische Dimension von EUREKA praktisch unerwähnt ließ und sorgfältig darauf bedacht war, die europäische Initiative nicht gegen SDI beziehungsweise die USA auszuspielen. Ohnehin wurde die Kritik an SDI gerade in der Bonner Republik unüberhörbar artikuliert. Das wäre aus amerikanischer Sicht noch nicht so bedenklich gewesen, hätte man in Washington nicht zur gleichen Zeit eine beunruhigende Belebung in den deutsch-deutschen Beziehungen registrieren müssen.

An deren Geschäftsbedingungen hatte sich nichts geändert. Bonn setzte weiterhin auf menschliche Erleichterungen für die Bewohner der DDR sowie auf die Sicherung West-Berlins. Ost-Berlin ließ sich sein Entgegenkommen in diesen Fragen bezahlen, und zwar weiterhin in harten Devisen und in demonstrativer Aufwertung. Auf dieser Basis kam es zum Beispiel am 6. Mai 1986 zur Unterzeichnung eines Kulturabkommens, über das die beiden deutschen Staaten immerhin 13 Jahre lang verhandelt hatten und das West-Berlin in die Vereinbarungen miteinbezog. Auch bei der Frage der menschlichen Erleichterungen waren Fortschritte zu vermelden.

Besonderes Aufsehen haben in ihrer Zeit zwei Finanzkredite erregt, die im Juli 1983 und im Juli 1984 an die DDR gingen. Sie wurden aus „Euromitteln" finanziert und waren mit einer Garantie der Bundesregierung versehen. Beachtlich war schon ihre Höhe, nämlich eine Milliarde und dann noch einmal 950 Millionen D-Mark. Vermittelt hatte die Kredite der bayerische Ministerpräsident Franz Josef Strauß. Das ließ aufhorchen. Denn der CSU-Vorsitzende galt als erklärter Gegner der Ost- und Deutschlandpolitik der sozial-liberalen Koalition in den Jahren 1969 bis 1982. Allerdings hatte mancher Zeitgenosse hinter dieser Opposition vor allem wahlkampftaktische Motive vermutet, war doch der Bayer einer der ersten prominenten Vertreter der CDU/CSU gewesen, der in den sechziger Jahren öffentlich eine Wiedervereinigung Deutschlands als unwahrscheinlich bezeichnet hatte. Insoweit sprach alles dafür, im Interesse der Bewohner der DDR keine

Experimente zu wagen. Zudem konnte die Vermittlertätigkeit von Strauß in diesem Kreditgeschäft „nach dem Regierungswechsel statt der vielerseits befürchteten Wende in der Deutschlandpolitik Kontinuität signalisier[en]".[58]

Strauß knüpfte an Gespräche an, die schon von der Regierung Schmidt geführt worden waren, und kam damit seinem alten Rivalen Kohl zuvor. Der Verhandlungs- und Gesprächspartner des Bayern war Alexander („Schalck") Schalck-Golodkowski, der damals auf seiten der DDR den 1966 gegründeten „Bereich Kommerzielle Koordinierung" (KoKo) leitete. In dieser Eigenschaft war Schalck-Golodkowski für die Devisenbeschaffung des SED-Staates zuständig. Das bedeutete nichts anderes, als daß er die schwierige Aufgabe hatte, die DDR vor dem Bankrott zu bewahren. Aber „Schalck" benutzte die über Jahre aufgebauten guten Beziehungen nicht nur, um seinem Staat die lebenswichtigen Devisen zu beschaffen. Vielmehr war er auch maßgeblich daran beteiligt, daß der DDR jene Anerkennung und Aufwertung zuteil wurde, welche für den zweiten deutschen Teilstaat fast ebenso wichtig war wie die harte D-Mark. So hat Schalck-Golodkowski vor Ort, unter anderem im Bonner Kanzleramt, den Besuch Erich Honeckers am Rhein vorbereitet.

Vom 7. bis zum 11. September 1987 weilte dieser dann als erster Staats- und Parteichef der DDR zu einem offiziellen Besuch in der Bundesrepublik. Die Reise ging noch auf eine Einladung Schmidts vom Dezember 1981 zurück. Sie hatte wiederholt verschoben werden müssen, weil die Sowjets Einwände gegen die deutsch-deutschen Alleingänge erhoben. Als der gebürtige Saarländer bei seiner Ankunft in Bonn mit protokollarischen Ehren empfangen wurde, genoß er sichtlich den Triumph, den dieser Akt wie die Reise für die DDR und ihn persönlich bedeuten mußte. Immerhin hatte die Bundesrepublik den anderen deutschen Staat ja fast 25 Jahre lang zu ignorieren und zu isolieren versucht, und das nicht ohne Erfolg. Aus der Sicht der Ost-Berliner Machthaber war daher der symbolträchtige Auftritt Honeckers in der Bundesrepublik, wohl mehr noch als der Grundlagenvertrag des Jahres 1972, gleichbedeutend mit dem endgültigen Todesstoß für die Bonner „Alleinvertretungsanmaßung".

Auch in der Bundesrepublik wußte man natürlich, was man tat. Da Bonn die innere, namentlich wirtschaftliche Stabilität der

DDR ziemlich hoch einschätzte, konnten Finanzkredite, Honecker-Besuch und anderes mehr nur dazu beitragen, das System weiter zu stabilisieren. Diese Zielsetzung war Mitte der achtziger Jahre in allen politischen Parteien der Bundesrepublik mehrheitsfähig. Zumal seit der Visite des Staatsratsvorsitzenden am Rhein gaben sich ihre Vertreter die Klinken der mitteldeutschen Türen in die Hand. Die Bundesregierung wiederum ließ, unbeschadet einer Politik, die den Status quo weiter zementieren mußte, zumindest rhetorisch keinen Zweifel, daß für sie das Gebot der Präambel des Grundgesetzes verbindlich blieb. Unterstützt wurde sie darin durch einen Beschluß des Bundesverfassungsgerichtes vom 21. Oktober 1987, in dem unter anderem von der „Pflicht" die Rede war, „die Identität des deutschen Staatsvolkes zu erhalten".[59]

Gelegenheiten, dieser Position öffentlich Ausdruck zu geben, boten neben den KSZE-Treffen die jährlichen Berichte zur „Lage der Nation im geteilten Deutschland" oder auch der Besuch Honeckers in der Bundesrepublik. Kohl hatte die Direktübertragung der Tischreden zu einer Voraussetzung für den Empfang des Staatsratsvorsitzenden gemacht. In seiner Ansprache führte der Bundeskanzler unter anderem aus: „Die Präambel unseres Grundgesetzes ... fordert das gesamte deutsche Volk auf, in freier Selbstbestimmung die Einheit und Freiheit Deutschlands zu vollenden ... Wir stehen zu diesem Verfassungsauftrag, und wir haben keinen Zweifel, daß dies dem Wunsch und Willen, ja der Sehnsucht der Menschen in Deutschland entspricht ... Die Menschen in Deutschland leiden unter der Trennung."[60]

Das klang in den Ohren vieler, wenn nicht der meisten Zeitgenossen anachronistisch. Tatsächlich wurde in der Bundestagsdebatte über die „Lage der Nation im geteilten Deutschland" vom 1. Dezember 1988 erstmals in der Geschichte der Bundesrepublik ein „offener Streit über das Fernziel Wiedervereinigung" ausgetragen.[61] Ausdrücklich stellte der Fraktionsvorsitzende der SPD und Oppositionsführer, Hans-Jochen Vogel, fest, daß die Zugehörigkeit der beiden deutschen Staaten zu ihren jeweiligen Bündnissen mit ihrer Vereinigung „unvereinbar" sei. Das gelte insbesondere für die „Wiederherstellung des Deutschen Reiches in den Grenzen von 1937".[62] Ähnlich hatte sich wenig zuvor der Ehrenvorsitzende der SPD, Willy Brandt, geäußert. In einem Vortrag vom 11. September 1988 hatte er – wie schon einmal andeutungsweise 1984 und nach eigener Interpretation bezogen auf eine deutsche Wiedervereinigung in den Grenzen von 1937 – von der „spezifischen Lebenslüge der zweiten deutschen Republik“ gesprochen[64] und damit einen Terminus benutzt, den ihm Egon Bahr ins Redemanuskript geschrieben hatte.[64] Wie Brandt dachten damals wohl die meisten Bundesbürger, und um so größer war ihre Überraschung im Herbst des Jahres 1989.

6. Aufbruch in die Weltpolitik 1989–1999

Im Verlauf des Jahres 1989 entließ die Revolution ihre Kinder. Nichts anderes nämlich bedeutete die Abkehr von der „Breschnew-Doktrin", die zwanzig Jahre zuvor, im Umfeld des Einmarsches von Truppen des Warschauer Paktes in die Tschechoslowakei, formuliert worden war und den sozialistischen Staaten auch öffentlich eine Einschränkung ihrer Souveränität attestiert hatte. In einer Erklärung, die zum Abschluß des Bukarester Gipfeltreffens der Warschauer-Pakt-Staaten vom 8. Juli 1989 veröffentlicht wurde, war nun expressis verbis vom Recht eines jeden Volkes die Rede, „selbst das gesellschaftspolitische und ökonomische System, die staatliche Ordnung, die es für sich als geeignet betrachtet, zu wählen ... Stabilität setzt ... die Unzulässigkeit einer direkten und indirekten Einmischung in die inneren Angelegenheiten anderer Staaten voraus. Kein Land darf den Verlauf der Ereignisse innerhalb eines anderen Landes diktieren, keiner darf sich die Rolle eines Richters oder Schiedsrichters anmaßen."[1]

Die Bukarester Erklärung war in erster Linie eine Reaktion auf eine zu diesem Zeitpunkt offenbar schon unaufhaltsame Entwicklung. Denn in der zweiten Hälfte der achtziger Jahre brach endgültig jener Damm, der während des Kalten Krieges mühsam – oft mit Gewalt – gehalten worden war. Selbst die Fachleute wurden von der elementaren Wucht überrascht, mit der sich der Wille zu nationaler Unabhängigkeit Bahn brach. Es ging eben immer auch um die Wiedererlangung von Rechten, die den unterdrückten Völkern beziehungsweise Nationen genommen worden waren und die sie nunmehr einklagten.

Im Westen wurde die Entwicklung in den baltischen Staaten besonders aufmerksam registriert. Im Oktober 1988 formierten sich in Estland, Lettland und Litauen die ersten Volksfronten, deren erklärtes Ziel die Wiederherstellung der staatlichen Unabhängkeit war. Öffentlich forderten die Völker von Gorbatschow, sich zu den geheimen Absprachen Stalins mit Hitler zu bekennen und sie zu revidieren. Damit waren die Zusätze zu den beiden Abkommen gemeint, welche die Sowjetunion und das Deutsche Reich am 23. August und am 28. September 1939, also unmittelbar vor der gemeinsamen Zerschlagung Polens, geschlossen hatten und welche die Grundlage auch für die sowjetische Besetzung des Baltikums bildeten. Als der Kreml am 18. August 1989 offiziell die Existenz sämtlicher Dokumente des „Hitler-Stalin-Paktes" sowie der folgenden Absprachen zugab, war klar, daß der Zusammenbruch der Sowjetunion nicht mehr aufzuhalten war. Am 16. Dezember 1991 sollte Kasachstan, wo es im Dezember 1986 zu blutigen Zusammenstößen zwischen sowjetischen Sicherheitskräften und kasachischen Nationalisten gekommen war und wo somit alles begonnen hatte, als letzte der früheren Sowjetrepubliken seine Unabhängigkeit erklären.

Angesichts dieser unaufhaltsamen Bewegung war offenbar auch die „Breschnew-Doktrin" nicht mehr aufrechtzuerhalten. Für eine entschiedene Intervention an den Rändern seines Imperiums fehlte dem Kreml die Kraft. Eine Vorreiterrolle spielte wieder einmal Polen. Der Emanzipationsprozeß, der 1980 mit der Gründung der Gewerkschaft „Solidarność" begonnen hatte, konnte zwar durch das Kriegsrecht und andere Maßnahmen seit Dezember 1981 verlangsamt, aber nicht mehr gestoppt werden. 1988 überzogen erneut Streikwellen das Land, und seit Februar 1989 wurde dann unter Beteiligung der nach wie vor illegalen „Solidarność" am „Runden Tisch" über die Zukunft Polens beraten. Am 4. Juni 1989 konnten erstmals „halbfreie" Wahlen durchgeführt werden.

In dieser unruhigen Zeit besuchte Gorbatschow vom 12. bis zum 15. Juni 1989 die Bundesrepublik. Die Visite war schon wegen des guten Einvernehmens zwischen Kohl und Gorbatschow bemerkenswert; das Verhältnis zwischen den beiden hatte einen Tiefpunkt erreicht, seit Kohl im November 1986, wenn auch „off the record", Gorbatschow mit Goebbels verglichen hatte.[2] Am Rande der Begegnung kam es zur Unterzeichnung von elf Abkommen. Auch deshalb traf der Besuch bei den westlichen Nachbarn auf irritierte Aufmerksamkeit. Immerhin war ja erst wenige Wochen zuvor jene Krise des westlichen Bündnisses beigelegt worden, in der es vordergründig um die taktischen Nuklearwaffen der NATO, tatsächlich aber auch um die Befürchtung der

Verbündeten ging, die Bundesrepublik könnte, gleichsam unbemerkt, einige jener Positionen in Ost- beziehungsweise Ostmitteleuropa besetzen, welche die Sowjetunion angesichts ihres allgemeinen Schwächezustandes nach und nach aufgeben mußte.

Am 13. Juni 1989 gaben Kohl und Gorbatschow eine gemeinsame Erklärung ab, die gewissermaßen die Bukarester Liquidation der „Breschnew-Doktrin" vorwegnahm und unter anderem feststellte: „Das Recht aller Völker und Staaten, ihr Schicksal frei zu bestimmen und ihre Beziehungen zueinander auf der Grundlage des Völkerrechts souverän zu gestalten, muß sichergestellt werden".[3] Galt das nicht auch für das deutsche Volk und die beiden deutschen Staaten? Tatsächlich rückte dieses Thema in den folgenden Wochen und Monaten in den Vordergrund der internationalen Diskussion. Zunehmend äußerten sich jetzt auch führende Persönlichkeiten in der Sowjetunion in dem Sinne, daß man Deutschland nicht für alle Zeiten das Recht auf Selbstbestimmung verweigern könne.

Das sahen die Mitglieder der senilen Führungsspitze in Ost-Berlin anders. Starrsinnig hatte Politbüromitglied Kurt Hager die Überzeugung vertreten, daß es falsch sei, „Deutschland das Sowjetsystem aufzuzwingen"; schließlich tapeziere man seine Wohnung nicht deshalb gleich neu, weil das der Nachbar tue.[4] Und der Staatsrats- und Parteivorsitzende Erich Honecker prophezeite gar im Januar 1989, daß die Mauer auch noch in 50 und 100 Jahren stehen werde, sofern die „dazu vorhandenen Gründe" noch bestünden.[5] So gesehen waren die Reaktionen von SED und DDR-Volkskammer auf das Massaker in Peking durchaus konsequent. Als sich Anfang Juni 1989 auf dem Platz des Himmlischen Friedens Zehntausende vorwiegend junge Demonstranten einfanden, um ihren Forderungen nach einer demokratischen Öffnung des Systems Nachdruck zu verleihen, und die von der chinesischen Führung eingesetzte Armee bei ihrem Vorrücken unter ihnen ein Blutbad anrichtete, reagierte die Weltöffentlichkeit mit einhelliger Empörung. Zu den wenigen Ausnahmen gehörte die Volkskammer der DDR, die in einer Erklärung vom 8. Juni zwar ihrem Bedauern über die Opfer Ausdruck gab, aber gleichzeitig – und zwar einstimmig – das Vorgehen in Peking billigte.[6] Diese Verlautbarung ist in ihrer Bedeutung für die weitere Entwicklung in der DDR sehr hoch zu veranschlagen. Mit ihr distanzierte sich das Regime auch noch einmal nachdrücklich von der Forderung, die DDR im Sinne der „Perestroika“ zu reformieren, und manövrierte sich selbst innerhalb der sozialistischen beziehungsweise kommunistischen Welt weiter in die Isolierung.

Eigentlich begann alles mit einem Besuch, den der ungarische Außenminister Gyula Horn vom 25. bis zum 27. Juni 1989 Österreich abstattete. Zum Abschluß dieser Visite entfernte er gemeinsam mit seinem Wiener Amtskollegen Alois Mock ein Stück des Stacheldrahtzaunes an der ungarisch-österreichischen Grenze, mit dessen Abbau ungarische Soldaten bereits am 2. Mai begonnen hatten. Damit war sozusagen vor den Augen der Welt ein Loch in jenen „Eisernen Vorhang“ geschnitten worden, der Europa seit Jahrzehnten in zwei Hälften teilte. Der symbolträchtige Akt der beiden Außenminister setzte eine Entwicklung in Gang, deren Folgen schon sehr bald nicht mehr kontrolliert werden konnten.

Dazu gehörte vor allem eine Fluchtwelle von Bürgern der DDR, die hofften, über ungarisches und österreichisches Staatsgebiet die Bundesrepublik zu erreichen. Noch hielten sich freilich die ungarischen Behörden an die Bestimmungen des Reiseverkehrsabkommens, das Budapest und Ost-Berlin am 20. Juni 1969 abgeschlossen hatten, und versuchten, die Staatsangehörigen der DDR an der Ausreise nach Österreich zu hindern. Dennoch gelang in den folgenden Wochen Tausenden der Grenzübertritt. Je mehr sich das herumsprach, nicht zuletzt durch die westlichen Medien, um so stärker schwoll der Flüchtlingsstrom an. Seine Hauptroute nahm er auf dem Weg durch die Tschechoslowakei, da Staatsbürger der DDR für die Einreise in die CSSR lediglich einen Paß, aber kein Visum benötigten. Von dort versuchten sie dann, illegal die Grenze nach Ungarn zu passieren.

In dieser für Ungarn zusehends schwierigeren Situation reisten am 25. August 1989 Ministerpräsident Németh und Außenminister Horn überraschend in die Bundesrepublik. Auf Schloß Gymnich trafen die beiden Vertreter der reformkommunistischen Führung zu einer zunächst geheimgehaltenen Unterredung mit Kohl und Genscher zusammen. In dem Gespräch wurde rasch grundsätzliches Einvernehmen hergestellt. Die ungarischen Politiker versicherten, keinen Flüchtling gegen seinen Willen in die DDR abzuschieben, vielmehr schon bald die Ausreise in die Bundesrepublik zu ermöglichen. Das geschah am 10. September 1989, als der ungarische Außenminister über das Fernsehen die Grenzöffnung bekanntgab. Die DDR-Führung war zuvor, am 31. August, von dieser Absicht unterrichtet worden. Innerhalb von 48 Stunden passierten 10000 Flüchtlinge aus der DDR die ungarische Grenze nach Österreich.

Tausende von DDR-Bürgern besetzten daraufhin in den folgenden Tagen und Wochen die Vertretungen der Bundesrepublik in Warschau und Prag, um von dort in die Bundesrepublik ausreisen zu können. Zwangsläufig stellten sich vor Ort katastrophale Zustände ein. So hielten sich am 30. September allein auf dem Botschaftsgelände in Prag etwa 4000 Ausreisewillige auf. In dieser Situation führte Außenminister Genscher am Rande der UN-Vollversammlung eine Serie von Gesprächen mit den Außenministern der betroffenen Staaten sowie mit dem sowjetischen Außenminister Schewardnadse und seinem Ost-Berliner Amtskollegen Oskar Fischer. Am 1. Oktober durften etwa 7000 DDR-Bürger die Vertretungen verlassen und in die Bundesrepublik reisen. Die Ausreise, das war eine Bedingung Pankows, erfolgte mit Sonderzügen durch die DDR. Auf diese Weise glaubte Ost-Berlin die Absatzbewegung als „Ausreise" darstellen und solchermaßen das Gesicht wahren zu können. Am 4. Oktober wurde die Prozedur mit 11000 Menschen wiederholt.

Das war die Lage, in der am 6. und 7. Oktober 1989 die Feiern zum 40. Jahrestag der Gründung der DDR stattfanden. Prominentester Gast der üppig inszenierten Veranstaltungen war der sowjetische Staats- und Parteichef Gorbatschow. Während sich die Massendemonstrationen auch in diesen Tagen fortsetzten und große Teile der DDR-Bevölkerung ihre Hoffnung auf den Gast aus Moskau setzten, vermittelten die Auftritte des Staatsratsvorsitzenden einen geradezu gespenstisch realitätsfernen Eindruck. Keine Frage: Gorbatschow wollte nach wie vor die Reform des kommunistischen Systems, Honecker nicht. Das war nicht nur ein Ausdruck fortschreitenden Altersstarrsinns. Vielmehr fühlte er sich durch die Erfolge der vorausgegangenen Jahre in seiner Überzeugung bestärkt, daß die DDR keine Reformen nötig habe. Dem Besuch der Bundesrepublik war im Januar 1988 die prestigeträchtige Visite in der französischen Hauptstadt gefolgt, für 1989 war der ersehnte Staatsbesuch in den USA ins Auge gefaßt, und die mannigfache, auch finanzielle Unterstützung vom Rhein schien, wenn man es denn so interpretieren wollte, insgesamt für stabile Verhältnisse zu sprechen. In Moskau, wo der Zustand der DDR ziemlich genau bekannt war, wußte man es besser.

Am 18. Oktober 1989 wurde Erich Honecker auf eigenen Wunsch von seinen Funktionen als Staats- und Parteichef entbunden. Zeitpunkt und Verlauf des nun folgenden Umsturzes waren eine Mischung aus Zufall und Inszenierung. Allerdings entglitt der inszenierte Teil zusehends der Kontrolle. Das lag vor allem an der Bevölkerung, die nicht die Rolle spielte, die ihr eigentlich zugedacht war. In dieser Hinsicht also kann man mit Fug und Recht davon sprechen, daß die Bürger der DDR die Entwicklung bestimmt haben. Mit ihren Massendemonstrationen haben sie einen längst eingeleiteten, nicht mehr kontrollierbaren Prozeß beschleunigt und ihm schließlich eine unerwartete Wendung gegeben. Zum Nachfolger Honeckers wurde Egon Krenz gewählt, der allerdings nur eine Übergangslösung sein sollte, um anderen den Weg zur Macht zu ebnen. Der neue Mann an der Spitze machte bereits in seiner ersten Ansprache am 18. Oktober deutlich, worum es jetzt ging, kündigte er doch die Vorbereitung eines „Gesetzentwurf[es] über Reisen von DDR-Bürgern ins Ausland" an.[7] Ein solches Gesetz ist indessen nie in Kraft getreten, es wurde auch nicht mehr gebraucht.

Am 8. November 1989 trat das gesamte SED-Politbüro angesichts der immer weiter zunehmenden öffentlichen Proteste zurück. Am gleichen Tag wählten die Mitglieder des ZK der SED ein deutlich verkleinertes neues Politbüro, dem nach wie vor Egon Krenz als Generalsekretär und Günter Schabowski als Informationssekretär des ZK der SED angehörten. Letzterer verlas am folgenden Tag, also am 9. November 1989, kurz vor 19.00 Uhr auf einer Pressekonferenz eine Erklärung zum Stand der Ausarbeitung des Reisegesetzes. Darin hieß es, daß bis zu dessen Inkrafttreten einige Regelungen Gültigkeit besäßen, darunter die folgende: „Ständige Ausreisen können über alle Grenzübergangsstellen der DDR zur BRD beziehungsweise zu Berlin (West) erfolgen. Damit entfällt die vorübergehende Erteilung von Genehmigungen von Auslandsvertretungen der DDR beziehungsweise über die Ständige Ausreise mit dem Personalausweis der DDR über Drittstaaten."[8] Befragt, wann die Regelung in Kraft trete, antwortete Schabowski: „Sofort, unverzüglich!" Der sowjetische

Gesandte in Ost-Berlin notierte sich dazu: „Als er diese Auskunft gab, war dem völlig übermüdeten Schabowski nicht klar – und konnte es auch nicht sein –, daß er mit diesen beiden Worten den Grundstein zur Auflösung der DDR gelegt hatte.“[9]

Mit einer Mischung aus Überraschung, Skepsis und Neugier nahm die Bevölkerung der DDR diese vom staatlichen Fernsehen direkt übertragene Nachricht zur Kenntnis, deren Wahrheitsgehalt immer mehr Menschen vor Ort überprüfen wollten. Unter dem Eindruck dieses Ansturms öffneten die verunsicherten Grenzsoldaten um 23.14 Uhr die ersten Schlagbäume. Das war der Anfang vom Ende der Mauer. In der Rückschau bestätigt sich der Eindruck, den bereits mancher Zeitgenosse in diesem Augenblick hatte: Das noch wenig zuvor für unmöglich gehaltene historische Ereignis einer Öffnung der deutsch-deutschen Grenze war das Ergebnis von Zufall, Chaos, Druck, Ratlosigkeit und zugleich Teil eines revolutionären Prozesses, der längst weite Teile Ost-, Ostmittel- und Südosteuropas erfaßt hatte.

Die weitere Entwicklung wurde vor allem durch drei Faktoren bestimmt, in erster Linie von der Antwort der alliierten Sieger des Zweiten Weltkriegs auf die erneut aufgeworfene Frage nach der Zukunft Deutschlands. Zum zweiten hing einiges vom weiteren Gang der Dinge in der DDR ab. Die Öffnung der Mauer hatte den Ereignissen wenig von ihrer Dynamik genommen, im Gegenteil: Die Massendemonstrationen und die Forderung nach „freien Wahlen“ bestimmten das Bild. Überdies kamen allein in den ersten drei Novemberwochen etwa 100000 Übersiedler in die Bundesrepublik. Schließlich aber wurde die weitere Entwicklung ganz erheblich durch die Entscheidung des Bundeskanzlers mitbestimmt, die Initiative an sich zu ziehen.

Es ist keine Frage, daß der Weg zur deutschen Einheit nach Öffnung der Mauer in wichtigen Etappen auch ein Alleingang Helmut Kohls war. Angesichts der äußeren Umstände war das, was er damit erreicht hat, zweifellos eine große politische Leistung. Allerdings war seine diplomatische Offensive im November und Dezember 1989 nicht ohne Risiko. Das erklärt, warum später mancher diesen Erfolg für sich zu verbuchen suchte, dem noch Ende des Jahres 1989 „unwohl“ dabei gewesen war, die vom Kanzler vorgegebene Linie vertreten zu müssen.[10] Kohls am 6. Juni 1991 vor dem Bundestag rückblickend vorgetragene Einschätzung, „daß es eben nur ein paar Wochen waren, in denen die deutsche Einheit international durchsetzbar war",[11] hatte einiges für sich. Überprüfen ließ sie sich kaum, da ein erneuter Versuch nicht unternommen werden mußte. Immerhin blieb Kohls These ohne Widerspruch.

Am 28. November 1989 hatte der Bundeskanzler in der Haushaltsdebatte des Deutschen Bundestages ein sogenanntes „Zehn-Punkte-Programm" vorgelegt, das weder mit den Koalitionsparteien, geschweige denn der Opposition, noch mit dem Auswärtigen Amt und den Verbündeten abgesprochen oder gar abgestimmt, sondern in seiner endgültigen Formulierung lediglich mit zwei Geistlichen und Kohls Ehefrau Hannelore beraten worden war, die auch die im heimischen Oggersheim von ihrem Mann verfaßten Passagen auf ihrer Reiseschreibmaschine abtippte.[12]

Dieser Alleingang war deshalb brisant, weil die zehn Punkte „Etappen" markierten, die den Weg zur „deutschen Einheit" vorbereiten sollten. Als Grund für diesen überraschenden Vorstoß hat der Bundeskanzler später an erster Stelle die „undurchsichtige Gesamtsituation" genannt, verbunden mit der Sorge, daß die Sowjetunion doch noch „eingreifen" könne. Kohl ging freilich zu diesem Zeitpunkt nicht von einer raschen Herstellung der deutschen Einheit aus. Er war vielmehr davon überzeugt, daß die Vollendung des europäischen Binnenmarktes, die zum 31. Dezember 1992 geplant war, eher kommen werde als die deutsche Einheit.[13]

Im zentralen Punkt 5 des Programms schlug der Kanzler als eine Art Zwischenschritt „konföderative Strukturen zwischen beiden Staaten in Deutschland" vor, ein Gedanke, der schon in den ausgehenden fünfziger und frühen sechziger Jahren aufgetaucht war, damals in der DDR. Als Voraussetzung für die Einrichtung einer solchen „bundesstaatlichen Ordnung" bezeichnete Kohl in seiner Rede vor dem Bundestag „eine demokratisch legitimierte Regierung in der DDR".[14] Davon konnte indessen zu diesem Zeitpunkt keine Rede sein. Nachdem die alte Garde „aus dem Amt demonstriert" worden war,[15] hatte die Volkskammer in Ost-Berlin lediglich am 18. November in offener Abstimmung einen neuen Ministerrat bestätigt. Zwölf seiner 28 Mitglieder gehörten nicht der SED an. Zum Vorsitzenden wurde Hans Modrow gewählt. Ihn traf Helmut Kohl erstmals am 19. und 20. Dezember

1989 in Dresden. Gegenstand der Unterredungen zwischen dem Bundeskanzler und dem Ministerpräsidenten der DDR waren technische Probleme wie Reiseerleichterungen und Währungsfragen.

Ausdrücklich lehnte Modrow die Herstellung der staatlichen Einheit Deutschlands und damit die übergeordnete Zielsetzung des „Zehn-Punkte-Programms" ab. Wie dem Bundeskanzler während seiner kurzen Ansprache an die etwa 100000 Menschen, die sich vor der Frauenkirche eingefunden hatten, bewußt wurde, sah die Bevölkerung der DDR das offensichtlich ganz anders, und eben diese Tatsache bereitete den nahen und fernen Nachbarn zusehends Sorge. Kohl hat den Eindruck zahlreicher Gespräche dieser Tage und Wochen dahingehend zusammengefaßt, daß die mit der Maueröffnung beginnende Entwicklung für viele ausländische Beobachter „schockartig" gewesen sei und „berechtigte, verständliche Ängste" freigesetzt habe. Zwar wurde der Fall der Mauer durchweg spontan begrüßt und nicht selten als Triumph westlicher Standfestigkeit gefeiert, doch alsbald überlagerten skeptische Warnungen vor einer übereilten Vereinigung der beiden deutschen Staaten diese erste Reaktion. Die einzigen, die, so Kohl, mit diesem Gedanken „nicht das geringste Problem hatten" und die Bundesregierung in jeder Hinsicht unterstützten, „waren die Amerikaner".[16]

Anders war die Haltung von Großbritannien und Frankreich, die ja nicht nur die beiden mächtigsten europäischen Verbündeten Bonns, sondern zugleich auch zwei der vier alliierten Sieger des Zweiten Weltkrieges waren. Sie hatten mit der deutschen Einheit zumindest keine Eile. Denn für London wie Paris stand einiges auf dem Spiel, nicht zuletzt ein Stück ihres Großmachtstatus. Neben dem ständigen Sitz im Sicherheitsrat und den Nuklearwaffen war die Funktion als „Siegermacht" eines der wenigen verbliebenen Großmachtinsignien, nachdem die Stellung als Kolonialmacht seit dem Suez-Debakel von 1956 endgültig der Vergangenheit angehörte. Die britische Premierministerin Thatcher stellte wiederholt, so auch am 28. November, fest, daß die Wiedervereinigung „nicht auf der Tagesordnung" stehe.[17]

Noch einen Schritt weiter ging der französische Staatspräsident Mitterrand, der sich düpiert fühlte, da die Verlesung des „Zehn-Punkte-Programms" ohne vorherige Konsultation erfolgt war, und Kohl diesen Alleingang „niemals vergessen" wollte.[18] Vom 20. bis zum 22. Dezember 1989 besuchte Mitterrand geradezu demonstrativ die DDR, nicht zuletzt Ost-Berlin, und das war keineswegs eine Visite wie andere auch. Vielmehr stattete mit dem französischen Staatspräsidenten erstmals überhaupt ein Staatsoberhaupt einer der drei westlichen Siegermächte des Zweiten Weltkrieges der DDR, 40 Jahre nach ihrer Gründung, einen offiziellen Besuch ab. Natürlich wußte Mitterrand, der viel Sinn für Symbolik besaß, was er tat, und da man „schließlich nicht gegen Deutschland Krieg führen" konnte, „um die Wiedervereinigung zu verhindern",[19] beabsichtigte sein Besuch die gezielte Aufwertung der sich reformierenden DDR und eine demonstrative Anerkennung des territorialen Status quo.

Ähnlich skeptisch gegenüber einer sich abzeichnenden Wiedervereinigung Deutschlands wie die westlichen waren naturgemäß die östlichen Nachbarn Deutschlands, allen voran Polen und die Sowjetunion. Warschau forderte in den Tagen und Wochen nach Öffnung der Mauer die Anerkennung der bestehenden Grenzen, Entschädigungen für die polnischen Zwangsarbeiter während des Zweiten Weltkriegs und sogar eine Beteiligung an den Gesprächen über die Lösung der Deutschen Frage. Wie der Zufall es wollte, hatte der Bundeskanzler am Tag der Maueröffnung, am 9. November 1989, einen offiziellen Besuch in Polen angetreten, der dann aus Anlaß der Grenzöffnung für einen Tag unterbrochen wurde.

Entschieden sprachen sich zunächst auch die Sowjets gegen eine Wiedervereinigung aus. In diesem Sinne stellte Außenminister Schewardnadse am 19. Dezember 1989 vor dem Europäischen Parlament die Frage: „Wo sind die politischen, gesetzlichen und materiellen Garantien, daß die deutsche Einheit nicht in Zukunft eine Bedrohung für die nationale Sicherheit anderer Staaten und für den Frieden in Europa schafft?"[20]

Trotz solcher Bedenken, Vorbehalte und Widerstände ging es mit der deutsch-deutschen Annäherung sehr rasch voran. Das lag vor allem an der Bevölkerung der DDR, die jetzt vor den Augen der Weltöffentlichkeit klarstellte: „Wir sind ein Volk". Die Menschen wollten die Einheit, und sie wollten sie zu bundesdeutschen Bedingungen. Der erste Schritt wurde am 28. Januar 1990 getan. Etwa zwei Monate, nachdem am 7. Dezember ein „Runder Tisch" aus allen Parteien und gesellschaftlichen Gruppen zusammengetreten war, fanden am 18. März vorgezogene Wahlen zur Volkskammer statt. Die Regierung einer großen Koalition aller demokratischen Parteien, der Lothar de Maizière als neuer Ministerpräsident vorstand, einigte sich darauf, die „Einheit Deutschlands nach Verhandlungen mit der BRD auf der Grundlage des Art. 23 GG zügig und verantwortungsvoll für die gesamte DDR gleichzeitig zu verwirklichen".[21] Diese Verhandlungen konnten bereits am 18. Mai mit der Unterzeichnung des Vertrages über die Schaffung einer Währungs-, Wirtschafts- und Sozialunion abgeschlossen werden. Am 1. Juli trat er in Kraft. Allerdings saßen bei den Vertragsverhandlungen nur zwei Partner am Tisch. Dadurch unterschied sich die politische Herstellung der inneren Einheit von der äußeren.

Bereits in seinem „Zehn-Punkte-Programm" hatte der Bundeskanzler klargestellt, daß die Entwicklung der innerdeutschen Beziehungen in den „gesamteuropäischen Prozeß" eingebettet bleiben würde.[22] Damit war sowohl die KSZE als vor allem auch die EG gemeint. Da dieses Europa in seinen Ursprüngen eine französische „Erfindung" war und sich an den Zielsetzungen der Pariser Europapolitik insgesamt wenig geändert hatte, fiel Frankreich auf der europäischen Ebene eine zentrale Rolle zu. François Mitterrand war erkennbar darum bemüht, Vorsorge dafür zu tragen, daß auch ein möglicherweise wiedervereinigtes und voraussichtlich noch gewichtigeres Deutschland fest in den europäischen Rahmen eingebunden und solchermaßen unter französischer Beobachtung beziehungsweise Mitkontrolle blieb.

Dem trug Kohl Rechnung, als er auf der Straßburger Tagung des Europäischen Rates am 8. und 9. Dezember 1989 dem Druck Frankreichs und fast aller übrigen EG-Mitglieder nachgab und der Einberufung einer Regierungskonferenz im Dezember des kommenden Jahres zustimmte. Dort sollte die zweite und dritte Stufe der Europäischen Wirtschafts- und Währungsunion (EWWU) vorbereitet und damit eine Änderung der Römischen Verträge von 1957 in Angriff genommen werden. Der Kanzler hatte ursprünglich ein späteres Datum für diese einschneidende Maßnahme im Auge, tat sich aber mit seinem Entgegenkommen insofern nicht schwer, als für ihn die Vereinigung Deutschlands und Europas zwei Seiten derselben Medaille waren.

Je eindeutiger die Zeichen auf eine Vereinigung der beiden deutschen Staaten wiesen, um so weniger reichte jedoch das Zugeständnis vom Dezember 1989 aus, um die europäischen Partner zu beruhigen. Deshalb machte der Bundeskanzler nach der ersten noch eine weitere Konzession – in Form einer Initiative. Sie bestand in dem Vorschlag, parallel zur beschlossenen Regierungskonferenz über die EWWU eine zweite über die „Europäische Politische Union" (EPU) einzuberufen. Offensichtlich verfolgte er damit ein doppeltes Ziel: Einmal war das parallele Verhandeln beider Projekte geeignet, einem zu schnellen, übereilten Fortgang des EWWU-Prozesses vorzubeugen. Dann aber sollten die Skeptiker in dem Vorschlag ein Signal erkennen, daß die Bundesrepublik auch in Zukunft auf eine verantwortliche und gemeinsame Außen- und Sicherheitspolitik setzen werde.

Mit Bedacht erfolgte der Vorstoß in einer gemeinsamen Botschaft, die Kohl und Mitterrand am 18. April 1990 an den amtierenden Präsidenten des Europäischen Rates, den irischen Premierminister Charles Haughey, richteten. Mit ihrem Schulterschluß machten sich die beiden nicht nur Freunde. Manchem Verbündeten kam der Verdacht, daß hier jene alte Zweibundidee mit Leben erfüllt werden könnte, die seit den Tagen de Gaulles immer wieder im Gespräch gewesen war. Als sich Kohl und Mitterrand anderthalb Jahre später, am 14. Oktober 1991, in einem weiteren Brief an den niederländischen Ratsvorsitzenden Lubbers für eine gemeinsame europäische Sicherheits- und Verteidigungspolitik aussprachen und anregten, die deutsch-französische Brigade zum „Kern für ein europäisches Korps" zu formen,[23] stießen sie anfänglich in den USA und Großbritannien, aber auch in Italien und Belgien auf eine reserviert-ablehnende Reaktion. Daraus zogen Deutschland und Frankreich ihre Konsequenzen und unterzeichneten am 21. Januar 1993 mit der NATO ein Abkommen über die Anbindung des Eurokorps an die Allianz. Das hieß nichts anderes, als daß die inzwischen installierte Europäische Union vorläufig keine militärische Eigenständigkeit besitzen würde.

Zu diesem Zeitpunkt war die äußere Herstellung der deutschen Einheit längst abgeschlossen. Dabei fiel den Vereinigten Staaten auf westlicher Seite die Schlüsselrolle zu. Keinen Augenblick ließ die amerikanische Regierung ihre Verbündeten im Zweifel, daß sie die Vereinigung Deutschlands befürwortete und unterstützte, daß sie auf der NATO-Mitgliedschaft des vereinigten Deutschlands bestehen werde und daß sie entschlossen war, ihre Truppen in Deutschland zu belassen – wenn auch möglicherweise in reduziertem Umfang. Es sei dahingestellt, ob es – mit Blick auf die Zukunft der Atlantischen Allianz – überhaupt eine Alternative gegeben hat. Jedenfalls wirkte Washingtons klare Linie in Paris und London beruhigend. Die NATO blieb nach der Revolution der Weltpolitik weiterhin das, was sie stets auch gewesen war: eine Sicherheitsgarantie vor Deutschland. Für viele Mitglieder der Allianz blieb diese Funktion im Zentrum der NATO-Planungen.

Angesichts der unmißverständlichen Haltung der amerikanischen Regierung zur Deutschen Frage wuchs in Paris und London ebenso wie in den Metropolen der übrigen EG-Mitglieder die Bereitschaft, die sich abzeichnende Vereinigung der beiden deutschen Staaten zu akzeptieren. Mitterrand signalisierte Kohl bei dessen Besuch am 15. Februar 1990 in Paris seine grundsätzliche Zustimmung, zumal der Bundeskanzler bei dieser Gelegenheit ausdrücklich den deutschen Verzicht auf ABC-Waffen bekräftigte. Daß Mitterrand damit keinem Herzenswunsch Ausdruck verlieh, blieb zumindest seinen engsten Beratern nicht verborgen. Als fünf Monate später die Ergebnisse der noch zu beleuchtenden Kaukasus-Begegnung bekannt wurden, ließ der Präsident seinem Unmut freien Lauf: „Da haben wir's! Wie hat uns Gorbatschow bekniet, Kohl nicht nachzugeben. Und jetzt überläßt er ihm alles, zweifellos für ein paar Mark."[24]

Frau Thatcher kündigte ihre Zustimmung in einem Telefonat mit Präsident Bush an, bevor dieser am 24. und 25. Februar Kohl empfing.[25] Indessen ließ die unberechenbare Britin zur gleichen Zeit, am 25. Februar, in einem Interview mit der „Sunday Times" erneut Warnungen vor einer übereilten Vereinigung verlautbaren, indem sie auf die Geschichte der ersten Jahrhunderthälfte verwies, die man nicht „einfach ignorieren" könne: „So geht es nicht".[26] Ziemlich genau einen Monat später, am 24. März 1990, lud die Premierministerin einige prominente britische und amerikanische Historiker auf ihren Landsitz Chequers ein, um sich über mögliche Gefahren der Vereinigung ins Bild setzen zu lassen. Die heftigen Reaktionen der britischen Öffentlichkeit auf diese und andere Ereignisse ließen dann freilich erkennbar werden, daß Frau Thatcher nicht die Mehrheitsmeinung vertrat, zumal das Ergebnis der ersten freien Wahl in der DDR für sich sprach.

Inzwischen zeichnete sich auch bei einem anderen, größeren Problem eine Lösung ab. Was im Verhältnis der Bundesrepublik zu den drei Westmächten förderlich war, erwies sich zunächst auf der Ebene der deutsch-sowjetischen Beziehungen als das glatte Gegenteil. Das gilt insbesondere für die Zugehörigkeit des vereinigten Deutschlands zur NATO. Nach einer Zeit unverhohlener Reserve gegenüber jedweder Einigungsabsicht hatte die sowjetische Führung anläßlich des Aufenthaltes von Bundeskanzler Kohl in Moskau in der Zeit vom 10. bis zum 12. Februar 1990 ihre grundsätzliche Zustimmung signalisiert.

Die Gründe für diesen Sinneswandel waren im Westen, auch in Bonn, recht eindeutig zu erkennen. Offenbar hatte sich inzwischen im Kreml die Erkenntnis durchgesetzt, daß die Entwicklung in Deutschland ein Teil jenes mächtigen Trends zu nationaler Selbständigkeit war, der inzwischen weite Teile des Warschauer Paktes und der Sowjetunion selbst erfaßt hatte und von Moskau aus nicht mehr zu lenken war. Eine Beruhigung der Lage konnte und mußte von Bonn ausgehen. Das aber war nur möglich, wenn der Westen Deutschlands dem Osten eine Perspektive bot. Im übrigen wußte Gorbatschow, daß der Reformprozeß, den er angestoßen und der sich längst verselbständigt hatte, ohne westliche Unterstützung nicht erfolgreich fortzusetzen war. Und natürlich richtete sich der hilfesuchende Blick zuerst und vor allem auf die Bundesrepublik in der sicheren Erwartung, daß die Deutschen der Sowjetunion als Gegenleistung für die Zustimmung zur deutschen Einigung wirtschaftliche Hilfe nicht vorenthalten würden.

So konnte der Bundeskanzler bereits am ersten Tag seines Moskau-Aufenthaltes während einer Pressekonferenz eine Botschaft an die deutsche Bevölkerung richten: „Generalsekretär Gorbatschow hat mir unmißverständlich zugesagt, daß die Sowjetunion die Entscheidung der Deutschen, in einem Staat zu leben, respektieren wird, und daß es Sache der Deutschen ist, den Zeitpunkt und den Weg der Einigung selbst zu bestimmen."[27] Allerdings hatten die Sowjets, und das sagte Kohl bei dieser Gelegenheit nicht, ihre prinzipielle Zustimmung an drei Bedingungen geknüpft, von denen die beiden ersten vergleichsweise leicht zu erfüllen waren: die Forderungen nach Anerkennung der Unantastbarkeit der Grenzen und nach deutscher Wirtschaftshilfe für die Sowjetunion. Bereits im Februar 1990 gewährte Bonn Moskau eine Lebensmittelhilfe in Höhe von 220 Millionen D-Mark. Überdies erstattete die Bundesrepublik der Sowjetunion zwei Milliarden D-Mark für Sowjetexporte in die DDR, die noch von deren Regierung vereinbart, aber 1990 nicht mehr abgenommen worden waren.[28] Das ganze Ausmaß dieser und anderer Verbindlichkeiten Ost-Berlins konnte aber damals noch gar nicht übersehen werden: Immerhin hatte die DDR mit 137 Staaten mehr als 2600 Verträge abgeschlossen, von denen lediglich 7 % in ihrem Gesetzblatt veröffentlicht worden waren.

Als wesentlich schwieriger und zunächst offenbar auch unerfüllbar erwies sich die dritte Bedingung, die Gorbatschow gestellt hatte: der Verzicht des vereinigten Deutschlands auf die NATO-Mitgliedschaft. Unmißverständlich stellte Gorbatschow im März 1990 vor laufenden Kameras aus beiden deutschen Staaten mit Blick auf diese NATO-Mitgliedschaft fest: „Das ist absolut ausgeschlossen."[29] Zur Überraschung vieler konnte indessen auch diese letzte Hürde schon im Juli 1990 genommen werden. Zeitweilig war von Moskau eine „Doppelmitgliedschaft" des vereinigten Deutschlands in NATO und Warschauer Pakt ins Gespräch gebracht worden, mit der auch deutsche Politiker geliebäugelt hatten. Das galt sowohl für den Bundeskanzler, der allerdings spätestens bei seinem Gespräch mit Präsident Bush in Camp David am 24. Februar 1990 erkannte, wie essentiell es für seinen Gesprächspartner war, „daß das geeinte Deutschland in der NATO bleibe",[30] als auch für den Außenminister, dessen zögernde Haltung in dieser Frage die alte Skepsis in der Washingtoner Administration weiter verstärkte.[31] Zu diesem Zeitpunkt unerwartet, gab dann allerdings Gorbatschow anläßlich seines nächsten Treffens mit Kohl in Moskau beziehungsweise in seiner kaukasischen Heimat am 15. und 16. Juli seine Zustimmung zur NATO-Mitgliedschaft des vereinigten Deutschlands.

Vielen Beobachtern stellte sich die Frage nach den Gründen für diesen Sinneswandel, wenn es denn einer war. Abgesehen davon, daß Gorbatschow auf dem 28. Parteitag der KPdSU, der im unmittelbaren Vorfeld der Kaukasus-Begegnung abgehalten worden war, in geheimer Abstimmung als Parteichef bestätigt und damit in seiner politischen Linie bestärkt worden war, darf man nicht vergessen, daß sich mit dem Wahlergebnis in der DDR vom 18. März und mit Inkrafttreten der Währungsunion vom 1. Juli der „Spielraum der sowjetischen Diplomatie ... merklich verengt" hatte.[32] Zudem hatte die NATO anläßlich ihres Gipfeltreffens am 5. und 6. Juli 1990 in ihrer „Londoner Erklärung" bekräftigt, „niemals und unter keinen Umständen als erste Gewalt anwenden" zu wollen, und eine „gemeinsame Erklärung" der Mitglieder von NATO und Warschauer Pakt angeregt, „in der wir feierlich bekunden, daß wir uns nicht länger als Gegner betrachten, und in der wir unsere Absicht bekräftigen, uns der Androhung oder Anwendung von Gewalt zu enthalten, die gegen die territoriale Integrität oder politische Unabhängigkeit irgendeines Staates gerichtet ... ist."[33] Die Erklärungen zielten auf die Stimmungslage innerhalb der Sowjetunion. Mit ihnen liquidierte die Allianz offiziell ein Feindbild, und das beruhigte in Moskau.

Schließlich erleichterte die deutsche Seite der sowjetischen ihre Zustimmung zur NATO-Mitgliedschaft des vereinigten Deutschlands, indem sie sich auf dem Weltwirtschaftsgipfel in Houston vom 9. bis 11. Juli, also im unmittelbaren Vorfeld des Kaukasus-Treffens, für Moskaus Nöte stark machte und die Teilnehmer von der Dringlichkeit wirtschaftlicher Hilfe für die Sowjetunion überzeugte. Vor allem aber hatte sie – schon vor dem Treffen – für einen Fünf-Milliarden-Kredit gebürgt. Die Einzelheiten waren am 14. Mai auf einer Geheimmission des außenpolitischen Beraters von Bundeskanzler Kohl, Horst Teltschik, geklärt worden, an der auch zwei führende deutsche Bankiers teilgenommen hatten. Schon im Februar hatte Kohl zu Bush und Baker gesagt, daß letztlich alles eine Frage von „cash" sei: „Die brauchen Geld",[34] und der amerikanische Außenminister hatte diese Beobachtung mit dem Hinweis quittiert, daß der Bundeskanzler schließlich „große Taschen" habe.[35]

Das also waren die Voraussetzungen, unter denen die Begegnung zwischen Kohl und Gorbatschow im Kaukasus stattfand und zu einem aus deutscher Sicht erfolgreichen Ergebnis geführt werden konnte. Am 16. Juli 1990 gab der Bundeskanzler der erstaunten Weltöffentlichkeit in einer Pressekonferenz in Schelesnowodsk bekannt: „Das vereinte Deutschland kann in Ausübung seiner uneingeschränkten Souveränität frei und selbst entscheiden, ob und welchem Bündnis es angehören will." Im Gegenzug verpflichtete sich die Bundesrepublik, eine Reihe von militärischen Selbstbeschränkungen einzuführen beziehungsweise beizubehalten, zu denen unter anderem die Reduzierung der Streitkräfte des vereinigten Deutschlands auf 370000 Mann, der Verzicht auf „Herstellung, Besitz und Verfügung von ABC-Waffen“ und die bleibende Mitgliedschaft im Nichtverbreitungsvertrag gehörten. Nach vollzogener Vereinigung sollten dann noch die Modalitäten des sowjetischen Truppenabzugs aus der DDR vertraglich festgelegt werden.[36]

Der Erfolg im Kaukasus bereitete zugleich der Verhandlungslösung auf der völkerrechtlich entscheidenden Ebene den Weg. Bereits gut einen Monat nach der Öffnung der Mauer waren auf sowjetische Initiative hin erste Gespräche aufgenommen worden: Am 11. Dezember 1989 trafen sich, erstmals seit 1971, die Botschafter der vier Siegermächte im ehemals vom Alliierten Kontrollrat benutzten Gebäude in Berlin. Auch diese Begegnung war von beträchtlicher Symbolkraft. Immerhin wurde das Ende des Kalten Krieges dort eingeläutet, wo dieser am 20. März 1948, mit dem Auszug des sowjetischen Vertreters aus dem Alliierten Kontrollrat, in seine heiße Phase eingetreten war.

Fortschritte bei diesen Viermächteverhandlungen brachte der Februar 1990. Anlaß war ein Treffen der Außenminister von NATO und Warschauer Pakt in Ottawa vom 12. bis zum 14. Februar, dessen eigentliches Thema das vom amerikanischen Präsidenten Bush angeregte Konzept der „Open Skies“ war. Am 13. Februar taten die Außenminister der vier Siegermächte des Zweiten Weltkrieges und der beiden deutschen Staaten in einer gemeinsamen Erklärung ihre Absicht kund, sich zu treffen, „um die äußeren Aspekte der Herstellung der deutschen Einheit, einschließlich der Fragen der Sicherheit der Nachbarstaaten, zu besprechen. Vorbereitende Gespräche auf Beamtenebene werden in Kürze aufgenommen.“[37] Das geschah am 14. März in Bonn. Drei Wochen später, am 5. Mai 1990, begannen die „Zwei-plus-Vier“-Verhandlungen der sechs Außenminister in Bonn.

In ihrer dritten Verhandlungsrunde akzeptierten die Sechs am 17. Juli in Paris die einen Tag zuvor im Kaukasus geschaffenen Tatsachen. An diesem Treffen nahm zeitweilig auch der polnische Außenminister Krysztof Skubiszewski teil. Damit wurde einer Forderung Rechnung getragen, die erstmals durch den polnischen

Ministerpräsidenten Mazowiecki am 14. Februar bei einem Besuch in London erhoben worden war. Der Rest war nahezu Routine. Nach der grundsätzlichen sowjetischen Zustimmung ging es vor allem noch um die Klärung von Detailfragen. Am 12. September 1990 fand in Moskau die letzte Runde der Außenminister-Treffen im Rahmen der „Zwei-plus-Vier"-Gespräche statt. Am Ende stand die Unterzeichnung des „Vertrages über die abschließende Regelung in bezug auf Deutschland".

Der „Zwei-plus-Vier"-Vertrag war kein Friedensvertrag, übernahm aber dessen Funktion. Zwar erhob die Sowjetunion anfänglich noch die Forderung nach Abschluß eines solchen Vertrages, doch lenkte sie schließlich ein, da zahlreiche Gründe dagegen sprachen. Einmal waren schon seit Mitte der fünfziger Jahre einige Hauptgegenstände eines Friedensvertrages „nicht mehr regelungsbedürftig".[38] Das galt sowohl für die Beendigung des Kriegszustandes als auch für das Problem der Reparationsleistungen. Vor allem aber stellte sich die Frage, ob dann nicht alle Staaten, die sich während des Zweiten Weltkrieges mit Deutschland im Kriegszustand befunden hatten, auch den Friedensvertrag mit Deutschland hätten unterzeichnen müssen. Nach der Rechnung, welche die Sowjets in ihrem Friedensvertragsentwurf von 1959 aufgemacht hatten, wären das 29 Staaten einschließlich Weißrußlands und der Ukraine gewesen.

Gemäß Artikel 1.1 des „Vertrages über die abschließende Regelung in bezug auf Deutschland" umfaßte das „vereinte Deutschland ... die Gebiete der Bundesrepublik Deutschland, der Deutschen Demokratischen Republik und ganz Berlins ... Seine Außengrenzen werden die Grenzen der Deutschen Demokratischen Republik und der Bundesrepublik Deutschland sein und werden am Tag des Inkrafttretens dieses Vertrages endgültig sein."[39] Artikel 1.2 verpflichtete das vereinigte Deutschland, seine Grenze zu Polen in einem Vertrag zu bestätigen. Das geschah am 14. November 1990 in Warschau, indem Polen und Deutschland erklärten, „daß die zwischen ihnen bestehende Grenze jetzt und in Zukunft unverletzlich ist".[40] Damit hatten Repräsentanten deutscher Staaten zum fünften Mal seit Ende des Zweiten Weltkrieges direkt oder indirekt die Oder-Neiße-Grenze bestätigt. Vorangegangen war die DDR im Görlitzer Vertrag vom 6. Juli 1950, gefolgt von der Bundesrepublik, die am 7. Dezember 1970 im Warschauer Vertrag die Unverletzlichkeit dieser Grenze anerkannt hatte. Beide Staaten stimmten dann mit der Schlußakte von Helsinki noch einmal generell der Unverletzlichkeit der Grenzen in Europa zu, und am 21. Juni 1990 erklärten sich der Bundestag und die Volkskammer der DDR in gleichlautenden Resolutionen bereit, den Grenzverlauf bestätigen zu wollen, was dann am 14. November 1990 auch geschehen ist. Damit war Artikel 1.2 des „Vertrages über die abschließende Regelung in bezug auf Deutschland“ Genüge getan.

Mit Artikel 7.1 des „Zwei-plus-Vier“-Vertrages beendeten die Vier Mächte „ihre Rechte und Verantwortlichkeiten in bezug auf Berlin und Deutschland als Ganzes“.[41] Das hörte sich unscheinbar an, bedeutete aber immerhin die Sistierung unter anderem der Londoner EAC-Protokolle vom 12. September und 14. November 1944, der Erklärung der Übernahme der obersten Regierungsgewalt durch die Vier Mächte vom 5. Juni 1945, des „Potsdamer Abkommens“, der „Deutschland-Verträge“ zwischen den Westmächten und der Bundesrepublik Deutschland sowie der entsprechenden Vereinbarungen zwischen der Sowjetunion und der DDR, der Anwendbarkeit der „Feindstaatenklauseln“ in den Artikeln 53.1 und 107 der UN-Charta und einer Reihe anderer Vereinbarungen.

Schließlich bestätigte der Vertrag den deutschen Verzicht auf die Herstellung, den Besitz und die Verfügung von ABC-Waffen und die Beschränkung der Bundeswehr auf 370000 Mann einschließlich der Seestreitkräfte, zu der sich die Bundesrepublik bereits am 30. August 1990 im Rahmen der noch zu erläuternden Wiener VKSE verpflichtet hatte. Allerdings berührten die Bestimmungen nicht die Lagerung von Nuklearwaffen der NATO auf dem Gebiet der alten Bundesrepublik und auch nicht die Möglichkeit einer „Mitverfügung über Atomwaffen im Rahmen einer künftigen Europäischen Politischen Union“.[42] Denn das Recht des vereinigten Deutschlands, Bündnisse mit allen sich daraus ergebenden Rechten und Pflichten einzugehen, wurde von dem Vertrag nicht berührt. Jedoch konnte die Eingliederung der auf dem Gebiet der ehemaligen DDR stationierten Land-, Luft- und Seestreitkräfte erst nach Abschluß des sowjetischen Truppenabzuges im Januar 1995 vollzogen werden. Am 1. Oktober überreichten die Vier Mächte der Bundesrepublik eine Erklärung,

„daß die Wirksamkeit ihrer Rechte und Verantwortlichkeiten in bezug auf Berlin und Deutschland als Ganzes mit Wirkung vom Zeitpunkt der Vereinigung Deutschlands bis zum Inkrafttreten des Vertrages ... ausgesetzt wird".[43] Damit war in dürren Worten fast ein halbes Jahrhundert nach Beendigung des Zweiten Weltkriegs die wichtigste noch offene Frage beantwortet.

Am 3. Oktober 1990 wurde die Vereinigung der beiden deutschen Staaten feierlich vollzogen, und am folgenden Tag fand im Reichstagsgebäude zu Berlin die erste Plenarsitzung eines freigewählten gesamtdeutschen Parlaments seit 57 Jahren statt. Selbst zu diesem Zeitpunkt war wohl den wenigsten bewußt, was sie erlebten: Nicht nur gaben die dramatischen Ereignisse der Jahre 1989/90 den Deutschen nach 1871 und 1918 die dritte historische Chance und bescherten ihnen erneut den spätestens seit 1961 für unerreichbar gehaltenen Nationalstaat, vielmehr katapultierten sie die Bundesrepublik gleichsam über Nacht wieder in die Rolle einer kontinentalen Großmacht mit weltpolitischem Gewicht. Gewissermaßen ohne Vorwarnung war Deutschland „zum stärksten Staat Europas (nach Rußland) aufgestiegen".[44] Diesen höchst folgenreichen Sachverhalt, den viele ausländische Beobachter frühzeitig realisierten, mochten oder konnten die meisten Deutschen in jener Nacht, in der sie die Vereinigung ihrer beiden Staaten bejubelten, nicht wahrhaben. Sie gingen vielmehr davon aus, daß auch die erweiterte Bundesrepublik künftig im Windschatten des weltpolitischen Geschehens als mittlere Macht prosperieren könne.

Dabei wurde die Geschichte des deutschen Nationalstaats übersehen, der von seiner Gründung im Jahre 1871 bis zu seinem Ende ein Dreivierteljahrhundert später eine Großmacht gewesen war. Schon deshalb bedeutete die Vereinigung der beiden Teilstaaten zwangsläufig etwas anderes als eine Korrektur von Zahlen, Daten und Bilanzen in den Statistiken des Kontinents. Allerdings waren schon diese im Falle des vereinigten Deutschlands beeindruckend genug, und im übrigen stand die Vereinigung Deutschlands als einziges Ereignis dieser Art gegen den allgemeinen Trend der politischen und territorialen Auflösung in Ost- und Südosteuropa. Vor allem aber besaß die Bundesrepublik, ähnlich wie Japan, das „Potential, mittels Nichtkooperation die Funktionen" des internationalen Systems zu „sabotieren".[45] Anders als während der ersten Hälfte des 20. Jahrhunderts war das eine Eigenschaft, die jede verantwortlich agierende Großmacht um so stärker in Rechnung zu stellen hatte, je weiter die Globalisierung und Vernetzung aller Lebensbereiche voranschritt und damit die Anfälligkeit des Gesamtsystems zunahm.

Diese Dimensionen der Vereinigung Deutschlands und vor allem ihre vielfältigen Konsequenzen konnte 1989/90 zweifellos kaum jemand vorhersehen, zumal die Bundesrepublik mit dem 3. Oktober 1990 noch keineswegs vollständig souverän war. Vorläufig waren die Rechte und Verantwortlichkeiten der Vier Mächte nur „ausgesetzt". Ihr endgültiges Erlöschen hing vom Inkrafttreten des „Zwei-plus-Vier"-Vertrages ab, und das wiederum setzte dessen Ratifizierung voraus. Die Sowjets machten diesen letzten Schritt von einigen Vereinbarungen über die Modalitäten des Abzuges ihrer Truppen aus Deutschland abhängig. Die erste dieser Vereinbarungen wurde noch am 13. September 1990, einen Tag nach Unterzeichnung des „Zwei-plus-Vier"-Vertrages und auf den Tag genau 35 Jahre nach Aufnahme diplomatischer Beziehungen zwischen der Bundesrepublik und der UdSSR, in Moskau paraphiert. Das war der „Vertrag über gute Nachbarschaft, Partnerschaft und Zusammenarbeit". Er wurde am 9. November 1990, dem Jahrestag der Maueröffnung, von Kohl und Gorbatschow in Bonn unterzeichnet.

Das Dokument enthielt eine Fülle interessanter Aspekte, zu denen seine Laufzeit von 20 und eine automatische Verlängerung um jeweils fünf Jahre zählten. Die Bestimmungen des Artikels 6 waren denen des Vertrages über die deutsch-französische Zusammenarbeit vom 22. Januar 1963 nachempfunden. Sie sahen „regelmäßige Konsultationen" auf allen Ebenen vor. Schließlich gab es den Artikel 3, Absatz 3, der wie folgt lautete: „Sollte eine der beiden Seiten zum Gegenstand eines Angriffs werden, so wird die andere Seite dem Angreifer keine militärische Hilfe oder sonstigen Beistand leisten und alle Maßnahmen ergreifen, um den Konflikt ... beizulegen."[46] Nun hatte der Neutralitäts- beziehungsweise Nichtangriffsvertrag gerade in den deutsch-sowjetischen beziehungsweise deutsch-russischen Beziehungen eine besondere Geschichte. Sowohl der „Rückversicherungsvertrag" des Jahres 1887 als auch der Berliner Vertrag von 1926 und der „Hitler-Stalin-Pakt" des Jahres 1939 waren unter anderem Neutralitätsverträge gewesen. Vermutlich war diese historische Reminiszenz von den Vertragsparteien nicht beabsichtigt. Aber daß sie in einer Zeit des mehrfach erklärten und von beiden Seiten, etwa im Rahmen der UNO oder der KSZE, feierlich bekräftigten Gewaltverzichts überhaupt auf diese „unglückliche“[47] Formulierung verfielen, ist bemerkenswert.

Ergänzt wurde der Vertrag durch zwei Abkommen, die am 9. beziehungsweise 12. Oktober 1990 unterzeichnet worden waren. Das erste regelte „einige überleitende Maßnahmen“, worunter im wesentlichen Modalitäten der Finanzierung des sowjetischen Truppenabzugs vom Territorium der ehemaligen DDR zu verstehen waren. Insgesamt wurde ein auf vier Jahre verteilter Betrag von zwölf Milliarden D-Mark zugesagt, darunter 7,8 Milliarden für den Bau von Wohnungen für einen Teil der in die Sowjetunion abziehenden Soldaten. Der zweite Vertrag regelte die „Bedingungen des befristeten Aufenthalts und die Modalitäten des planmäßigen Abzugs der sowjetischen Truppen“ bis zum Jahre 1994 und enthielt unter anderem den Hinweis, daß für Moskaus Streitkräfte die einschlägigen Regelungen des KVAE-Dokuments vom September 1986 gelten sollten. Damit dokumentierte auch dieser letzte deutsch-sowjetische Vertrag die hohe Bedeutung des KSZE-Prozesses für die Entwicklungen im Europa des endenden Kalten Krieges.

Ähnlich wie die EG und die NATO bildete die KSZE eine jener äußeren Rahmenbedingungen, in welche der deutsche Vereinigungsprozeß eingebettet und ohne die er nur schwer vorstellbar war. Das KSZE-Gipfeltreffen der Staats- und Regierungschefs vom 19. bis zum 21. November 1990 in Paris demonstrierte das auf eindrucksvolle Weise. Aus deutscher Sicht war diese Begegnung der führenden Repräsentanten von nunmehr nur noch 34 Teilnehmerstaaten schon deshalb wichtig, weil es am 19. November, zwei Tage nach Unterzeichnung des Abkommens über Vertrauens- und Sicherheitsbildende Maßnahmen (VSBM), zur Unterzeichnung des ersten Abkommens über die Konventionellen Streitkräfte in Europa (KSE) durch die Vertreter der 22 NATO- und Warschauer-Pakt-Staaten kam. Es legte unter anderem detailliert die „Verfahren zur Reduzierung“ von Kampfpanzern und weiterem schweren Gerät „durch Zerstörung“ fest. Vor allem die Deutschen mußten das begrüßen, hatte doch gerade Bonn immer wieder auf den asymmetrischen Abbau der konventionellen Waffenarsenale gedrängt.

Schließlich begrüßten die 34 Staats- und Regierungschefs, unter diesen die der vier Siegermächte des Zweiten Weltkriegs, in ihrer „Charta von Paris für ein neues Europa ... aufrichtig, daß das deutsche Volk sich in Übereinstimmung mit den Prinzipien der Schlußakte der Konferenz über Sicherheit und Zusammenarbeit in Europa und in vollem Einvernehmen mit seinen Nachbarn in einem Staat vereinigt hat".[48] So markierte der KSZE-Gipfel den glanzvollen Höhepunkt und Abschluß einer Entwicklung, welche die meisten noch zwei Jahre zuvor für unmöglich und viele – im In- wie im Ausland – für nicht wünschenswert gehalten hatten.

Allerdings lag der KSZE-Gipfel des Novembers 1990 bereits im Schatten von Ereignissen, die sehr bald die Harmonie stören und das frisch vereinigte Deutschland abrupt aus seiner Feierstimmung reißen sollten: In der Nacht vom 16. auf den 17. Januar 1991 eröffnete eine alliierte Koalition aus 33 Staaten mit einer Luftoffensive die Kampfhandlungen gegen den Irak. Sie folgte damit einer ohne Gegenstimme gefaßten Resolution des Weltsicherheitsrates der Vereinten Nationen, in welcher der Irak ultimativ zur Räumung des am 2. August 1990 gewaltsam besetzten und sechs Tage darauf annektierten Kuwait aufgefordert worden war. In den frühen Morgenstunden des 24. Februar begann schließlich die Bodenoffensive, die vier Tage später mit einer Feuerpause vorläufig erfolgreich abgeschlossen werden konnte, nachdem die alliierte Streitmacht Kuwait befreit und der Irak seine Bereitschaft zur Annahme aller zwölf UNO-Resolutionen erklärt hatte.

So durchschlagend der militärische Erfolg gewesen ist, so unwägbar waren die Risiken im Vorfeld. Offenkundig war der irakische Diktator zum äußersten entschlossen. Das zeigten die Raketenangriffe auf Israel, die am 18. Januar einsetzten; das hatte Saddam Hussein aber auch schon mit dem Einsatz chemischer und bakteriologischer Kampfstoffe in den Kriegen gegen Iran und gegen die kurdische Bevölkerung seines eigenen Landes bewiesen. Da er anscheinend erwog, sein B-C-Arsenal auch während der bevorstehenden Operation „Desert Storm" einzusetzen, drohte der amerikanische Außenminister Baker seinem irakischen Amtskollegen Aziz bei ihrem letzten Genfer Zusammentreffen unverhohlen mit einer nuklearen Antwort.[49]

In der Endphase des Kalten Krieges ausgetragen, führte der Golfkrieg den Deutschen gleichsam über Nacht vor Augen, daß sich ihre Lage dramatisch gewandelt hatte. Mit der Zuspitzung der Golfkrise und dem Eingreifen der Vereinten Nationen war auch das vereinigte Deutschland – seine Öffentlichkeit, seine Medien und vor allem seine politischen Repräsentanten – aufgefordert, Stellung zu beziehen. Daß unter den gegebenen politischen Bedingungen keine Bundeswehreinheiten in die alliierte Koalition, also zur Teilnahme an Kampfhandlungen außerhalb des NATO-Gebietes, entsandt werden konnten, war im wesentlichen unbestritten. Überrascht und zunehmend befremdet nahmen allerdings die nahen und fernen Nachbarn zur Kenntnis, daß die Bonner Politik schwieg und so die Außendarstellung der Republik zeitweilig einer sich lautstark gegen die Alliierten artikulierenden Minderheit überließ.

Was jenseits der deutschen Grenzen erwartet wurde, war nicht nur eine Beteiligung im Rahmen des Möglichen. Die galt als selbstverständlich, und es gab sie durchaus: von der Bereitstellung des Territoriums der Bundesrepublik als Drehscheibe für den Golfnachschub bis hin zu umfangreichen Material- und Waffenlieferungen und, nach einiger Diskussion, der Zahlung erheblicher Geldbeträge. Nach einem Informationserlaß des Auswärtigen Amtes vom 19. Februar 1991 hatte Bonn bis zu diesem Zeitpunkt etwa 17 Milliarden D-Mark gezahlt.[50] Es war im übrigen eben diese indirekte Art der Unterstützung, die der deutschen Politik in ausländischen Medien alsbald die klischeehafte Charakterisierung als „Scheckbuchdiplomatie“ eintrug.[51]

Dabei beschränkten sich die deutschen Aktivitäten keineswegs nur auf materielle Unterstützung. So beteiligten sich Bundeswehreinheiten an vorsorglichen militärischen Maßnahmen der NATO zur Verhinderung eines Angriffs auf den Bündnispartner Türkei. Schließlich kam es, einige Wochen nach der Beendigung der Kampfhandlungen, aber noch vor Unterzeichnung des endgültigen Waffenstillstandes, zur Entsendung deutscher Minensuchboote in den Persischen Golf. Es war bezeichnend für die tiefe Unsicherheit der deutschen Politik in dieser Krise, daß solche Entscheidungen nahezu im verborgenen getroffen und umgesetzt wurden. Wo das nicht möglich war, wie bei der Beteiligung an NATO-Aktionen, entwickelte sich rasch eine heftige öffentliche Debatte.

Aus der Sicht der Allianz galt diese Unterstützung als selbstverständlich, erwartet wurde mehr, vor allem eine umgehende öffentliche Solidarisierung führender Repräsentanten aller politischen Parteien und insbesondere der Bundesregierung mit den Alliierten. Die ließ indessen lange auf sich warten. Buchstäblich in letzter Minute, anläßlich der Eröffnung der alliierten Bodenoffensive zur Befreiung Kuwaits in der Nacht vom 23. auf den 24. Februar 1991, fand die deutsche Politik ihre Sprache wieder. Nachdem sich ihre Vertreter noch wenige Tage und Stunden zuvor als einziger größerer Partner der westlichen Allianz für einen aus alliierter Sicht nicht akzeptablen sowjetischen Friedensplan ausgesprochen hatten, ließen sie jetzt in mehreren öffentlichen Stellungnahmen keinen Zweifel mehr daran, daß die Aktion in dieser Form und zu diesem Zeitpunkt legitim und notwendig sei und daß man in politischer Solidarität „fest und unverbrüchlich" an der Seite der alliierten Koalition stehe.[52]

Für die Unentschlossenheit der deutschen Politik in diesen ersten Wochen des Jahres 1991 gab es mehrere Ursachen, nicht zuletzt historische von beträchtlicher Langzeitwirkung. Wie schnell nämlich die größer gewordene Bundesrepublik in dieser Zeit des Umbruchs in den Verdacht geraten konnte, an vergangene, aber längst nicht vergessene Traditionen anzuknüpfen, offenbarten die unerwartet heftigen Reaktionen auf ihren diplomatischen Alleingang im Jugoslawien-Konflikt. Am 23. Dezember 1991 erkannte Bonn Slowenien und Kroatien diplomatisch an. Ursprünglich hatte die EG eine gemeinsame Anerkennung der beiden Staaten ins Auge gefaßt, die auch am 15. Januar des kommenden Jahres erfolgte. Das Vorpreschen der Bundesrepublik unterschied sich keineswegs vom Verhalten anderer Großmächte in vergleichbaren Situationen: Wie die folgenden Jahre zeigen sollten, förderte der nachlassende Außendruck auf die westlichen Gemeinschaften die Neigung namentlich Frankreichs zu unabgesprochenen Alleingängen.

Allerdings betrat Deutschland das neue Zeitalter mit einer anderen historischen Bürde als seine Nachbarn; außerdem stand Bonns Balkan-Politik scheinbar im krassen Gegensatz zur auffälligen politischen Abstinenz während des Golfkrieges am Beginn des Jahres. Sie war indessen gleichfalls Ausdruck einer tiefen Verunsicherung über die neue Lage und die ungewohnte Rolle. Das war für Außenstehende nicht ohne weiteres erkennbar, und so hegte mancher Beobachter den Verdacht, daß Deutschland lediglich neue Taktiken anwende, um sein altes Ziel, die „Hegemonie" über den Kontinent, zu erreichen.[53] Das war natürlich eine Übertreibung, aber sie ließ doch sehr deutlich werden, daß die Nachbarn in Ost wie in West wesentlich früher als die Deutschen selbst begriffen, was die Revolution der ausgehenden achtziger und beginnenden neunziger Jahre neben vielem anderen bedeutete – die Geburt einer deutschen Großmacht.[54]

Auf diese neue Lage waren die Deutschen freilich nicht vorbereitet. Die Zerschlagung der Großmacht Deutsches Reich mit ihrem preußischen Kernstaat und die Auflösung des deutschen Nationalstaates am Ende des Zweiten Weltkrieges hatten zu einem konsequenten Abschied von allem Machtdenken geführt:[55] Hatte man den Deutschen nicht unmißverständlich zu verstehen gegeben, daß die Zeiten aktiver Großmachtpolitik endgültig vorüber seien? Waren nicht die Erinnerungen an die deutschen Ambitionen in der ersten Hälfte des Jahrhunderts bei den Nachbarn noch durchaus lebendig? Gab es nicht angesichts des Vernichtungswahns, dem die Deutschen während des Zweiten Weltkriegs verfallen und mit einer in der zivilisierten Welt beispiellosen Mordmaschinerie gefolgt waren, geradezu eine Verpflichtung, das Land von jeder Form der militärischen Machtausübung fernzuhalten?

Hinzu kam, daß die Bonner Außenpolitik bis zum Oktober 1990 unter den alliierten Vorbehalten in bezug auf Berlin und Deutschland als Ganzem gestanden und damit in vitalen Fragen allenfalls eine bedingte Handlungsfähigkeit besessen hatte. Außerdem hatte man in Bonn Außenpolitik stets in dem Bewußtsein getrieben, daß die Republik wegen ihrer exponierten Lage im Zentrum der geteilten Welt wie kein zweites Mitglied der Atlantischen Allianz auf deren Schutz angewiesen war. An diese Sicherheitsgarantie waren von Anfang an Vorgaben und Bedingungen geknüpft – politische, militärische und wirtschaftliche. Kurswechsel oder -korrekturen deutscher Außenpolitik, wie zum Beispiel die Ost- und Deutschlandpolitik der Jahre 1969–1973, erfolgten deshalb stets in enger Absprache und im Einvernehmen mit den Westmächten. Konnte es da überraschen, daß die Republik, als sie im Jahre 1990 unerwartet in die Pflicht souveränen Agierens als europäische Großmacht genommen wurde, hilflos und verunsichert wirkte?

Für dieses Erscheinungsbild Deutschlands zu Beginn des Jahres 1991 gab es indessen nicht nur historische, sondern auch aktuelle Gründe. So befand sich Bonn nach den ersten gesamtdeutschen Wahlen vom 2. Dezember mitten in der Regierungsbildung, die erst am 18. Januar 1991 mit der Vereidigung der Kabinettsmitglieder abgeschlossen wurde. Das war ein nicht zu unterschätzender Grund für die hinhaltende Politik der Bundesregierung. Gravierender war freilich der Umstand, daß es sich bei der schweren internationalen Krise dieser Wochen um eine Doppelkrise handelte und daß sich aus deutscher Sicht die dramatischen Entwicklungen in Ost- und Ostmitteleuropa nicht minder brisant darstellten als der Krieg am geographisch eher entfernten Persischen Golf. Ohne Zweifel war die Bundesrepublik, gelegen an der Nahtstelle zwischen Ost und West, von den Vorgängen im zerfallenden Sowjetimperium besonders betroffen. Immerhin standen auf ihrem Territorium zu diesem Zeitpunkt noch über 350 000 mit modernsten, auch taktischen Nuklearwaffen ausgerüstete Angehörige der Roten Armee. Im übrigen waren die Verträge mit der Sowjetunion noch nicht in Kraft. Der „Vertrag über gute Nachbarschaft, Partnerschaft und Zusammenarbeit“ und der „Zwei-plus-Vier“-Vertrag sollten vom Obersten Sowjet erst am 4. März 1991 und der deutsch-sowjetische Vertrag über die Stationierung und die „Modalitäten des planmäßigen Abzuges der sowjetischen Truppen aus dem Gebiet der Bundesrepublik Deutschland“ sogar erst am 2. April ratifiziert werden.

In dieser Situation wurde gerade in Bonn mit Besorgnis wahrgenommen, wie die sowjetischen Streitkräfte am 13. Januar 1991, dem „blutigen Sonntag“, in der litauischen Hauptstadt Wilna und eine Woche später in Lettland vorgingen, um die Unabhängigkeitsbestrebungen unter Kontrolle zu bringen. Daß diese Einsätze offenbar nicht durch die politische Führung in Moskau angeordnet oder autorisiert worden waren, machte die Sache nicht besser – im Gegenteil. Hinzu kamen aus westlicher Sicht erhebliche Verstöße der Sowjetunion gegen Geist und Buchstaben des am 19. November 1990 unterzeichneten VKSE-Abkommens, die Anfang Februar 1991 in den USA Anlaß für eine Verschiebung der Ratifizierung waren.

Genau diese Unsicherheiten und Unwägbarkeiten der neuen Lage trugen erheblich dazu bei, daß die anfänglich von vielen fernen und nahen Nachbarn nicht ohne Sorge beobachtete Vereinigung der beiden deutschen Staaten gleichsam über Nacht zur fest einkalkulierten Normalität des politischen Lebens in Europa wurde und daß sich die Vorbehalte gegenüber jedweder machtpolitischen Betätigung Deutschlands ins Gegenteil verkehrten. Plötzlich wurde klar, daß es bei Aktionen wie dem zitierten „blutigen Sonntag“ um die letzten, aussichtslosen Rettungsversuche eines kollabierenden Imperiums ging, der Zusammenbruch indessen nicht mehr aufzuhalten war und das vereinte Deutschland über kurz oder lang an ein riesiges machtpolitisches Vakuum grenzen werde.

Am 12. Juni 1991 wurde Boris Jelzin mit 57 % der Stimmen zum Präsidenten der Russischen Sozialistischen Föderativen Sowjetrepublik (RSFSR) gewählt. Das war ein deutliches Signal, denn Jelzin galt als erklärter Gegner der kommunistischen Partei, als Verfechter einer Trennung von Partei und Staat und als Befürworter einer konsequenteren, schnelleren Umsetzung der angestrebten Reformen. Am 23. August, wenige Stunden nach dem Scheitern eines Putschversuchs gegen Gorbatschow, verbot Jelzin alle Aktivitäten der kommunistischen Partei in Rußland. Am folgenden Tag trat Gorbatschow nach einer vom russischen Fernsehen direkt übertragenen Auseinandersetzung mit Jelzin von seinem Posten als Generalsekretär der KPdSU zurück. Nachdem am 8. Dezember durch Rußland, Weißrußland und die Ukraine die „Gemeinschaft Unabhängiger Staaten“ gegründet worden war, erklärte der sowjetische Staatspräsident am 25. Dezember seinen Rücktritt.

Das Ende der Sowjetunion hatte vielfältige Ursachen, die hier nicht im einzelnen zu erörtern sind. Zu ihnen zählen an vorderster Stelle die vollständige Erschöpfung der wirtschaftlichen Ressourcen, die mangelnde Flexibilität der staatstragenden Ideologie, die Erschütterung des militärisch-strategischen Selbstbewußtseins nach dem Afghanistan-Debakel, die schonungslose Überdehnung der imperialen Kräfte und ganz gewiß auch die Unterdrückung und Unterschätzung nationaler Vielfalt und Eigenständigkeit. In dieser Hinsicht markierte der Zerfall der Sowjetunion und ihres Imperiums den Kulminationspunkt eines Prozesses, in dem nicht wenige Zeitgenossen die Renationalisierung weiter Teile der europäischen Landschaft sahen.

Das gilt vor allem für den östlichen Teil des Kontinents, wo es den Völkern selbst im Zeitalter der Nationalstaaten verwehrt gewesen war, ihre Vorstellungen von nationaler Selbständigkeit in politische Wirklichkeit umzusetzen. Im Westen Europas, der für diesen Zustand maßgeblich die Verantwortung mittrug, selbst aber die nationalstaatliche Idee längst realisiert und inzwischen sogar partiell überwunden hatte, verfolgte man das Erwachen der nationalen Triebe mit wachsender Sorge. Denn wie vor dem Ersten Weltkrieg folgte der Idee auch jetzt ihre Übersteigerung und Pervertierung auf dem Fuße. Welche Auswirkungen das haben konnte, offenbarte die Schlußphase des Kalten Krieges. Das Jahr 1991 brachte erstmals wieder seit einem halben Jahrhundert Kriege und Bürgerkriege nach Europa.

Nicht nur wurden allein in der noch existierenden Sowjetunion fast 80 Schauplätze von Nationalitätenkonflikten registriert, vielmehr hielten die militärisch ausgetragenen Konflikte auch Einzug in das Herz des alten Kontinents: Nach einer verwickelten Vorgeschichte zerbrach im Verlauf des Jahres 1991 jener Vielvölkerstaat Jugoslawien, der am 1. Dezember 1918 als „Königreich der Serben, Kroaten und Slowenen" gegründet worden war. Darüber hinaus wurde auch die außereuropäische Welt mit dem Zusammenbruch der alten Ordnung von Kriegen, Krisen und Katastrophen und dabei nicht selten auch von der Geschichte eingeholt. Das galt nicht nur, wie gesehen, für den Nahen Osten, sondern auch für Südostasien, insbesondere für Kambodscha, und vor allem für große Teile des afrikanischen Kontinents.

Je mehr sich die Konflikte häuften, je stärker die Völkergemeinschaft, vor allem in ihrer organisierten Form, bei der Lösung gefordert war, um so häufiger klopften ihre Vertreter an das Tor des soeben vereinigten und gerade nach außen stabil, leistungsfähig und tatkräftig wirkenden Deutschlands. Die Antwort, die sie dabei erhielten, fiel vielen zu zurückhaltend aus. Die ungeduldigen Vertreter der Völkergemeinschaft nahmen es dabei für selbstverständlich, daß sich die Bundesrepublik nur wenige Jahre nach der Vereinigung und nach ihrem hilflos wirkenden Verhalten während des Zweiten Golfkrieges bereits in erheblichem Maße an UN-Aktionen beteiligte. Allerdings sollte dieses Engagement wegen der unklaren und ungeklärten Situation im Innern, möglichst nicht auf den ersten Blick erkennbar sein. Dabei waren schon bei den UN-Aktionen im Irak und in Kambodscha Soldaten der Bundeswehr beteiligt.

Was den Irak anging, so wurden nicht nur, wie erwähnt, noch vor Unterzeichnung des Waffenstillstandes im Zweiten Golfkrieg deutsche Minensuchboote in den Persischen Golf entsandt, vielmehr waren auch 30 Piloten und Mechaniker der Heeresflieger mit „CH-53"-Hubschraubern unter schwierigen Bedingungen an der Aufdeckung von Saddam Husseins geheimem Rüstungspotential beteiligt. Von Oktober 1991 an flogen sie fünf Jahre lang die UN-Inspektoren zu ihren Einsätzen, mit denen die irakischen Massenvernichtungswaffen aufgespürt werden sollten. Auch an der teuersten und aufwendigsten Friedensmission, welche die Vereinten Nationen in ihrer bis dahin fast fünfzigjährigen Geschichte durchgeführt haben, waren Bundeswehrsoldaten beteiligt: Am 28. Februar 1992 hatte der UN-Sicherheitsrat einstimmig die Resolution zur Entsendung einer rund 22000 Männer und Frauen umfassenden Friedenstruppe nach Kambodscha beschlossen, die unter anderem die Bürgerkriegsparteien entwaffnen, das Land übergangsweise verwalten und freie Wahlen vorbereiten sollte.

Als diese „Blauhelm"-Mission, nach den Wahlen vom Mai und der Inkraftsetzung einer neuen Verfassung am 24. September, im November 1993 abgeschlossen wurde, war auch die deutsche Politik um einige bittere Erfahrungen reicher: Nicht nur hatte der Tod eines ersten deutschen „Blauhelm"-Soldaten am 14. Oktober 1993 deutlich gemacht, was die Beteiligung der Bundeswehr an solchen Einsätzen für Folgen haben konnte. Vielmehr setzte sich jetzt auch am Rhein die Erkenntnis durch, daß „friedenserhaltende" und „friedensschaffende" Maßnahmen in vielen Fällen kaum mehr eindeutig voneinander zu trennen waren, weil sich immer häufiger einzelne Konfliktparteien nicht mehr an die Grundregeln eines kollektiven Sicherheitssystems wie der Vereinten Nationen hielten und UN-Einheiten wie militärische Gegner behandelten.

Vollends deutlich wurde das in Somalia: Seit Ende 1992 versuchten amerikanische und andere Streitkräfte im Auftrag der Vereinten Nationen, durch eine Intervention am Horn von Afrika den somalischen Bürgerkrieg zu beenden und damit auch eine Ursache der Hungerkatastrophe zu beseitigen. Am 17. Dezember 1992 beschloß das Bundeskabinett, den Vereinten Nationen das Angebot zu unterbreiten, zur Unterstützung ihrer Operationen „innerhalb befriedeter Regionen ... Somalias ein verstärktes Nachschub-/Transportbataillon (bis zu 1500 Mann) für humanitäre Aufgaben" einzusetzen.[56] Als dieser Einsatz, den der Bundestag am 2. Juli 1993 billigte, am 28. Februar des folgenden Jahres mit dem Abzug der letzten Bundeswehrsoldaten endete, war die Bilanz einmal mehr höchst ambivalent. Zwar hatte die Bundesrepublik erneut, wie von ihren Partnern erwartet, unter Beweis gestellt, daß sie nur wenige Jahre nach der Vereinigung durchaus in der Lage und willens war, sich im Rahmen ihrer Möglichkeiten an scheinbar unabweisbaren Aktionen der Völkergemeinschaft zu beteiligen. Doch hielt gerade der Fall Somalia die Lehre bereit, daß man Völker gegen den offenkundigen Willen von Teilen ihrer herrschenden Elite nicht zur Annahme von Frieden, Demokratie oder Menschenrechten zwingen kann, und daß überdies eine zu diesem Zweck durchgeführte militärische Aktion ohne politisches Konzept zum Scheitern verurteilt ist.

Schließlich ließ sich spätestens jetzt nicht mehr übersehen, daß die Völkergemeinschaft mit der Vielzahl neuer Aufgaben, die sich ihr seit dem Ende des Kalten Krieges stellten, überfordert war. Die Massaker in Zentral- und Westafrika, denen bis 1996 alleine in der Region der Großen Seen zwei Millionen Menschen zum Opfer fielen,[57] haben nicht nur einmal mehr die Ohnmacht der Vereinten Nationen offenbart, sondern auch gezeigt, daß Vorgänge dieser oder ähnlicher Art nach dem Ende der alten Weltordnung nicht die Ausnahme, sondern vielmehr in einigen Gegenden der Welt durchaus die Regel waren.

Diese Erkenntnis gewann Mitte der neunziger Jahre in allen Staaten der westlichen Welt Raum und führte zwangsläufig zu einer verstärkten Konzentration auf die Frage, ob derartige Aktionen der Völkergemeinschaft – und wenn ja: welche – mit den jeweiligen nationalen Interessen vereinbar sein konnten. Es war kein Zufall, daß dieser Denkprozeß seinen Ursprung in den Vereinigten Staaten hatte. In dem Maße, in dem Rußland wegen seiner überwältigenden inneren Probleme als handlungsfähiger Akteur in der Weltpolitik ausschied und die Vereinigten Staaten als einzige global operierende Supermacht immer stärker in die Pflicht als Ordnungsmacht genommen wurden, stellte sich in Amerika die Frage nach dem Nutzen dieser vielfältigen Aktionen für das Land selbst.

Mit der Übernahme des Präsidentenamtes durch den Demokraten Bill Clinton im Januar 1993 wurde klar, daß Washington in Zukunft nicht mehr zu umfassenden militärischen Operationen wie im Zweiten Golfkrieg gegen den Irak oder während des Bürgerkrieges in Somalia bereit sein würde und daß jeder militärische Einsatz, an dem sich die Vereinigten Staaten beteiligten, immer auch unter deren Führung stehen mußte – und nicht etwa unter derjenigen der Vereinten Nationen. In letzter Konsequenz hieß das nichts anderes, als daß auch schon die Entscheidung über den Einsatz selbst bei den Vereinigten Staaten lag. Die Verbündeten – vor allem die europäischen – sahen das mit gemischten Gefühlen. In vieler Hinsicht erinnerte diese Politik der Regierung Clinton, der sich dabei im eigenen Lande durchweg einer breiten Zustimmung sicher sein konnte, an frühere Zeiten amerikanischer Vormundschaftspolitik.

Kompromißlos setzten die Amerikaner im Verlauf des Jahres 1997, und zwar sowohl beim Treffen der Generalstabschefs im April als auch beim Gipfel im Juli und beim Treffen der Verteidigungsminister der NATO im Dezember, ihre Weigerung durch, den Posten des NATO-Oberbefehlshabers in Südeuropa einem Europäer zu übertragen. Wieder einmal schien es so, als sei die deutsche Außenpolitik auf den unbequemen Notsitz zwischen dem französischen und dem amerikanischen Partner verwiesen. Vergeblich versuchte die Bundesregierung zwischen den beiden nach wie vor wichtigsten Verbündeten der Bundesrepublik zu vermitteln und Frankreich in seiner ursprünglichen Absicht zu bestärken, nach mehr als dreißig Jahren wieder in die Militärorganisation der Atlantischen Allianz zurückzukehren.

Daß der deutschen Politik das nicht gelang und Frankreich trotz zunächst ermutigender Signale die Entscheidung de Gaulles vom März 1966 nicht revidierte, weil die USA auf ihrem Führungsanspruch bei der Kommandostruktur der NATO beharrten, hatte einen einfachen Grund, dem man gerade in Bonn nichts entgegensetzen konnte: Der Krieg zwischen den Nachfolgestaaten des ehemaligen Jugoslawien und insbesondere der Bürgerkrieg in

Bosnien-Herzegowina war nämlich nicht durch die Westeuropäer beendet worden, sondern durch die Vereinigten Staaten von Amerika.

Obgleich sich die Vertreibungen, Vergewaltigungen und Morde, die durchaus den Charakter eines Genozids hatten, vor der Haustür der Völker Westeuropas abspielten, sahen sich diese in der ersten Hälfte der neunziger Jahre weder in der Lage, das Gemetzel zu beenden, noch wußten sie einen Weg, um ein Übergreifen dieses Brandherdes auf den übrigen Balkan zu verhindern. Beides gelang dann den USA: Daß Griechenland und Makedonien im September 1995 mit einem Abkommen über die Normalisierung der Beziehungen ihren gefährlichen Streit unter anderem über das Staatssymbol beilegten, ging auf entsprechenden Druck der Vereinigten Staaten zurück; daß die Serben die besetzten Gebiete Kroatiens fast vollständig räumten, war das Ergebnis eines erfolgreichen Feldzuges der kroatischen Armee mit logistischer Unterstützung der USA; und daß die Serben sich zu einem Waffenstillstand in Bosnien-Herzegowina und zur Respektierung der UN-Schutzzone Sarajevo bereitfanden, war in erster Linie auf die schweren Luftschläge zurückzuführen, welche die NATO im Auftrag der UNO gegen serbische Stellungen flog. Militäreinsätze hatten in wenigen Wochen erreicht, was mit Plänen, Sanktionen, Verhandlungen und Vermittlungsaktionen in Jahren nicht gelungen war – so lautete die bittere Lehre, die man aus dem vierjährigen Krieg im Herzen Europas ziehen mußte.

Die neue Macht in der Mitte Europas war von diesen Vorgängen unmittelbar betroffen. Begreiflicherweise fiel es ihr zunächst schwer, sich in der neuen Lage einzurichten. In Deutschlands Haltung zum Balkankrieg zeigte sich, wie schwierig es war, der Last der Geschichte, den Erwartungen und Befürchtungen der Nachbarn und dem neuen Gewicht gleichermaßen Rechnung zu tragen. War die deutsche Außenpolitik zunächst mit der diplomatischen Anerkennung Sloweniens und Kroatiens vorgeprescht, so hielt sie sich in den kommenden Jahren, als es um die Eingrenzung beziehungsweise Beilegung des Konflikts – auch mit militärischen Mitteln – ging, für den Geschmack ihrer Partner auffallend zurück.

Daß noch während des Zweiten Golfkrieges, also im Januar 1991, national wie international ein breiter Konsens bestanden hatte, wonach eine Beteiligung von Bundeswehreinheiten an den Kampfhandlungen, zumal außerhalb des NATO-Gebietes, nicht in Frage kommen könne, war schnell vergessen. Nur zwei Jahre später sprach sich der damalige Generalsekretär der Vereinten Nationen, Butros Butros Ghali, während eines Besuchs, den er vom 10. bis zum 13. Januar 1993 der Bundesrepublik abstattete, für die „volle Beteiligung Deutschlands" an sämtlichen friedenserhaltenden und friedensschaffenden Einsätzen der Weltorganisation aus und erklärte ausdrücklich, daß es ein „Irrglaube" sei, die internationale Gemeinschaft fürchte sich vor bewaffneten deutschen Soldaten oder unterscheide die Einsatzmöglichkeiten nach Ländern, in denen Deutsche aus geschichtlichen Gründen nicht eingreifen wollten.[58] Wie grundlegend sich die Lage Deutschlands in dieser Hinsicht geändert hatte, wurde anderthalb Jahre später deutlich, als sich der israelische Außenminister Shimon Peres bei seinem Besuch in der Bundesrepublik am 23. August 1994 für einen Einsatz deutscher Soldaten im Nahen Osten zum Zwecke der Friedenssicherung aussprach.[59]

Keine Frage, Bonn stand unter Entscheidungszwang. Der Konflikt, bei dessen Beilegung immer mehr Beobachter immer entschiedener eine deutsche Beteiligung forderten, war der brutal geführte Krieg in Bosnien-Herzegowina, bei dem insbesondere das serbische Vorgehen gegen die Bevölkerung Sarajevos weltweite Empörung auslöste. Zusehends weniger vermochte das Argument zu überzeugen, daß dort, wo die Erinnerung an die Wehrmacht noch lebendig war, der Einsatz deutscher Soldaten nicht in Betracht kommen könne.

Angesichts der Vorgänge in Bosnien-Herzegowina, also in einer Region, die gerade einmal eine Flugstunde von Deutschlands Grenzen entfernt war, nahmen sich die 1992/93 in Deutschland geführten Debatten aber nicht nur realitätsfern aus; vielmehr ließen sie auch zunehmend Zweifel an der Bündnistreue des vereinten Deutschlands aufkommen. So schleppte sich die Kontroverse, ob man einen Zerstörer der Bundesmarine für einen Inspektionsauftrag der UNO im Rahmen einer WEU-Aktion und als Teil eines NATO-Verbandes in eine Krisenregion entsenden dürfe, über Wochen durch den Sommer 1992, und im Frühjahr des kommenden Jahres sah es vorübergehend so aus, als müßten die deutschen Besatzungen aus den AWACS-Maschinen der NATO aussteigen, falls diese im Auftrag der Vereinten Nationen zur Durchsetzung ihrer Beschlüsse eingesetzt werden sollten. Lediglich der Einsatz von Bundeswehrtransportflugzeugen, mit denen Teile der Bevölkerung Bosniens aus der Luft versorgt wurden, war innenpolitisch weitgehend unumstritten.

Es war nicht zum ersten Mal in der Geschichte der Bundesrepublik Deutschland, daß das Bundesverfassungsgericht weitreichende Entscheidungen traf, zu denen sich die Politik nicht in der Lage sah. So lehnte es das Gericht am 8. April 1993 ab, eine einstweilige Anordnung gegen die Teilnahme deutscher Soldaten an den AWACS-Flügen über Bosnien zu erlassen, und sicherte damit faktisch den ersten Kampfeinsatz deutscher Soldaten nach Ende des Zweiten Weltkrieges ab. Einen entscheidenden Schritt weiter gingen die Karlsruher Richter, als sie ein gutes Jahr später, am 12. Juni 1994, das über den Einzelfall hinausweisende Urteil fällten, daß das Grundgesetz den Bund „nicht nur zum Eintritt in ein System gegenseitiger kollektiver Sicherheit und zur Einwilligung in damit verbundene Beschränkungen seiner Hoheitsrechte" autorisiere, sondern auch die verfassungsrechtliche Grundlage „für die Übernahme der mit der Zugehörigkeit zu einem solchen System typischerweise verbundenen Aufgaben" biete.[60]

Nachdem das Gericht solchermaßen den Weg gewiesen hatte, war es nunmehr an der Politik, ihn zu beschreiten. In diesem Sinne gab der Bundesaußenminister am 27. September 1994 vor der 49. Generalversammlung der Vereinten Nationen die Erklärung ab, „daß Deutschland sich voll an UN-Friedensoperationen beteiligen könne".[61] Fünf Jahre nach der Vereinigung begann sich am Rhein ein breiter Konsens zu bilden, daß das „Ende des Trittbrettfahrens" erreicht sei und daß die „Qualität" des Engagements dem „gewachsenen Gewicht" Deutschlands entsprechen müsse.[62] Das jedenfalls sagte der Bundespräsident im März 1995 in einer Grundsatzrede vor der „Deutschen Gesellschaft für Auswärtige Politik".

Den entscheidenden Schritt tat dann der Deutsche Bundestag am 13. Dezember 1996, als er mit großer Mehrheit dem Antrag der Regierung zustimmte, mehr als 3000 Bundeswehrsoldaten im Rahmen der SFOR-Truppe der NATO für eineinhalb Jahre in Bosnien zu stationieren und damit an der militärischen Sicherung des Friedensprozesses zu beteiligen. Als das Parlament am 19. Juni 1998 mit überwältigender Mehrheit, darunter auch die meisten Stimmen der Bündnis 90/Die Grünen-Fraktion, den Weg für die Verlängerung der Mission freimachte und am 16. Oktober desselben Jahres, vor dem Hintergund des Kosovo-Konflikts, einer Teilnahme der Bundeswehr an einem möglichen Militäreinsatz der NATO gegen die Bundesrepublik Jugoslawien zustimmte, war auch jener außen- und sicherheitspolitische Konsens wiederhergestellt worden, der für die politische Kultur der Bundesrepublik in ihrer fünfzigjährigen Geschichte alles in allem charakteristisch gewesen ist.

Mit den Entscheidungen vom Dezember 1996 sowie vom Juni und Oktober 1998 gab der Bundestag das erwartete Signal, daß man in Bonn die Zeichen der Zeit erkannt habe und daß die Bundesrepublik jetzt bereit sei, die Konsequenzen aus ihrer neuen Rolle als europäische Großmacht zu ziehen. Das war jetzt auch deshalb möglich, weil der bis dahin radikalste Abrüstungsprozeß in Friedenszeiten mit seinen erheblichen Konsequenzen für die Bundeswehr als abgeschlossen gelten konnte. Immerhin waren seit 1989 im Zuge der Zusammenführung der beiden deutschen Armeen eine von ihnen praktisch aufgelöst, die Zahl der deutschen Soldaten um zunächst mehr als die Hälfte auf 340000 reduziert, überdies etwa 10000 Panzer und anderes schweres Gerät verschrottet und schließlich damit begonnen worden, eine auf die Landesverteidigung ausgerichtete Territorialarmee zu hochmobilen, weltweit einsetzbaren „Krisenreaktionsstreitkräften" umzubauen.

Zusammengenommen machten die Urteile des höchsten Gerichts, die Beschlüsse des Parlaments und die Umstrukturierungsmaßnahmen der Streitkräfte den Weg für die unterschiedlichsten Operationen der Bundeswehr frei, auch für Kampfeinsätze, sollten diese von der Völkergemeinschaft als unabweisbar angesehen werden. Daß deutsche Soldaten tatsächlich alsbald wieder in den Krieg ziehen würden, war im Herbst des Jahres 1998 noch nicht absehbar, und daß ausgerechnet eine rot-grüne Bundesregierung diese Entscheidung verantworten mußte, auch nicht.

Am 27. September 1998 hatten die Wähler, erstmals in der Geschichte der Bundesrepublik, einen Kanzler abgewählt. Mit knapp 41 Prozent der Stimmen wurde die SPD zur stärksten Partei und damit in die Lage versetzt, Gerhard Schröder als Nachfolger

Helmut Kohls im Kanzleramt zu plazieren. Vier Wochen später stellte mit diesem und Außenminister Joschka Fischer erstmals eine rot-grüne Koalition die Weichen deutscher Außen- und Sicherheitspolitik, und nicht einmal ein halbes Jahr darauf waren hier grundlegende, weitreichende Entscheidungen zu treffen.

7. Der neue Weg
1999–2004

Die Operation hatte vor allem historisches und politisches Gewicht; ihre militärische Bedeutung hielt sich in Grenzen: Seit dem 24. März 1999 flogen vierzehn deutsche Kampfflugzeuge im Rahmen der NATO-Operation „Verbündete Kraft“ nahezu fünfhundert Einsätze gegen strategische Ziele in Jugoslawien. Nachdem sämtliche diplomatischen Mittel ausgeschöpft waren, sollten die schweren Luftangriffe Slobodan Milošević zwingen, seinen Vernichtungsfeldzug gegen die albanische Minderheit im Kosovo einzustellen. Damit standen erstmals seit Ende des Zweiten Weltkriegs deutsche Soldaten wieder direkt in einem Kampfeinsatz. Berlin war keine andere Wahl geblieben; die Scheckbuchdiplomatie, die für die Ära der Außenminister Genscher und Kinkel charakteristisch gewesen war, hatte ausgedient. Aber natürlich war es nicht selbstverständlich, daß ausgerechnet eine rot-grüne Bundesregierung die politische Verantwortung dafür trug, daß Deutschland wieder in den Krieg zog. Denn in beiden Regierungsparteien gab es bis in die jüngste Vergangenheit hinein schwerwiegende Bedenken gegen eine deutsche Beteiligung an Militäraktionen.

Die Sozialdemokraten mit ihrer ausgeprägt pazifistischen Tradition hatten sich nach 1990 schwergetan, Deutschlands neues außenpolitisches Gewicht angemessen wahrzunehmen. In den folgenden Jahren neigten sie dazu, jedes internationale Engagement der Bundesrepublik, etwa im Jugoslawien-Konflikt, jedenfalls dann abzulehnen, wenn es die Anwendung militärischer Gewalt einschloß. Begründet wurde diese Haltung mit dem Mißbrauch, den die Großmacht Deutsches Reich bis 1945 wiederholt mit ihrer Machtfülle getrieben hatte. Eben diese Geschichte mußte dann herhalten, diesmal als Aufforderung zur Beendigung des Machtmißbrauchs durch Milošević́s Serbien, als die SPD-Fraktion Mitte Dezember 1996 mit ihrer parlamentarischen Zustimmung zum SFOR-Einsatz das Ruder herumwarf und das Terrain für den späteren Kampfeinsatz der Bundeswehr ebnete.

Ganz ähnlich vollzog sich der Kurswechsel bei den Grünen. Auch hier spielte die deutsche Geschichte eine entscheidende Rolle: „,Nie wieder Auschwitz' heißt heute ,Wehret den Anfängen'", begründete Außenminister Fischer seine Zustimmung zum Militärschlag des Frühjahrs 1999: „Gemeinsam mit ,Nie wieder Krieg' sind dies die drei konstitutiven Prinzipien meiner politischen Biographie."[1]

Zwar wurde der Krieg ohne Mandat der Vereinten Nationen geführt, doch heiligte das Ziel die Mittel, zumal das Kalkül der NATO nach einem mehr als siebzigtägigen Bombardement aufging: Milošević lenkte ein und stimmte nach finnischer Vermittlung am 3. Juni 1999 einem Friedensplan der führenden westlichen Nationen sowie Rußlands zu. Allen Beteiligten, auch in Deutschland, war klar, daß Friede und Wiederaufbau des Kosovo nicht aus eigener Kraft ins Werk gesetzt werden konnten. Spätestens mit dem Ende Februar 1999, also noch vor Beginn der Kampfhandlungen gefaßten Beschluß des Bundestages, Bundeswehrsoldaten zur Implementierung eines Kosovo-Vertrages einsetzen zu wollen, wußte man, daß es sich um ein umfassendes und langfristiges Engagement handeln werde. Tatsächlich stimmte das Parlament dann am 6. Juni 1999 der Teilnahme von bis zu 8500 Soldaten an der „Kosovo Force" (KFOR) zu, die einen Tag zuvor durch die UN-Resolution 1244 beschlossen worden war. Mithin wurde ausgerechnet der Balkan, an dem sich Jahre zuvor die Auseinandersetzung über das Ob und Wie eines Bundeswehreinsatzes entzündet hatte, bis zum Ende der neunziger Jahre zu der Region, in der deutsche Soldaten in einer ganzen Reihe von Einsätzen jeder Art aktiv waren. Am 14. März 1997 hatten Bundeswehrsoldaten in Albanien, das im Chaos zu versinken drohte, sogar erstmals eine rein nationale Evakuierungsoperation durchgeführt und neben Deutschen auch Angehörige von etwa zwanzig weiteren Nationen ausgeflogen.

Längst ließ sich nicht mehr übersehen, daß die Völkergemeinschaft mit der Vielzahl neuer Aufgaben, die sich ihr seit dem Ende des Kalten Krieges stellten, an die Grenze ihrer Leistungsfähigkeit gelangte. Je deutlicher das wurde, um so mehr war eines ihrer wohlhabendsten und handlungsfähigsten Mitglieder gefragt und gefordert. Wie grundlegend sich die Lage Deutschlands in dieser Hinsicht geändert hatte, wurde schon Mitte der neunziger

Jahre erkennbar. Damals hatte unter anderem Israels Außenminister Shimon Peres dafür geworben, deutsche Soldaten an der Friedenssicherung im Nahen Osten zu beteiligen.[2] Man muß sich die Tragweite dieses Vorschlags vor Augen halten: Immerhin handelte es sich beim Nahen Osten um eines der gefährlichsten Minenfelder der Weltpolitik überhaupt, und gerade auch die deutsche Politik hatte das im zurückliegenden halben Jahrhundert immer wieder erfahren müssen.

Allerdings führte das Ende der alten Weltordnung auch hier zu einer neuen Situation. Jetzt zeigte sich, wie stabil die Tradition guter Beziehungen der Bundesrepublik sowohl zu Israel als auch zu den arabischen Staaten war. Hatte schon der Vorstoß von Peres dem hohen Ansehen Deutschlands in der Region Rechnung getragen, so dokumentierten diverse, zum Teil im Namen der Europäischen Union unternommene Vermittlungsreisen von Außenminister Fischer den neuen Spielraum der deutschen Diplomatie. Anfang April 2002 meldete sich Deutschland mit einem sogenannten Nahost-Ideenpapier zu Wort. Es ging davon aus, daß die Konfliktparteien Israel und Palästina aus eigener Kraft nicht mehr zu einer Konfliktlösung in der Lage seien und daß es daher eines von außen vorgeschlagenen und überwachten Weg- und Zeitplanes für die Erreichung des Zwei-Staaten-Ziels bedürfe.

Jahrzehntelang hatte es als undenkbar gegolten, daß ein deutscher Vorschlag zur Nahost-Frage internationale Resonanz finden könnte. Jetzt reflektierte die Nahost-Rede des amerikanischen Präsidenten vom 24. Juni 2002 die zentralen Punkte des deutschen Papiers. Diese Rede wiederum bildete die Grundlage einer deutschen Initiative für einen Dreistufenplan, dessen Grundzüge und politische Forderungen gut acht Wochen später von den Außenministern der EU übernommen, in den folgenden Monaten vom sogenannten Nahost-Quartett – bestehend aus den USA, der EU, Rußland und dem Generalsekretär der Vereinten Nationen – zu einem gemeinsamen „Roadmap“-Text verschmolzen und am 30. März 2003 den Konfliktparteien übergeben wurden. Es sprach für das neue Gewicht und das eigenständige Profil der deutschen Außenpolitik, daß Fischer in der zweiten Aprilwoche 2003, also noch vor Beendigung des dritten Golf-Krieges und als erster ranghoher EU-Politiker seit Monaten, erneut nach Israel und Palästina reiste.

Daß es dann doch nicht zu einer gelegentlich von israelischer und arabischer Seite gewünschten Friedenssicherung mit Beteiligung deutscher Soldaten gekommen ist, lag nicht nur an der politischen Brisanz einer solchen Mission. Vielmehr wäre Deutschland wohl kaum zur Übernahme zusätzlicher Verpflichtungen in der Lage gewesen. Inzwischen waren deutsche Soldaten in allen möglichen Weltgegenden und im Rahmen höchst unterschiedlicher Einsätze aktiv – auf dem Balkan und in Afrika, in der Südsee und in Südasien; bei der Eindämmung von Hunger- und Umweltkatastrophen, bei der Verfolgung marodierender Militärs und international gesuchter Terroristen.

Denn die dramatischen Vorgänge in Südosteuropa waren nicht etwa die Ausnahme, sondern in einigen Gegenden des Erdballs, insbesondere der Dritten Welt, durchaus die Regel; immer häufiger zwang die chaotische Entwicklung in großen Teilen der Welt die handlungsfähigen Staaten gerade auch Europas zu Antworten auf die Frage, ob man aus der vermeintlich sicheren Distanz zusehen oder mit begrenzten Interventionen Schlimmeres verhindern solle. Die Frage stellte sich beispielsweise 1996/97 in Liberia und Kongo-Brazzaville, 1998 im Sudan, 1999 auf Ost-Timor und 2000 in Mosambique. Daß die einzelnen Vorgänge vielfältige Ursachen hatten, die in bestimmten Situationen eine unheilvolle Verbindung eingehen konnten, machte eine effiziente Hilfe noch schwieriger, wenn nicht unmöglich. Im Falle des krisengeschüttelten Sudan etwa spielten eine komplexe Umwelt- und Ressourcenproblematik, die Aussichten auf üppige Ölvorkommen, religiös motivierte Gegensätze, die Interessen von Waffenhändlern und andere Ursachen ineinander.

Hier noch den Überblick zu behalten, fiel schwer. Daß 1998 im Südsudan, unter Beteiligung der Bundeswehr, eine der größten Luftbrücken aller Zeiten betrieben wurde, um mehr als zweieinhalb Millionen Menschen vor dem Hungertod zu retten, hat sich nie herumgesprochen. In aller Regel sind es Zwischenfälle wie die Entführung zweier Bundeswehrsoldaten im Kaukasus Anfang Juni 2003, die solche Einsätze kurzzeitig ins öffentliche Bewußtsein heben. Immerhin beteiligte sich Deutschland dort schon seit 1994 mit einigen Militärbeobachtern und Sanitätsoffizieren an der UN-Mission zur Überwachung der Sicherheitszone zwischen Georgien und Abchasien (UNOMIG).

Am Ende des alten, des zweiten Jahrtausends waren deutsche Soldaten so weit von der Mitte Europas entfernt stationiert wie noch nie, schon gar nicht seit Ende des Zweiten Weltkrieges: Seit Mitte Oktober 1999 stellte die Bundesluftwaffe für vier Monate vom australischen Darwin aus die Versorgung jener Sanitätseinheit in Ost-Timor sicher, die im Rahmen einer Friedenstruppe der UNO dort geordnete Verhältnisse wiederherzustellen suchte. Proindonesische Milizen und indonesisches Militär hatten Ost-Timor in ein Chaos gestürzt, um die Unabhängigkeit von Indonesien zu verhindern. Bei diesem Bundeswehreinsatz handelte es sich zwar eher um eine symbolische Aktion, aber eben das war charakteristisch für die Situation, in der sich die deutsche Politik befand: Eine Nichtteilnahme hätte der Bundesregierung angesichts der massiven Präsenz deutscher Streitkräfte auf dem Balkan den Vorwurf eintragen können, die Intensität ihres Engagements von der geographischen Nähe oder Ferne der Krisenherde abhängig zu machen. Also waren deutsche Soldaten, in diesem Fall 110 Mann mit zwei Transportflugzeugen und vier Hubschraubern, erneut dabei, als es im März 2000 darum ging, die Konsequenzen der Flutkatastrophe von Mosambique zu bekämpfen, Hunderte Tonnen von Hilfsgütern in abgelegene Gebiete zu bringen und von dort Schwerverletzte in Krankenhäuser zu fliegen.

Von ganz anderer Dimension war schließlich die Beteiligung am Kampf gegen den internationalen Terrorismus. Nach den Anschlägen des 11. September 2001, von denen noch die Rede sein wird, konnte es daran keinen Zweifel geben. So kam es, daß Deutschland zu Beginn des 21. Jahrhunderts nach den USA weltweit der größte Truppensteller bei Friedensmissionen im Ausland war: Immerhin waren Anfang 2003 mehr als 8500 Bundeswehrsoldaten in sieben unterschiedlichen Missionen für die Staatengemeinschaft im Einsatz, allen voran auf dem Balkan. Rechnete man die begleitenden, organisierenden, sich auf ihre Einsätze vorbereitenden Soldaten hinzu, kam man auf 35 000. Mehr als 1,25 Milliarden Euro gab Berlin 2002 für die Auslandseinsätze seiner Streitkräfte aus.

Bei diesen Einsätzen handelte es sich fast immer um die Beseitigung direkter oder indirekter Fehlentwicklungen in der Dritten Welt. Aber nicht nur in deren Krisenzentren spitzte sich die Lage immer öfter dramatisch zu, sondern auch an ihren Rändern, auch in Europa. So mochte angesichts des Gesundheitszustandes des russischen Präsidenten Jelzin und anderer Unwägbarkeiten niemand einen erneuten Kurswechsel der russischen Politik mit womöglich unkalkulierbaren Folgen für die Sicherheit in Europa und der Welt als unbegründete Spekulation abtun. Die brisante Kombination von nuklearem Vernichtungspotential und einer Armee, die von den Afghanistan- und Tschetschenien-Traumata gezeichnet war, deren Soldaten in der Mehrzahl an der unteren Armutsgrenze der russischen Gesellschaft lebten und deren Offiziere sich zum Teil in der Grauzone zum kriminellen Milieu bewegten, ließ nicht mehr viel von jener relativen Berechenbarkeit erkennen, welche die Situation in der Zeit des Ost-West-Gegensatzes charakterisiert hatte. Und wer hätte bezweifeln wollen, daß die auf dem Territorium der ehemaligen Sowjetunion zum Teil unkontrolliert verrottende nukleare Hinterlassenschaft des Kalten Krieges auch für das westliche Europa eine beunruhigende Herausforderung darstellte? Schließlich forderten der Fall des „Eisernen Vorhangs" und die Etablierung einer zusehends grenzenlosen Welt auch ihren Tribut, vor allem eine rasch wachsende, vagabundierende Kriminalität jeder Art und zunehmender Intensität: Die Innenminister Deutschlands, Frankreichs, Großbritanniens, Italiens und Spaniens wußten, warum sie Ende Oktober 2003 im französischen La Baule zwei Tage lang die Themen Terrorismusbekämpfung und illegale Einwanderung berieten.

Hier liegt einer der Gründe für die seit den neunziger Jahren konsequent betriebene Erweiterung der europäischen und atlantischen Gemeinschaften, an denen vor allem die Bundesrepublik ein herausragendes Interesse hatte. Es war Bundeskanzler Kohl, der 1997 wiederholt, so zum Beispiel auf der Kommandeurstagung der Bundeswehr, sagte, was viele Beobachter in Deutschland seit geraumer Zeit dachten: Mit der Aufnahme insbesondere Polens in die westlichen Gemeinschaften werde „die Ostgrenze Deutschlands" nicht länger „die Ostgrenze der Europäischen Union bleiben".[3]

Angesichts der geopolitischen Gegebenheiten sprach also vieles dafür, daß sich die deutsche Außenpolitik zu einer entschiedenen Fürsprecherin der sogenannten Osterweiterung der NATO machte. Die Aufnahme Polens, Tschechiens und Ungarns als Vollmitglieder der Allianz am 12. März 1999 zeigte vielleicht deutlicher als jedes andere Ereignis, wie grundlegend sich die Sicherheitslage in Europa geändert hatte: Fünfzig Jahre nach Gründung der Allianz und zehn Jahre nach dem Fall der Mauer waren drei der Staaten, mit deren Armeen sich die Bundeswehr während des Kalten Krieges im Konfliktfall mit hoher Wahrscheinlichkeit auseinanderzusetzen gehabt hätte, Verbündete des vereinigten Deutschland.

Nun bringt die Erweiterung gewachsener Gemeinschaften in aller Regel auch Probleme mit sich. Daß die Atlantische Allianz trotz der Aufnahme dreier neuer Vollmitglieder und der Installierung zahlreicher Konsultationsgremien wie des „Euro-atlantischen-Rates" mit seinen 35 Mitgliedern, der „NATO-Ukraine-Kommission" oder des „NATO-Rußland-Rates", eine handlungsfähige Organisation blieb, hatte vor allem einen Grund: Vorerst, jedenfalls bis zur Irak-Krise an der Jahreswende 2002/03, besaß sie in den Vereinigten Staaten eine unangefochtene Führungsmacht. Von der Europäischen Gemeinschaft ließ sich Vergleichbares nicht sagen, schon weil ihr gewichtigstes Mitglied, die Bundesrepublik, zumindest bis zum Ende der Ära Kohl geradezu alles vermied, was als Führungsanspruch hätte verstanden werden können.

Es lag im Gegenteil vor allem an Bonn, daß der Vertrag von Maastricht nicht vor dem 1. November 1993, also mit zehnmonatiger Verspätung, in Kraft treten konnte. Das auch in dieser Frage angerufene Bundesverfassungsgericht hatte erst am 12. Oktober sein Urteil gesprochen und damit den Weg für die Hinterlegung der deutschen Ratifikationsurkunde freigemacht. Damit trat die bis dahin umfassendste Reform des europäischen Gemeinschaftsrechts in Kraft. Der Vertrag von Maastricht stellte das integrierte Europa auf drei Säulen: Neben der reformierten Europäischen Gemeinschaft, die ihrerseits die EGKS, die EWG und EURATOM umfaßt, wurden eine Gemeinsame Außen- und Sicherheitspolitik (GASP) sowie ein Komplex Inneres und Justiz etabliert. Das Urteil der Karlsruher Richter vom Oktober 1993 trug insofern zur allgemeinen, vor allem sprachlichen Verwirrung bei, als es das mit dem Vertrag von Maastricht ins Leben gerufene Gebilde als „Staatenverbund" charakterisierte, „der von den Mitgliedsstaaten getragen wird und deren nationale Identität achtet".[4] Das entsprach dem Empfinden vieler Bürger und war zugleich nicht unproblematisch, weil die Gemeinschaft seit den neunziger Jahren eine bis dahin nicht gekannte Erweiterung erfuhr.

Erwies sich die Verschmelzung der EG mit der verbliebenen EFTA am 1. Januar 1994 zum „Europäischen Wirtschaftsraum" (EWR) und die ihr folgende Aufnahme Finnlands, Österreichs und Schwedens als EU-Mitglieder zum 1. Januar 1995 deswegen als vergleichsweise problemlos, weil die wirtschaftliche Struktur der Neuankömmlinge derjenigen der meisten Mitgliedsstaaten vergleichbar war, so stellte die sogenannte Osterweiterung die Gemeinschaft vor erhebliche Probleme: Am 15. April 2003 wurden in Athen die Beitrittsverträge mit Estland, Lettland, Litauen, Polen, Ungarn, der Tschechischen Republik, der Slowakei, Slowenien, Malta und Zypern unterzeichnet. Mit ihrem Inkrafttreten am 1. Mai 2004 hat die Europäische Union nicht weniger als fünfundzwanzig Mitglieder.

Die Aufnahme neuer Mitglieder war in erster Linie ein Akt des politischen Willens. Nun ist der Wille eine Sache, die wirtschaftlichen und währungspolitischen Strukturen sind eine andere. So konnte es eigentlich nicht überraschen, daß die Gemeinschaft in dem Augenblick, in dem die Zahl ihrer Mitglieder geradezu sprunghaft zunehmen sollte, in anderer Hinsicht, jedenfalls vorläufig, einen gewissen Schrumpfungsprozeß durchmachte. Denn der Währungsunion, der bis dahin weitestgehenden Vertiefung der alten Gemeinschaft, gehörten vorerst nicht einmal alle ihre Mitglieder an. Als ihre Teilnehmer am 2. Mai 1998 festgestellt wurden und sie zum 1. Januar 1999 in Kraft trat, durften Griechenland und Schweden zunächst nicht dabei sein, Großbritannien, Dänemark und nun, nach einem Referendum im Juli 2003, auch Schweden wollten nicht, und Italien und Belgien schafften die Mitgliedschaft nur, weil die übrigen Teilnehmer die sogenannten Konvergenzkriterien in beiden Fällen äußerst großzügig interpretierten.

Immerhin hielten die Bürger von zwölf Mitgliedsstaaten am 1. Januar 2002 die Noten und Münzen der gemeinsamen europäischen Währung in der Hand. Das war auch ein großer politischer Erfolg, und niemand hatte einen Zweifel, daß er ohne das enge Zusammengehen Deutschlands und Frankreichs nicht möglich gewesen wäre. Dieser Erfolg konnte allerdings nicht darüber hinwegtäuschen, daß auf anderen Gebieten, vor allem im sensiblen Bereich der Sicherheitspolitik, am Ende des 20. Jahrhunderts zwischen Paris und Bonn Divergenzen im Vordergrund standen: Frankreich sah die größere Gefahrenquelle für Europa in den Krisengebieten Afrikas, Deutschland machte sie naturgemäß in Ost- und Südosteuropa sowie an dessen Rändern aus; Deutschland setzte folglich stärker auf das Territorialheer und hielt schon deshalb an der allgemeinen Wehrpflicht fest, Frankreich forcierte den Aufbau einer Interventionsstreitmacht und hatte sich, ohne vorherige Konsultation des Partners, für den Übergang zu einer Berufsarmee entschieden; Frankreich baute, mehr noch als zuvor, auf seine nationale nukleare Abschreckung und hatte deshalb 1995 seine Atomtests wieder aufgenommen, Deutschland hielt den amerikanischen nuklearen Schutzschild für seine Sicherheit nach wie vor für unverzichtbar. Schließlich drohte eine Reihe gemeinsamer Rüstungsvorhaben zu scheitern, weil Deutschland zum Beispiel seine finanzielle Beteiligung an den Aufklärungssatelliten „Helios 2" und „Horus" zurückstellen mußte.

Es stand also mit den deutsch-französischen Beziehungen nicht zum besten, als die Regierung Schröder im Herbst 1998 antrat, und es war nicht zuletzt dem Kanzler zu danken, daß der mit großen Erwartungen befrachtete EU-Gipfel von Nizza nicht in einem totalen Fiasko endete. In den Morgenstunden des 11. Dezember 2000 war klar, daß nach Amsterdam, wo sich die Staats- und Regierungschefs Mitte Juni 1997 schon einmal um eine grundlegende Strukturreform der EU bemüht hatten, auch dieser zweite Versuch gescheitert war. Hartnäckig hatte Staatspräsident Jacques Chirac sich geweigert, der Tatsache, daß Deutschland das mit großem Abstand bevölkerungsreichste Mitgliedsland der Gemeinschaft war, durch eine entsprechend höhere Stimmenzahl im Ministerrat, dem zentralen Entscheidungsorgan der EU, Rechnung zu tragen. Außerdem brüskierte er den Beitrittskandidaten Polen, indem er ihm nach der Aufnahme in die Gemeinschaft eine geringere Stimmenzahl im Ministerrat zubilligen wollte als Spanien, dessen Bevölkerungszahl in etwa derjenigen Polens entspricht.

Es war Schröder, der in Nizza durchsetzte, daß Polen beim Einzug in den Ministerrat wie Spanien 27 Stimmen haben sollte. Außerdem akzeptierte er für Deutschland jene 29 Stimmen, die auch Frankreich, Großbritannien und Italien erhielten. Im Gegenzug gestand Chirac den Deutschen unter anderem eine deutlich höhere Stimmenzahl im Europäischen Parlament zu. Im übrigen zeichnet sich der Vertrag von Nizza, der am 1. Februar 2003 in Kraft getreten ist, durch die Halbherzigkeit der Reformmaßnahmen aus, galt doch in wichtigen Bereichen, wie der Asyl- oder der Steuerpolitik, nach wie vor der Zwang zur Einstimmigkeit.

So gesehen, war der Reformgipfel von Nizza gescheitert, und zwar ausgerechnet am Gastgeber. Chirac hat daraus sehr bald die Konsequenz gezogen und akzeptiert, daß ein stagnierendes, möglicherweise sogar in Teilbereichen scheiterndes Europa nicht im französischen Interesse sein könne. Und weil er wußte, daß Europa ohne den deutsch-französischen Motor nicht in Schwung bleiben beziehungsweise nach Nizza nicht wieder in Schwung kommen konnte, kam er bereits Ende Januar 2001 mit Schröder im elsäßischen Blaesheim überein, die Taktzahl der bilateralen Treffen zu erhöhen und damit sowohl in ihren unmittelbaren Beziehungen als auch in europäischen Angelegenheiten eine neue Dynamik in Gang zu setzen.

Der Durchbruch erfolgte dann allerdings erst im Herbst des folgenden Jahres. Schon der furiose Wahlsieg Chiracs, der ihn im Mai 2002 mit einem nie dagewesenen Votum von mehr als achtzig Prozent der Wähler ausgestattet hatte, und seine dadurch beflügelte Absicht, durch eine vorzeigbare politische Leistung in die Geschichtsbücher einzugehen, taten der europäischen Sache gut. Daß Schröder dann nach seinem eigenen, hauchdünnen Wahlsieg mit einer ungeschriebenen Tradition brach und am 24. September 2002 seinen ersten Auslandsbesuch nicht dem französischen Staatspräsidenten, sondern dem britischen Premierminister abstattete, dürfte Chiracs Entschluß zu neuer Gemeinsamkeit eher bestärkt haben. Personelle Wechsel auf der administrativen und politischen Ebene taten ein übriges. Jetzt trat das Verbindende der beiden Schlüsselstaaten der europäischen Integration wieder in den Vordergrund: In allen strittigen Fragen ging man aufeinander zu. Das galt für die Agrarfinanzen, es galt für den im September 2001 ins Leben gerufenen Verfassungskonvent und für die Umsetzung der Europäischen Sicherheits- und Verteidigungspolitik (ESVP), und es galt für die Aufstellung eines Fahrplans für einen türkischen EU-Beitritt.

Ihren vorläufigen Höhepunkt erreichte diese Entwicklung am 22. Januar 2003, als Frankreich und Deutschland in Paris ihre historisch gewachsene Freundschaft mit gemeinsamen Sitzungen zunächst der Kabinette, dann der Parlamente eindrucksvoll zelebrierten. Mit diesen Schulterschlüssen hatten Präsident und Kanzler unter nicht unbeträchtlichem persönlichem Einsatz das deutsch-französische Tandem wieder flottgemacht. Das war ein beachtlicher Erfolg, und er war auch dringend nötig. Denn die neue Harmonie zwischen Paris und Berlin entfaltete sich bereits im Schatten einer schweren internationalen Krise: Um die Jahreswende 2002/03 tat sich im transatlantischen Verbund ein Riß von bislang nicht gekannter Breite und Tiefe auf. Ausgelöst worden war er durch die auf Kriegskurs steuernde amerikanische Irak-Politik einerseits, durch Gerhard Schröders offene Absage an diese andererseits.

Am 5. August 2002 hatte der Kanzler, bei der Eröffnung der heißen Phase des Bundestagswahlkampfes, seinen Parteifreunden in Hannover zugerufen: „Es ist wahr, wir haben uns auf den Weg gemacht, auf unseren deutschen Weg."[5] Das hatte er zwar in erster Linie auf die Innenpolitik bezogen, war aber in der Öffentlichkeit auch als Charakterisierung seines außenpolitischen Kurses verstanden worden. Der Kanzler widersprach dem nicht, stellte vielmehr vier Wochen später vor dem Bundestag klar, daß „über die existentiellen Fragen der deutschen Nation in Berlin entschieden" werde – „und nirgendwo anders",[6] also auch nicht, wie man sogleich folgerte, in Washington. Das war eindeutig und richtete sich vor allem gegen die Beteiligung der Bundeswehr an einem sich abzeichnenden Irak-Krieg. Ähnliches hatte man aus dem Munde eines deutschen Bundeskanzlers noch nicht vernommen, aber für Schröder war die Klarstellung eine zwingende Konsequenz aus der amerikanischen Irak-Politik.

Gewiß spielten auch Wechselfälle, wie in Wahlkampfzeiten üblich, eine Rolle, aber die waren von untergeordneter Bedeutung. Jenseits aller tagespolitischen Aspekte steckte in dem Vorgang eine tiefere, gewissermaßen eine historische Logik. Denn bei Lichte betrachtet, hat Gerhard Schröder zu Beginn des 21. Jahrhunderts den entscheidenden ersten Schritt getan, um die Bundesrepublik aus jener bedingungslosen Abhängigkeit von Amerika zu lösen, die seit ihren Anfängen bestand. Ihren Bewohnern hat diese Rolle des Juniorpartners sehr viel eingebracht, Sicherheit und Wohlstand vor allem; aber der Preis für die Sicherung ihrer Existenz war hoch. Er bestand im Abschied von der Vorstellung, eigenständig Politik treiben zu können. Das galt selbstverständlich für den Komplex Sicherheit und Verteidigung; aber es galt immer wieder auch für die Wirtschafts- und Währungspolitik, ja selbst für die Frage, wie die Bundesrepublik ihr Verhältnis zu Dritten gestaltete. Davon war schon die Rede.

Das war das Erbe, das Gerhard Schröder antrat und bis zum Ende seiner ersten Amtszeit verwaltete, wie es alle seine Vorgänger mehr recht als schlecht getan hatten. Daß ausgerechnet dieser Bundeskanzler das Steuer herumwerfen und sich sein Verhältnis zum amerikanischen Präsidenten in einem Maße verschlechtern sollte, das selbst noch die zerrütteten Beziehungen Helmut Schmidts zu Jimmy Carter in den Schatten stellte, stand so nicht zu erwarten, im Gegenteil: Am Anfang stand der Schulterschluß.

In den Morgenstunden des 11. September 2001 wurden die Vereinigten Staaten von Amerika vom Terror heimgesucht. Innerhalb von knapp zwanzig Minuten wurden zwei vollbesetzte Passagierflugzeuge in die Zwillingstürme des New Yorker World Trade Center, eines der Wahrzeichen der Stadt und des Landes, gesteuert und brachten sie wenig später zum Einsturz. Tausende fanden vor laufenden Kameras in den rauchenden Trümmermassen den Tod. Fast zeitgleich traf es die Hauptstadt Washington. Hier zerstörte eine entführte Maschine einen Teil des Pentagons, Sitz des amerikanischen Verteidigungsministeriums. Vergleichbares hatte Amerika nur einmal erlebt – beim japanischen Angriff auf die Pazifikflotte in Pearl Harbour sechzig Jahre zuvor. Die Anschläge von bisher nicht bekannter Hemmungslosigkeit und Brutalität waren regelrechte Kriegserklärungen eines nicht sichtbaren Gegners an die Vereinigten Staaten. Der republikanische Präsident George W. Bush, nach einem umstrittenen Wahlsieg gegen Clintons Vizepräsidenten Al Gore seit Januar 2001 im Amt, kündigte in einer Fernsehansprache noch am selben Tag Vergeltungsschläge gegen die Täter und ihre Hintermänner an.

Da bald als sicher gelten konnte, daß der von Afghanistan aus operierende Osama bin Laden und sein Terrornetzwerk Al-Qaida hinter den Anschlägen steckten, daß die Attacken also vom Ausland gegen die USA geführt worden waren, rief die NATO am 2. Oktober 2001, erstmals in ihrer über fünfzigjährigen Geschichte, den Bündnisfall aus. Auf diese Position hatten sich die meisten

Partner Amerikas schon frühzeitig festgelegt. Das galt auch für die Bundesrepublik, auch für Gerhard Schröder, der die Anschläge nicht einmal vierundzwanzig Stunden später vor dem Bundestag als „Kriegserklärung gegen uns alle", gegen die „gesamte zivilisierte Welt" bezeichnete und Präsident Bush die „uneingeschränkte Solidarität" versprach.[7] So weit war bislang noch kein Kanzler gegangen. Allerdings hatte es auch nie zuvor eine vergleichbare Situation gegeben.

Allen voran bei den Grünen, aber auch in der SPD-Linken erhob sich Widerstand gegen Schröders spontanen sicherheitspolitischen Schulterschluß mit den USA, schloß er doch schon bald den möglichen Einsatz deutscher Soldaten in Afghanistan ein. Das deutsche Engagement hatte eine politische Komponente, wie insbesondere die Bonner Afghanistan-Konferenz mit den abschließenden Vereinbarungen über die rechtlichen und politischen Grundlagen für eine Übergangsregierung vom 5. Dezember 2001, und es hatte eine militärische. Zum zweiten Mal nach dem Kosovo-Einsatz „führten" der Bundeskanzler und sein Außenminister „dieses Land in den Krieg"[8], und auch in diesem Fall war vor allem das Nachkriegsengagement der deutschen Streitkräfte erheblich: Nicht nur beteiligte sich die Bundeswehr seit Januar 2002 mit bis zu 2400 Mann an der Internationalen Schutztruppe für Afghanistan (ISAF), sie übernahm auch, gemeinsam mit den niederländischen Streitkräften, von Februar bis August 2003 deren Führung und stellte zeitweilig hundert Soldaten des Kommandos Spezialkräfte (KSK) für den Antiterroreinsatz in Afghanistan. Auch die Bundesmarine begann im Januar 2002 – am Horn von Afrika und im Rahmen der Operation „Enduring Freedom" – den größten Einsatz in ihrer Geschichte: Zeitweilig waren drei Fregatten, fünf Schnellboote sowie eine Reihe von Versorgungsschiffen im Einsatz; außerdem operierten eine Fregatte im östlichen Mittelmeer sowie bis zu drei Schnellboote in der Straße von Gibraltar. Hinzu kamen die Stationierung von ABC-Spürpanzern in Kuweit, von Seeaufklärern in Mombasa, Marinehubschraubern in Djibouti und andere Maßnahmen mehr.

Anders als diese Missionen, die zumeist bis 2004 abgeschlossen oder doch deutlich eingeschränkt werden konnten, war im Falle Afghanistans ein längerfristiges Engagement absehbar. Deshalb und weil es sich grundsätzlich um einen Kampfeinsatz handelte, stieß er in den Reihen der rot-grünen Koalition nicht auf ungeteilte Zustimmung. Der Kanzler hatte schließlich zum Mittel der Vertrauensfrage greifen müssen, um den Entschluß am 16. November 2001 über die parlamentarischen Hürden zu bringen. Der knappe Ausgang der Abstimmung hat Schröder überzeugt, daß er eine solche Machtprobe im Parlament nicht noch einmal suchen dürfe, jedenfalls nicht in einer Frage wie dem ein Jahr später drohenden Irak-Krieg, in der die Stimmung spürbar gegen eine mögliche deutsche Beteiligung umschlug. Daß sie das tat, ging anfänglich auf das Konto des Kanzlers selbst: Weil er doch noch die schon fast verloren geglaubten Wahlen zum Fünfzehnten Deutschen Bundestag gewinnen wollte, entdeckte Schröder im Spätsommer 2002 fast schon in letzter Minute das Thema Irak, erhob es zu einer Frage von Krieg und Frieden für Deutschland und schaffte so, gewissermaßen auf der Zielgeraden und zusätzlich begünstigt durch eine Hochwasserkatastrophe an der Elbe, am 22. September einen hauchdünnen Wahlsieg.

Daß diese Frage alsbald alle anderen außenpolitischen überlagerte, daß die deutsch-amerikanischen Beziehungen in den folgenden Wochen und Monaten einen bislang nicht gekannten Gefrierpunkt erreichten, lag zunächst gleichfalls an Schröder, der das Irak-Thema in den niedersächsischen und hessischen Landtagswahlkämpfen wieder aufgriff und zum Beispiel am 21. Januar 2003 in Goslar sagte: „Rechnet nicht damit, daß Deutschland einer den Krieg legitimierenden Resolution zustimmt."[9] Sollte der Kanzler gehofft haben, mit der Intonierung dieses Refrains den Stimmungsumschwung auf der Länderebene erfolgreich wiederholen zu können, so ist sein Kalkül nicht aufgegangen. Die Wahlen gingen haushoch verloren.

Gleichwohl traf Schröder den Zeitgeist, machte sich doch in Deutschland ein verbreitetes Unbehagen an der allgemeinen Ausrichtung der amerikanischen Außenpolitik breit. Auch wenn der Präsident oder der Senat im Einzelfall gute Argumente für ihre Entscheidungen gehabt haben mögen, so war doch die Rigidität ihres Vorgehens gegenüber internationalen Organisationen und Vereinbarungen seit Bushs Amtsantritt im Januar 2001 für die meisten Europäer schwer erträglich. Das gilt für die Kündigung des amerikanisch-sowjetischen ABM-Vertrages über die Raketenabwehr von 1972, für die Nichtratifikation des umfassenden nuklearen Teststopabkommens (CTBT) von 1996, für die Ablehnung des sogenannten Kyoto-Protokolls zur Verringerung der Treibhausgasemissionen von 1997, für das Zurückziehen der amerikanischen Unterschrift unter das Statut des Internationalen Strafgerichtshofs von 1998 – und natürlich für die Mißachtung der Vereinten Nationen.

Unmißverständlich ließen sich Vertreter der Washingtoner Administration seit Herbst 2002 dahingehend vernehmen, den Krieg gegen den Irak zur Not auch im Alleingang mit einigen engen Verbündeten, das heißt ohne ein hinreichendes Mandat der Vereinten Nationen führen zu wollen. Damit nicht genug, gaben amerikanische Politiker, Wissenschaftler und Publizisten zu verstehen, daß die Irak-Politik ihres Landes Teil einer Globalstrategie sei, die man im Grunde schon seit der zweiten Clinton-Administration verfolge. Tatsächlich hatten die USA schon Mitte Dezember 1998, auch damals mit Unterstützung Großbritanniens, versucht, einen renitenten Saddam Hussein mit Marschflugkörpern und lasergesteuerten Bomben zur Einsicht in ihr Verständnis der UN-Resolutionen zu bekehren, und sich damit gegen die breite Mehrheit im Sicherheitsrat der Vereinten Nationen gestellt, die zuvor zweimal, im Februar und November, die Anwendung von Gewalt abgelehnt hatte.

Schon damals hatten Präventivkriegsgedanken eine Rolle gespielt. Jetzt, unter der neuen Administration, wurden sie zur Doktrin erhoben. Auffallend an dieser sogenannten Bush-Doktrin, die am 20. September 2002, also ein Jahr nach den Terroranschlägen von New York und Washington, offiziell dem Kongreß und damit der Öffentlichkeit vorgelegt wurde, war die Neubewertung und Definition von Abschreckung, die nicht mehr auf die Vergeltungsdrohung beschränkt wurde, sondern präventive Militärschläge als Teil der Gefahrenabwehr begriff. Ausdrücklich wurde die Bereitschaft betont, „allein zu handeln, wenn unsere Interessen und besondere Verantwortung dies erfordern", und das wiederum schloß die Ankündigung ein, „potentielle Gegner von ihren Aufrüstungsvorhaben abzubringen, die sie in der Hoffnung auf Überlegenheit oder Gleichstellung im Hinblick auf die Macht der Vereinigten Staaten betreiben".[10]

Daß solche Ideen auch bei den meisten Europäern auf tiefe Skepsis und Mißtrauen stießen, konnte kaum überraschen. In dieser Hinsicht war die Stimmung in Deutschland nicht auffällig. Allerdings wurden entsprechende Vorbehalte auf der politischen Ebene einstweilen nur hinter vorgehaltener Hand artikuliert – mit einer Ausnahme, dem wahlkämpfenden deutschen Bundeskanzler. Mit seiner zitierten Festlegung manövrierte Gerhard Schröder sich, seine Regierung und damit die gesamte Republik in der Irak-Frage in eine Stellung, die sie vorerst vollständig isolierte – in den Vereinten Nationen, in der NATO, aber auch in der EU.

Besonders nachhaltig betroffen war das Verhältnis zu den USA. Abgesehen von einer kaum zu übersehenden Disharmonie zwischen den Führungspersönlichkeiten, war dafür auch die problematische öffentliche Festlegung Schröders verantwortlich, das Land selbst dann aus einer militärischen Intervention im Irak heraushalten zu wollen, wenn die Vereinten Nationen eine solche als Ultima ratio beschließen sollten. Kritiker sahen darin eine Schwächung der miltärischen Drohkulisse, durch die der Diktator von Bagdad vielleicht doch noch zum Einlenken bewegt werden konnte, sofern der Krieg nicht in Washington ohnehin längst beschlossene Sache war. Im übrigen blieb natürlich transatlantischen Beobachtern die sich rasch ausbreitende amerikakritische Stimmung in Deutschland nicht verborgen, und die wiederum stärkte die Position des Bundeskanzlers. Denn so isoliert er zu Jahresbeginn auch gewesen war, so sehr hatte Schröder, ohne das zu wollen, mit seinem offenen transatlantischen Kollisionskurs zunächst unter den Deutschen, dann unter den Europäern einen tiefsitzenden Reflex freigesetzt.

Dabei wurde übersehen, daß Schröder im Zuge seiner Kampagne zwei Strategien verfolgte, die mit dem Irak nur bedingt zu tun hatten. In erster Linie war der Kanzler auf der Suche nach einem Ausweg aus einer schwierigen innenpolitischen Situation. Er wußte, daß er Deutschland nach den Engagements im Kosovo und in Afghanistan, die ja noch nicht abgeschlossen waren, nicht in einen weiteren, den dritten Krieg seit 1999 führen, daß er vor allem die Regierungskoalition im Falle eines Wahlsiegs nicht ein weiteres Mal mit der Frage eines Kampfeinsatzes deutscher Soldaten konfrontieren konnte. Zu gut war in Erinnerung, daß er im November 2001 den Afghanistan-Einsatz bei den Regierungsparteien mit der Brechstange einer Vertrauensfrage hatte erzwingen müssen. Das war nicht wiederholbar.

Für seinen Kurs in der Krise noch aufschlußreicher war der selbstgewisse Ton, den der Kanzler seit dem Hochsommer 2002 anstimmte und bei dem er geblieben ist. Jetzt wurde vollends deutlich, daß Gerhard Schröder einer anderen Generation angehörte als sämtliche Kanzler vor ihm, die alle – so oder so – durch das Erlebnis des Zweiten Weltkrieges geprägt waren und unter anderem deshalb in Deutschlands multilateraler und multinationaler Verflechtung eine, wenn nicht die wichtigste Konsequenz aus dieser Katastrophe gesehen hatten und daher im Zweifelsfall zu Konzessionen und Kompromissen auf Deutschlands Kosten bereit gewesen waren. Anders Schröder, der schon in seiner ersten Amtszeit auf eine angemessene Betonung der deutschen Interessen gerade in diesen Gemeinschaften Wert gelegt, wenn auch das Kind nicht immer beim Namen genannt hatte. Jetzt tat er es, als er am 5. August 2002 zur Eröffnung der Endrunde des Bundestagswahlkampfes in Hannover ausdrücklich feststellte, daß „dieses Deutschland, unser Deutschland ... ein selbstbewußtes Land" sei, das für keine Abenteuer zur Verfügung stehe, und für eine „Scheckbuchdiplomatie", wie während des zweiten Golf-Krieges, auch nicht.[11] „Wir reagieren nicht auf Druck", versicherte Schröder am 21. August auch Vertretern der Auslandspresse: „Das hat mit unserem Selbstbewußtsein zu tun."[12]

Erst aus dieser Perspektive erschließt sich die Tragweite seiner Äußerung vor dem Bundestag am 13. September, über „die existentiellen Fragen der deutschen Nation" werde „in Berlin entschieden und nirgendwo anders"[13] – ein Refrain, den der Kanzler nach der Wahl, zum Beispiel am 10. Februar 2003 vor der Bundestagsfraktion seiner Partei, erneut intonierte. Dabei ist er geblieben, und wenn er auch nie den Hinweis auf ein „starkes und geeintes Europa" vergaß, so bestand er doch stets, wie am 14. März 2003 vor dem Bundestag, auf der „Unabhängigkeit unserer Entscheidungen in der Welt von morgen"[14] – und erteilte damit jedweden amerikanischen Vormundschaftsabsichten eine klare Absage.

Erstmals hatte ein Bundeskanzler öffentlich ausgesprochen, was sämtliche Vorgänger gedacht, niemals aber zu sagen gewagt hatten, jedenfalls solange sie im Amt waren. Hatten sie dieses erst einmal verlassen, wurden die Altkanzler deutlicher, empfahlen zu handeln – allen voran die beiden Sozialdemokraten unter ihnen.

Helmut Schmidt vertrat nach seinem Auszug aus dem Kanzleramt die Auffassung, daß „Washington zum Unilateralismus" neige, wer „auch immer dort regiert", und prognostizierte: „Solange Westeuropa sich nicht zu einem gemeinsamen gesamtstrategischen Entwurf durchringen und diesen geschlossen vertreten kann, wird es immer wieder mit amerikanischen Alleingängen konfrontiert werden."[15] Das hatte schon Willy Brandt so gesehen. Im November 1980 hatte er die Leser des „Spiegel" wissen lassen, es sei eine „veraltete Vorstellung, als ob Sicherheitspolitik nur darin bestehen könnte, zusätzlichen Forderungen eines amerikanischen Präsidenten nachzukommen"[16], und anderthalb Jahre später hinzugefügt: „Man soll nicht als Angsthase durch die Landschaft hüpfen. Das ist ja auch dem Bundeskanzler völlig unangemessen ... Wir sollten aus diesem etwas komischen, auch von Minderwertigkeitskomplexen geprägten Verhalten herauskommen – als ob wir immer erst mal darauf zu achten hätten, ob in bestimmten Washingtoner Büros jemand die Stirn kräuselt."[17]

So ließ sich jetzt, gut zwei Jahrzehnte später, auch einer seiner politischen Enkel, zugleich sozialdemokratischer Erbe im Kanzleramt, vernehmen, nur daß Gerhard Schröder zu diesem Zeitpunkt noch amtierte und ein Land vertrat, das seit der Vereinigung und verglichen mit den Tagen Brandts und Schmidts erheblich an politischem Gewicht zugelegt hatte. Es war dann auch nicht nur die Irak-Frage, die Absage an eine militärische Beteiligung Deutschlands; es war dieser selbstbewußte Ton, der auf beiden Seiten des Atlantiks aufhorchen ließ. Ungeplant hatte Deutschland die Führungsrolle als Gegenmacht der USA übernommen. Für die Berliner Politik war sie zwangsläufig eine Nummer zu groß, und so bot sie zur Jahreswende 2003 ein besorgniserregendes Bild, vermittelte gar in handwerklicher Hinsicht zeitweilig den Eindruck eines „beispiellosen Zusammenbruchs diplomatischer Professionalität".[18] Noch nie, seit es eine Außenpolitik der Bundesrepublik gibt, waren sich die Beobachter in deren kritischer Bewertung so einig gewesen wie in diesen Februartagen.

Hilfe tat not, und sie kam: vom französischen Staatspräsidenten. Konsequent nutzte Chirac die verfahrene internationale Situation als Chance, um das seit den Tagen Charles de Gaulles gespannte, distanzierte Verhältnis zu den Vereinigten Staaten zum französischen Vorteil zu korrigieren. Wenn es nach de Gaulle einen französischen Präsidenten gegeben hat, der in fast jeder Hinsicht an dessen Außenpolitik anknüpfte, dann war es Chirac. Seit seinem furiosen Wahlerfolg vom Mai 2002 war er offenbar überzeugt, eine historische Mission erfüllen und gewissermaßen das Werk de Gaulles vollenden zu müssen. Wie diesem ging es auch Chirac dabei nicht um ein Kräftemessen mit den USA, das von Frankreich nicht gewonnen werden konnte, vielmehr um den Anspruch, als gleichberechtigter Partner wahrgenommen zu werden.[19]

Nachdem Außenminister Dominique de Villepin am 20. Januar im Sicherheitsrat der Vereinten Nationen eindeutig Position gegen den amerikanischen Kriegskurs am Persischen Golf bezogen hatte, schloß Chirac zwei Tage später, anläßlich der Feiern zum vierzigsten Jahrestag des Elysée-Vertrages, mit einem demonstrativen Schulterschluß in der Irak-Frage zur deutschen Position auf und übernahm dann die Regie. Dazu gehörte auch die Einbeziehung des seit Jahresbeginn 2000 als Nachfolger Jelzins amtierenden russischen Präsidenten Wladimir Putin, so daß sich seit Mitte Februar 2003 die Bildung einer sogenannten Achse Paris-Berlin-Moskau abzuzeichnen schien. Stellte die Bundesrepublik also, erstmals seit ihrer Aufnahme in die NATO vor beinahe fünf Jahrzehnten, ihr enges Verhältnis zu Amerika und damit zwangsläufig ihre Verankerung im westlichen Bündnis in Frage? Zumindest die Kritiker dieser Politik hatten da wenig Zweifel.

Einstweilen wurde der scheinbar radikale Bruch bundesrepublikanischer Außenpolitik mit ihrer eigenen Tradition von einer weltweiten Empörung über die riskante Irak- und anmaßende Weltpolitik der Vereinigten Staaten überlagert: Als am 15. Februar in Berlin, London, Rom, Brüssel, Paris, Washington und zahlreichen anderen Städten Millionen auf die Straße gingen, um gegen einen Krieg im Irak und damit, ausgesprochen oder nicht, gegen die Politik der Vereinigten Staaten und ihres Präsidenten zu demonstrieren, schien das auch eine überwältigende Bestätigung jenes Kurses zu sein, den Schröder schon im Herbst 2002, damals noch als einsamer Rufer, eingeschlagen hatte. Manchen Beobachter erinnerte die Berliner Szene an die Bonner Großdemonstration gegen den NATO-Doppelbeschluß vom Oktober 1981, die damals das Ende der sozial-liberalen Koalition und mit ihr der sozialdemokratisch geführten Bundesregierung eingeläutet hatte.

Allerdings hatte sich die Regierung Schmidt der außenpolitischen Räson der Bonner Republik zu fügen gehabt; hingegen war die Regierung Schröder dabei, die Konsequenzen aus der gewandelten weltpolitischen Lage zu ziehen und sich von ihr loszusagen.

Nahrung erhielt der weltweite Protest durch die stagnierenden Entscheidungsprozeduren in der EU, in der NATO und vor allem im Sicherheitsrat der Vereinten Nationen, der sich immer mehr als diplomatisches Schlachtfeld entpuppte, auf dem beide Seiten, also die USA und Frankreich sowie ihre jeweiligen Verbündeten, versuchten, Kombattanten aus den Reihen der noch unentschlossenen Ratsmitglieder anzuwerben. Nachdem auch der letzte von drei Zwischenberichten der Waffeninspekteure keine eindeutige Klarheit verschaffen konnte, ging die Initiative am 7. März endgültig an die Interventionisten über. An diesem Tag setzten die USA und ihre beiden wichtigsten Verbündeten, Großbritannien und Spanien, dem Irak eine letzte Frist bis zum 17. März für die „volle, bedingungslose, sofortige und aktive Zusammenarbeit".[20]

Niemand konnte einen Zweifel haben, daß es sich dabei um die Ankündigung eines Ultimatums handelte, das dann auch tatsächlich zehn Tage später erging: „Der UN-Sicherheitsrat", erklärte der Präsident am 17. März 2003 seinem Volk und der Welt, „ist seinen Verpflichtungen nicht gerecht geworden, so werden wir denn den unseren gerecht. ... Saddam Hussein und seine Söhne müssen den Irak innerhalb von 48 Stunden verlassen. Sollten sie sich weigern, wird dies einen militärischen Konflikt nach sich ziehen, dessen Beginn wir bestimmen werden."[21] Um sich hatte der Präsident eine „Koalition der Willigen" geschart. Nach Angaben des State Department gehörten ihr zu diesem Zeitpunkt dreißig Staaten an, zumeist aus den Reihen der Dritten Welt.

In den Abendstunden des 20. März 2003, wenige Stunden nach Ablauf des Ultimatums, begann der Angriff der Koalition, im wesentlichen amerikanischer und britischer Streitkräfte, auf den Irak. Als amerikanische Panzerverbände am 9. April ins Zentrum Bagdads einrückten, war das Regime faktisch zusammengebrochen. Am 1. Mai erklärte Präsident Bush die „Hauptkampfhandlungen" im Irak für abgeschlossen. Damit endete nach fast einem Vierteljahrhundert die Terrorherrschaft Saddam Husseins, der zunächst, während der achtziger Jahre, von den USA hofiert und unterstützt, danach von Washington durch Krieg, umfassende

Sanktionen sowie jahrelange gezielte Militärschläge systematisch geschwächt worden war.

Deutschland war an den Kampfhandlungen nicht beteiligt. Allerdings blieb der Luftraum über Deutschland für die amerikanischen Streitkräfte geöffnet, und die deutschen Soldaten verblieben an Bord der in der Türkei zu deren Schutz stationierten AWACS-Flugzeuge der NATO. Das wiederum führte zu einer bemerkenswerten Situation im deutschen Parlament: Am 20. März 2003 lehnten die Koalitionsfraktionen einen von der Unionsfraktion unterstützten Antrag der FDP ab, den AWACS-Einsatz durch den Bundestag bestätigen zu lassen. Dem schloß sich fünf Tage später das Bundesverfassungsgericht mit dem Urteil an, daß sich das für eine einstweilige Anordnung erforderliche deutliche Überwiegen der Rechte des Bundestags in der gegebenen Situation nicht feststellen lasse: „Die ungeschmälerte außenpolitische Handlungsfähigkeit der Bundesregierung … hat auch im gesamtstaatlichen Interesse an der außen- und sicherheitspolitischen Verläßlichkeit Deutschlands bei der Abwägung ein besonderes Gewicht.“[22] Eine bemerkenswerte Argumentation, mit der die höchsten Verfassungsrichter, ganz auf der Linie ihrer Urteile aus den neunziger Jahren, den hohen Stellenwert der Außen- und Sicherheitspolitik für das vereinigte Deutschland dokumentierten.

Die Bundesregierung hatte in der Irak-Krise eine bislang in der deutschen Außenpolitik nicht bekannte selbstbewußte Haltung an den Tag gelegt. Wie aber sollte es weitergehen? Welche Konsequenzen waren aus der Krise zu ziehen? Gewiß, Berlin stand zu seinem „Engagement im transatlantischen Bündnis“, wie der Bundeskanzler in seiner Regierungserklärung vom 3. April 2003 festhielt, und insofern auch zur Partnerschaft mit den Vereinigten Staaten – allerdings unter der Voraussetzung, daß die Allianz „wieder zu einem Ort intensiver gegenseitiger Konsultation“ werde. Vor allem aber, so Schröder weiter, müsse die Einigung Europas entschlossen vorangetrieben werden, insbesondere auf dem Gebiet der Außen- und Sicherheitspolitik.

Was die jüngste Vergangenheit anging, hielt der Kanzler den in der Krise eingeschlagenen Weg, „auf Grundlage gemeinsamer Prinzipien … eine enge Zusammenarbeit mit Rußland zu suchen“, für „richtig und auch erfolgreich“; und den engen Schulterschluß mit Frankreich rechnete Schröder zu den „wenigen wirklich erfreulichen Entwicklungen der augenblicklichen Situation".[23] Tatsächlich hatte die amerikanische Pressionspolitik zu einer lange nicht gekannten, wenn überhaupt je beobachteten außenpolitischen Zusammenarbeit zwischen Paris und Berlin geführt – unter gelegentlicher Einbeziehung Moskaus und nicht zuletzt Pekings. Aus deutscher Sicht war das konsequent.

Das galt für das gute Verhältnis des Bundeskanzlers zum russischen Präsidenten, mit dem Schröder und Putin die zuletzt durch Kohl und Jelzin gepflegte Tradition fortschrieben; und es galt für die Abstimmung mit China, dem er eine Bedeutung zumaß wie kein Kanzler vor ihm. Wenn es ums Geschäft mit der kommenden asiatischen Weltmacht ging, waren auch Waffen oder die Investitionsruine einer deutschen nuklearen Wiederaufbereitungsanlage für Schröder kein Tabu. Es war kein Zufall, daß der Bundeskanzler Anfang Dezember 2003 – zum fünften Mal in seiner Amtszeit und erneut von hochrangigen Vertretern der deutschen Wirtschaft begleitet – in die Volksrepublik aufbrach.

Die eigentliche Überraschung aber war die vorläufige Stabilität der neuen deutsch-französischen Partnerschaft. War es zunächst Chirac gewesen, der Schröder zu Jahresbeginn 2003 geholfen hatte, aus der fast vollständigen internationalen Isolierung herauszukommen, so ließ nunmehr der Bundeskanzler keinen Zweifel, daß er den Kurs des Staatspräsidenten in der Irak-Krise in jeder Hinsicht mittrug. Sei es, daß er ausdrücklich Chiracs Vorstoß zu einem Gipfeltreffen der Mitglieder des Sicherheitsrats unterstützte, das dann aber nicht zustande kam; sei es, daß er die Festlegung des Präsidenten auf das französische Veto guthieß.

Frankreich hatte die Führung der antiamerikanischen Koalition übernommen. Das entsprach seinem historischen und politischen Selbstverständnis, aber auch seinem Status als Atommacht und ständiges Mitglied im Sicherheitsrat der Vereinten Nationen. Keine Frage aber auch, daß Chirac ohne einen starken Partner, ohne das auf die Bühne der Weltpolitik zurückgekehrte Deutschland, diese Rolle kaum hätte annehmen und ausfüllen können. An dieser engen Kooperation änderte auch der Kriegsausbruch nichts. Bereits am 4. April kamen die Außenminister Frankreichs, Deutschlands und Rußlands erneut in Paris zusammen. Dieses Mal ging es Villepin, Fischer und Iwanow um die Zukunft des Irak nach dem Krieg. Die drei ließen keinen Zweifel, daß sie auf einer Mitwirkung der Vereinten Nationen beim Wiederaufbau des Landes wie bei der Gewährleistung seiner künftigen Sicherheit bestanden. „Einzelne Länder“, so Villepin, „können einen Krieg gewinnen, aber sie können nicht den Frieden sichern“[24] – eine Einschätzung, die Putin, Schröder und Chirac teilten und die durch die Entwicklung im Irak nach Einstellung der Hauptkampfhandlungen nachdrücklich bestätigt wurde. Als sich die drei Staats- und Regierungschefs eine Woche später, am 11. und 12. April, erstmals in dieser Konstellation in St. Petersburg trafen, sprachen auch sie von einer „zentralen Rolle“ der UNO beim Wiederaufbau des Irak. An diese Linie haben sich namentlich Deutschland und Frankreich gehalten und auf diese Weise einiges dazu beigetragen, daß der Sicherheitsrat am 22. Mai beziehungsweise 16. Oktober 2003 die Resolutionen 1483 und 1511 akzeptierte, letztere einstimmig. Damit erhielt die UNO zwar nicht die ursprünglich geforderte „zentrale Rolle“, aber sie kam wieder ins Spiel und wurde vor allem nicht erneut zum Schlachtfeld unvereinbarer Positionen.

Zu Beginn der Irak-Krise hätten nur wenige Beobachter eine solche Entwicklung für möglich gehalten. Das gilt für die Konsequenz, mit der die Regierung Schröder die Rolle einnahm, die Deutschland mit den weltpolitischen Umbrüchen der ausgehenden achtziger und beginnenden neunziger Jahre des 20. Jahrhunderts zugefallen war. Es gilt aber auch und vor allem für die erstaunliche Tragfähigkeit des deutsch-französischen Verhältnisses, an der sich, vielen Unkenrufen zum Trotz, auch nach Überwindung der akuten Irak-Krise nichts änderte, im Gegenteil.

Wie so häufig in der Geschichte des integrierten Europa, zuletzt bei der Einführung der neuen Währung, erwies sich die deutsch-französische Zusammenarbeit auch jetzt als seine treibende Kraft. Außenminister Fischer brachte das im Januar 2003 auf den Punkt: „Frankreich und Deutschland verfügen über das Gewicht und die europäische Überzeugung, deren es für ein Vorantreiben der europäischen Integration bedarf. Es gibt viele, die verfügen über die europäische Überzeugung, aber nicht über das Gewicht. Andere verfügen über das Gewicht, aber nicht über diese europäische Überzeugung.“[25]

Nach der Installierung eines geschlossenen Marktes, einer einheitlichen Währung, auch eines in weiten Bereichen schon vereinheitlichten Rechtssystems stand und steht seit den Krisen und Kriegen im ehemaligen Jugoslawien und im Irak, dringlicher noch als zuvor, die Umsetzung einer gemeinsamen Außen- und Verteidigungspolitik auf der Tagesordnung. Das setzte wie alle Großtaten in Europa einen langen Atem voraus, war aber schon angesichts des unverändert imperialen Stils der amerikanischen Europapolitik nicht aussichtslos. Wäre es je zu einer gemeinsamen europäischen Währung gekommen, wenn die USA nicht drei Jahrzehnte vor der Einführung des Euro in einer Nacht- und Nebelaktion das bestehende Währungssystem von Bretton Woods außer Kraft gesetzt hätten?

Konsequent zu Ende gedacht, auf die Europäische Sicherheits- und Verteidigungspolitik bezogen und ein Weiterbestehen der NATO unterstellt, konnte das nur auf einen von Grund auf neu konstruierten Pfeiler der alten Allianz hinauslaufen. Eine in dieser Hinsicht reformierte europäische Gemeinschaft, so die auch in Berlin wachsende Überzeugung, müsse in der Lage sein, gegebenenfalls aus eigener militärischer Kraft und in eigener politischer Verantwortung zu handeln und insbesondere innereuropäische Krisen und Konflikte aller Art, wie während der neunziger Jahre des 20. Jahrhunderts die Kriege im vormaligen Jugoslawien, innereuropäisch zu lösen. Das Potential hatte sie schon während der neunziger Jahre. Es fehlte der Wille. Auf diesem Gebiet „wirklich handlungsfähig zu werden", forderte daher nach dem Ende der Irak-Krise nicht nur Bundespräsident Rau.[26]

Initiativen gab es, so den Vorstoß des französischen Staatspräsidenten und des britischen Premierministers von Saint-Malo, mit dem sich Chirac und Blair Anfang Dezember 1998 für eine autonome militärische Handlungsfähigkeit Europas einsetzten und der selbst von amerikanischen Europa-Spöttern als „historisch beispiellos" eingestuft wurde.[27] Oder auch die Initiative des belgischen Ministerpräsidenten Verhofstadt vom Sommer 2002. Ursprünglich als Wiederbelebungsversuch von Saint-Malo gedacht, mündete sie am 29. April 2003 in ein Gipfeltreffen der Staats- und Regierungschefs Belgiens, Deutschlands, Frankreichs und Luxemburgs. Gewiß waren Konstellation und Zeitpunkt der Begegnung vor dem Hintergrund der Irak-Krise nicht glücklich gewählt. Immerhin nutzten die Teilnehmer die Gelegenheit, um den übrigen Partnern konkrete Maßnahmen und Schritte auf dem Weg zu einer „Europäischen Sicherheits- und Verteidigungsunion“ (ESVU) vorzuschlagen, deren Grundidee im Sommer 1999 von der deutschen Außenpolitik ins Gespräch gebracht worden war.

Die andauernde, unverhältnismäßig heftige amerikanische Kritik an dem Vorhaben, insbesondere am – so nie formulierten – Vorschlag eines militärischen Hauptquartiers der EU,[28] durfte in diesem Falle als Indiz gelten, daß man den richtigen Weg eingeschlagen hatte. Das zeigte nicht zuletzt der schrittweise Sinneswandel der britischen Regierung, die zu den engsten Weggefährten der USA zählte, aber eben deshalb mit der amerkanischen Politik und Kriegführung, zuletzt im Irak, auch eigene Erfahrung gesammelt hatte. Beginnend mit einer geheim gehaltenen Begegnung der Außenminister Straw, de Villepin und Fischer im Frühjahr, fortgesetzt mit einem informellen Treffen Blairs, Chiracs und Schröders, das am 20. September 2003 bezeichnenderweise in Berlin stattfand, setzte sich auch in London die Überzeugung durch, „daß die EU über eine gemeinsame Fähigkeit zur Planung und Führung von Operationen ohne Rückgriff auf Nato-Mittel und -Fähigkeiten verfügen“ müsse. So hieß es jedenfalls in einem informellen, ursprünglich nicht für die Öffentlichkeit gedachten Papier der drei,[29] mit dem Blair gewissermaßen zur Position von Saint-Malo zurückkehrte. Dabei ist es geblieben, wenn auch stets betont wurde, daß die gemeinsame europäische Verteidigungspolitik die NATO nicht ersetzen, sondern ergänzen solle. Das gilt nicht zuletzt für die erste Sicherheitsstrategie der EU, auf die sich am 13. Dezember 2003 alle 25 Teilnehmer des Brüsseler Gipfels verständigten.

Mit ihrem Formelkompromiß machten die drei Führungsmächte der EU bis Jahresende 2003 den Weg für eine „strukturierte Zusammenarbeit“ im Rahmen der ESVP frei. Das war nicht selbstverständlich, zeigt aber, daß für Fortschritt bei der Integration Europas ein Zusammengehen der drei Regierungen wichtig, die deutsch-französische Zusammenarbeit unverzichtbar war. Tatsächlich hatten sich Paris und Berlin auf praktisch allen Ebenen, die Außen- und Sichherheitspolitik eingeschlossen, selten so eng abgesprochen wie seit dem Herbst 2002: Daß sich Schröder am 17. Oktober 2003, dem zweiten Tag des Brüsseler EU-Gipfeltreffens, von Chirac vertreten ließ, um an Abstimmungen im Bundestag teilnehmen zu können, daß der deutsche Bundeskanzler also gewissermaßen seine Stimme an den französischen Staatspräsidenten delegierte, war nicht nur in der Geschichte der EU-Gipfel ohne Beispiel.

Und es war symptomatisch – vor allem für die stabile, nicht zuletzt durch Persönlichkeiten geprägte Tradition der deutsch-französischen Beziehungen: Schröder und Chirac setzten fort, was Adenauer und de Gaulle begonnen, Schmidt und Giscard d'Estaing oder Kohl und Mitterrand ausgebaut hatten. Daß dieser enge Schulterschluß immer auch Gegenreaktionen provoziert hat und provozieren kann, überrascht nicht. Das gilt für den transatlantischen Verbündeten, und es gilt für die europäischen Partner: So machten sich Schröder und Chirac nicht nur Freunde, als ihre Finanzminister die EU-Kommission in der Nacht zum 25. November zwangen, das Defizitverfahren gegen Berlin und Paris auszusetzen, obgleich beide zum drittenmal in Folge gegen den Stabilitäts- und Wachstumspakt verstoßen und damit einen womöglich folgenreichen Präzedenzfall geschaffen hatten.

Allerdings lag es dann nicht an Deutschland und Frankreich, daß der Brüsseler Gipfel Mitte Dezember 2003 scheiterte. Vielmehr waren es in diesem Falle Spanien und Polen, die sich gegen eine Revision des in Nizza verabschiedeten Beschlußverfahrens wehrten und den Vorschlag des Mitte Dezember 2001 einberufenen „Konvents zur Zukunft Europas" ablehnten: Am 13. Juli 2003 hatte dieser sogenannte Verfassungskonvent nach fast anderthalbjähriger Arbeit einen Entwurf verabschiedet und sich darin unter anderem für die „doppelte Mehrheit", also dafür ausgesprochen, daß ab 2009 eine Mehrheit der Staaten und zugleich 60 Prozent der Bevölkerung der EU für deren Beschlüsse erforderlich sein sollten. Vor allem Frankreich und Deutschland, das mit Abstand bevölkerungsreichste Land der EU, setzten sich Mitte Dezember 2003 für dieses Verfahren ein.

Noch deutlicher wurde die neue Qualität der deutsch-französischen Zusammenarbeit mit Blick auf den amerikanischen Verbündeten. Wenn auch beide, Berlin stärker als Paris, während der Irak-Krise sorgsam darauf bedacht waren, auch nur den Anschein eines gegen die USA gerichteten Zusammengehens zu vermeiden und ihm gegebenenfalls entgegenzutreten, ließ sich dieser Eindruck schon deshalb nicht vermeiden, weil die amerikanische Politik und Publizistik ihn mit zunehmender Intensität erweckte und kultivierte. Und auch das war kein Zufall. Denn mit wachsender Distanz zu den turbulenten Ereignissen der Irak-Krise zeichnete sich immer deutlicher ab, was diese vor allem offenbarte: das Ende der transatlantischen Epoche, jenes Zeitalters also, das durch den Ost-West-Gegensatz, durch die Blockkonfrontation, durch die bipolare Weltordnung charakterisiert gewesen war und das daher mit dem Untergang der Sowjetunion und ihres Imperiums sein natürliches Ende hatte finden müssen.

Folgen hatte das für alle Beteiligten, in besonderem Maße aber für das vier Jahrzehnte lang geteilte Deutschland, dessen Schicksal wie das keines zweiten Landes die transatlantische Epoche und eben auch deren Ende reflektierte: Ohne diesen Schlußakt, ohne den Untergang der Sowjetunion wäre die Überwindung der deutschen Teilung schwerlich vorstellbar gewesen. Damit aber entfiel zugleich, wenn nicht der einzige, wohl aber der eigentliche Grund für die bedingungslose Anlehnung an die Vor- und Garantiemacht des westlichen Bündnisses; und damit eröffnete sich, erstmals in der Geschichte der Bundesrepublik, zugleich die Möglichkeit, grundsätzlich souverän optieren, sich also für ein enges Zusammengehen mit den europäischen Partnern, allen voran mit Frankreich, entscheiden zu können, ohne sich zwischen allen Stühlen wiederzufinden.

Keine Frage, die deutsche Außenpolitik hatte endgültig zu den Gegebenheiten der neuen Weltordnung aufgeschlossen. Daß Teheran auf der deutschen Teilnahme bestand, als es um eine europäische Vermittlung im gefährlichen Streit Irans mit der Völkergemeinschaft und der IAEA um sein Atomprogramm ging, ist bezeichnend. Niemand fand es ungewöhnlich, daß Außenminister Fischer Seite an Seite mit seinen französischen und britischen Amtskollegen de Villepin und Straw am 21. Oktober 2003 in der iranischen Hauptstadt die Führung des Landes zu Konzessionen, insbesondere zu umfassenden Kontrollen seines Atomprogramms, zu bewegen suchte. Ganz selbstverständlich nahm Deutschland inzwischen im Kreis der übrigen europäischen Großmächte die Rolle ein, die ihm als Folge der weltpolitischen Umbrüche seit 1991 zugefallen war. Die Einladung Chiracs an Schröder, als erster Bundeskanzler überhaupt an den Feierlichkeiten der alliierten Landung in der Normandie teilzunehmen und zum sechzigsten Jahrestag am 6. Juni 2004 nach Frankreich zu reisen, durfte durchaus auch in diesem Sinne verstanden werden.

Das setzte und setzt ein entsprechendes, dem politischen Gewicht angemessenes Selbstbewußtsein der politischen Akteure in Berlin voraus, und es gehört zu den bemerkenswerten Befunden der jüngsten Vergangenheit, daß niemand ernsthaft zu dem Schluß kam, Deutschland knüpfe damit an alte, verhängnisvolle, 1945 zu den Akten gelegte Traditionen an, im Gegenteil. Das deutsche Engagement seit Beginn der neunziger Jahre zeigte ja gerade, wie grundlegend sich die Bundesrepublik in dieser Hinsicht vom Deutschen Reich unterscheidet. Anders als die Weltmachtpolitik in jener Epoche hat die Außenpolitik des vereinigten Deutschland nicht nur unberechenbaren Alleingängen auf Kosten und zu Lasten der näheren und ferneren Nachbarn entsagt; vielmehr hat sich in Berlin endgültig die Erkenntnis durchgesetzt, daß ein umfassendes, dem Gewicht und den Möglichkeiten des Landes angemessenes weltpolitisches Engagement im Interesse der Völkergemeinschaft liegt.

8. Bilanz

Gibt es ein Prinzip, gibt es eine Maxime deutscher Außenpolitik? Wo liegen ihre Anfänge, wo ihre Wurzeln? Die Fragen sind leichter gestellt als beantwortet, muß man doch in Rechnung stellen, wie häufig Deutschland im zurückliegenden 20. Jahrhundert sein Gesicht geändert hat, wie oft sich die Deutschen mit einer radikal neuen Situation konfrontiert sahen. Mit Ausnahme von Rußland beziehungsweise der Sowjetunion hat kein anderes vergleichbares Land sein politisches Gesicht so häufig geändert wie Deutschland, fünfmal seit 1871: vom Kaiserreich zur ersten deutschen, der Weimarer Republik und zur Diktatur des „Dritten Reiches", von dort zum geteilten und schließlich zum vereinigten Deutschland mit weltpolitischem Gewicht. Daß in allen diesen Fällen der Wandel sämtliche Bereiche des politischen Lebens erfaßt hat und zudem in erheblichem, wenn nicht entscheidendem Maße von außen mitbedingt worden ist, ist in diesem Zusammenhang von besonderer Bedeutung.

Denn darin unterschied sich die Lage des Landes von der seiner größeren und kleineren Nachbarn. Hinzu kam, daß die Deutschen in vieler Hinsicht zu spät auf der politischen Bühne erschienen. Wenn auch das Bild von der „verspäteten Nation" ursprünglich in einem geistes-, kultur- und religionsgeschichtlichen Rahmen entwickelt worden ist,[1] läßt es sich doch, jedenfalls für die Zeit seit der Begründung des Deutschen Reiches, auf manchen Bereich des politischen Lebens übertragen. Die Deutschen taten die Schritte hin zum Nationalstaat, zur Großmacht, zur Industrienation, zur Kolonial- beziehungsweise Weltmacht, zur Republik oder auch zur funktionierenden parlamentarischen Demokratie erst, als andere vergleichbare Nationen diese bereits hinter sich hatten. Daß sie dabei nicht selten überstürzt zu Werke gingen, hatte immer auch, vor allem im 19. und frühen 20. Jahrhundert, mit dem Bedürfnis zu tun, nicht länger „anders" als die anderen, sondern baldmöglichst so etabliert und erfolgreich zu sein wie diese.

Außen- und sicherheitspolitisch fand dieser Wunsch seinen Niederschlag in der Forderung nach einer gleichberechtigten Stellung des Landes in Europa beziehungsweise in der Welt. Zunächst, in der ersten Hälfte des 19. Jahrhunderts, ging es um den Nationalstaat, in dem sich andere Völker längst eingerichtet hatten, dann um den Weltmachtstatus, den das 1871 gegründete Deutsche Reich schon deshalb ganz selbstverständlich anvisierte, weil ihn auch alle anderen Großmächte, wenn nicht längst einnahmen, so doch mit ihren imperialistischen Aktivitäten anstrebten. Nicht hinter den anderen zurückzubleiben, durch tatsächliche oder unterstellte Zweitrangigkeit nicht in ein gefährliches Sicherheitsdilemma zu geraten, war für dieses Streben vor allem maßgeblich.

Kein Wunder, daß der Komplex Sicherheit, Verteidigung und Rüstung für die Macht in der Mitte Europas, kaum daß sie das Licht der Welt erblickt hatte, einen herausragenden Stellenwert besaß. In seiner exponierten geostrategischen Lage hatte Deutschland mehr Nachbarn als jedes andere vergleichbare Land. Daß seine Bewohner ein besonderes Sicherheitsbedürfnis empfanden, war daher auch für andere und jedenfalls solange nachvollziehbar, als dieses Bedürfnis nicht Formen annahm, die ihrerseits zu einer Bedrohung werden konnten. Auf diese Wahrnehmung setzte man auch in Deutschland: Nicht zufällig bildete die Diskriminierung, der das Land insbesondere auf militärischem Gebiet ausgesetzt war, nach 1918/19 eines der wichtigsten Argumente der deutschen Revisionspolitik. Das gilt sowohl für die Zeit der Weimarer Republik als auch für die ersten Jahre des „Dritten Reiches", auch wenn die populäre Forderung nach Gleichberechtigung von Hitler lediglich vorgeschoben wurde, um andere Ziele zu erreichen und damit den Anspruch auf Gleichberechtigung zugleich zu pervertieren: Die Kriegführung Deutschlands im Zweiten Weltkrieg und insbesondere der rassenideologische Vernichtungskrieg zielten nicht mehr auf eine gleichberechtigte Stellung Deutschlands, sondern im Gegenteil auf die Unterjochung Europas, letztlich der Welt.

Deshalb mußte sich der Vernichtungswahn des „Dritten Reiches" bei abwägender Betrachtung selbst für die vormaligen Gegner und Opfer Deutschlands nicht als Ausdruck von Kontinuität, sondern als Bruch in der Geschichte Preußen-Deutschlands darstellen; deshalb konnte die junge Bundesrepublik schon mit dem Ausbruch des Korea-Krieges aus der Rolle des Gegners in die des

Verbündeten der Westmächte wechseln. Prompt lag auch bald wieder die alte deutsche Forderung auf dem Tisch. Noch im Rückblick hat Adenauer die Einbindung Deutschlands als „gleichberechtigtes Mitglied in die westliche Völkergemeinschaft" als eines der beiden „wichtigsten" Ergebnisse seiner politischen Arbeit bezeichnet und damit sowohl das wirtschaftliche und politische als auch das militärische Gebiet gemeint.[2]

In wirtschaftlicher Hinsicht konnte die Gleichberechtigung seit Gründung der Montanunion, also seit 1951, als Prinzip europäischer Politik angesehen werden; politisch galt das seit 1955, allerdings mit der folgenreichen Einschränkung, daß sich die alliierten Sieger die letzte Entscheidung bezüglich Berlins und Deutschlands als Ganzem vorbehielten. Strenggenommen war die Bundesrepublik also bis zum Ende des Kalten Krieges außenpolitisch nicht vollständig souverän und, verglichen mit allen größeren und kleineren Partnern in den westlichen Gemeinschaften, ein Staat zweiter Ordnung. Weil die politische Gleichrangigkeit nur über den Weg der Wiedervereinigung, also nicht aus eigener Kraft erreichbar war, hat sich die deutsche Politik anfänglich in besonders starkem Maße auf das dritte, das militärische Gebiet verlegt. Die starke Konzentration auf die Sicherheits-, Verteidigungs- und Allianzpolitik erklärt sich mithin nicht nur aus der exponierten geostrategischen Lage an der Nahtstelle zwischen den beiden Blöcken des Kalten Krieges. Vielmehr ging es der deutschen Außenpolitik spätestens seit 1955 auch darum, wenigstens hier den Anschein der Zweitklassigkeit zu vermeiden.

So hat Adenauer, als er anläßlich des Beitritts der Bundesrepublik zur WEU für diese auf die Produktion von Atomwaffen auf ihrem Territorium verzichtete, entschieden dafür gekämpft, daß auf der deutschen Verzichtserklärung auch „nicht der Schatten einer Diskriminierung" lag;[3] und es war eben dieses Motiv, das den Bundeskanzler, aber beispielsweise auch Bundesverteidigungsminister Franz Josef Strauß bewog, dem Bundestag am 25. März 1958 den Entschluß zur Annahme zu empfehlen, die im Aufbau befindliche Bundeswehr mit nuklearen Gefechtsfeldwaffen auszurüsten. Neben der Umstellung der amerikanischen Verteidigungsdoktrin war dafür die Erkenntnis maßgeblich, daß im Atomzeitalter die „Nuklearmacht" das „entscheidende Merkmal der Souveränität" war und eine „mindere Rolle im Kreis der Verbündeten" mit dem Verständnis von „nationaler Würde" unvereinbar erscheinen mußte.[4]

Es ist bezeichnend für das politische Denken in Deutschland, daß mit Helmut Schmidt, Helmut Kohl und Gerhard Schröder drei Kanzler, die sich gewiß nicht als geistige Erben von Strauß verstanden wissen wollten, zu ihrer Zeit auf dem Gebiet der Sicherheit und Verteidigung ganz ähnlich argumentiert haben. So blieb es für den Verteidigungsminister und Bundeskanzler Schmidt eine „wichtige Grundbedingung" für den erfolgreichen Abschluß der seit 1973 geführten Verhandlungen über gegenseitige und ausgewogene Truppenverminderung (MBFR), „daß die Bundeswehr keinen Sonderstatus erhielt, etwa dadurch, daß sie als einzige auf westlicher Seite Kontrollen und Beanstandungen unterliegen würde".[5] Nicht anders erklärt sich die anfängliche Weigerung seines Nachfolgers Kohl, nach Inkrafttreten des amerikanisch-sowjetischen INF-Vertrages die deutschen „Pershing I A" abzubauen. Abgesehen von manchen sicherheitspolitischen Überlegungen, ging es nach Einschätzung eines amerikanischen Beobachters um nicht weniger als die Frage, ob die Bundesrepublik in einer für sie „praktisch und symbolisch äußerst wichtigen Frage" durch ihre eigenen Verbündeten, also politisch, „zum Rückzug gezwungen" werden sollte.[6]

Ähnlich dachte auch dessen Nachfolger in der Irak-Krise der Jahreswende 2002/03. Während allerdings Schmidt und Kohl, letzterer jedenfalls bis 1991, noch aus der Position eines nicht vollständig souveränen, also nur eingeschränkt handlungsfähigen Partners heraus argumentierten, klagte Schröder gerade die seit 1991 bestehende Gleichberechtigung Deutschlands ein, als er sich gegen eine Beteiligung am Irak-Feldzug der USA aussprach und Ende August 2002 gegenüber Vertretern der Auslandspresse klarstellte, „nicht auf Druck" zu reagieren – das habe mit dem deutschen „Selbstbewußtsein zu tun"[7] –, um dann, wenige Wochen später, vor dem Bundestag hinzuzufügen, über „die existentiellen Fragen der deutschen Nation" werde „in Berlin entschieden und nirgendwo anders".[8]

Bis zur Erlangung vollständiger Souveränität hätte kein Bundeskanzler so argumentieren und auftreten können. Außen- wie innenpolitisch waren alle Bundesregierungen vorrangig damit beschäftigt, sich in einer paradoxen Situation einzurichten: Am Gebot der Wiederherstellung der staatlichen Einheit, die das Grundgesetz bis zuletzt als für alle Deutschen verpflichtend festschrieb, festzuhalten war eine Sache; einen Kurs zu steuern, der den weltpolitischen Realitäten Rechnung trug und sich damit vom Fernziel der Wiedervereinigung gerade entfernte, war eine andere. Daß mit der festen Einbindung der Bundesrepublik in die westlichen Gemeinschaften der entscheidende Schritt auf diesem Weg bereits 1955 getan wurde, hat Konrad Adenauer vielleicht nicht in letzter Konsequenz gewollt, aber natürlich gewußt; und daß mit der völkerrechtlichen Anerkennung des territorialen Status quo, also der Ergebnisse des von Deutschland verursachten Zweiten Weltkrieges, die Teilung Deutschlands auf absehbare Zeit faktisch festgeschrieben wurde, hat sich Willy Brandt gewiß nicht gewünscht, aber als unabweisbare politische Notwendigkeit akzeptiert. Daß diese Maßnahmen und Konsequenzen auf der anderen Seite einiges dazu beitrugen, das Gewicht des Landes zu erhöhen, seine Gleichrangigkeit im Kreise der Partner zu fördern, war eine willkommene Begleiterscheinung.

Mit ihrer alternativlosen Einstellung, einen Zustand, den zu ändern sie angehalten waren, als realistischerweise nicht änderbar zu akzeptieren und sich in ihm einzurichten, erteilten die Deutschen zugleich jener „hegemonialen Unruhe" eine Absage, mit der sie seit Beginn der Wilhelminischen Ära „gegen den weltpolitischen Status quo" gestanden hatten.[9] Und das war nicht die einzige gravierende Konsequenz ihrer politischen Grundsatzentscheidung, die unbeschadet aller innenpolitischen Kontroversen letztlich von allen Bundesregierungen mitgetragen worden ist. Indem sich die rheinische Republik, wie Willy Brandt rückblickend formuliert hat, als „Ersatznation" einzurichten gelernt hatte,[10] nahm sie zugleich Abschied vom Selbstverständnis des Nationalstaates. So unumgänglich diese Entwicklung aus historischen wie politischen Gründen auch gewesen ist, so willkommen sie den Nachbarn Deutschlands sein mußte, so problematisch erwies sie sich nach dem Ende des Kalten Krieges und der Vereinigung der beiden deutschen Teilstaaten.

Denn mit ihr wurde ja nicht nur erstmals seit fast einem halben Jahrhundert wieder ein außenpolitisch vollständig souveräner Staat installiert, sondern ein deutscher Nationalstaat. Auch in dieser völlig unvorhergesehenen Situation hat die deutsche Politik eine beachtliche Handlungsfähigkeit unter Beweis gestellt. Vor allem haben ihre Repräsentanten – die einen früher, andere später – richtig erkannt, daß sich mit dem Zusammenbruch der Sowjetunion und ihres Imperiums die Rahmenbedingungen für die Deutsche Frage grundlegend gewandelt hatten. Daß mit den „Zwei-plus-Vier"-Verhandlungen ein Weg gefunden werden konnte, der dem Faktor der Gleichrangigkeit, in diesem Falle der sechs Verhandlungspartner, Rechnung trug, ist angesichts seiner Bedeutung in der neueren deutschen Geschichte kein geringes Verdienst. Jetzt zahlte sich aus, daß die deutsche Politik gerade in den entscheidenden Phasen der Jahre 1989–1991 überzeugend den Eindruck zu vermitteln vermochte, auch in Zukunft ihren seit 1949 entwickelten und erprobten Maximen zu folgen.

Daran hat sich mit dem Regierungswechsel des Oktobers 1998 nichts geändert. Keinen Augenblick ließ die Regierung Schröder einen Zweifel an Deutschlands fester Verankerung in den internationalen Gemeinschaften, allen voran den europäischen. Dennoch ist seit der Irak-Krise vieles nicht mehr wie vordem, weil namentlich der Bundeskanzler erstmals die volle Konsequenz aus der seit 1991 bestehenden vollständigen außen- und sicherheitspolitischen Souveränität der Bundesrepublik gezogen und sich, in Übereinstimmung mit der überwältigen Mehrheit der deutschen Bevölkerung, geweigert hat, in einer Frage von Krieg und Frieden amerikanischen Forderungen nachzukommen: „Wir haben", bilanzierte er Mitte November 2003, „die Konsequenzen aus der seit der Einheit entstandenen neuen Lage auch und gerade in der Außen- und Sicherheitspolitik gezogen ... Wir haben nicht nur Pflichten übernommen, sondern ebenso von unserem Recht Gebrauch gemacht, klar Nein zu sagen."[11]

So gesehen, zog Schröder auch die Konsequenz aus dem Ende der transatlantischen Epoche, die mit dem Zusammenbruch der alten Weltordnung eingeläutet worden war. Damit war für die Amerikaner jener Brückenkopf in Europa entbehrlich geworden, den sie benötigten, um im Interesse ihrer nationalen Sicherheit die Sowjetunion politisch, wirtschaftlich und natürlich militärisch in Schach zu halten und zugleich die Sicherheit und die Freiheit auch eines großen Teils von Europa zu garantieren. Mit dem Ende der Sowjetunion war diese erste und, wie viele meinten, auch einzige Aufgabe der NATO erfüllt, entfiel die Notwendigkeit der massiven militärischen Präsenz der USA auf dem alten Kontinent.

Allerdings hatten die Europäer in dem Jahrzehnt, das dem Kollaps des sowjetischen Imperiums, der Vereinigung Deutschlands und der Wiederkehr von Krieg und Bürgerkrieg nach Europa folgte, gute Gründe, darauf zu drängen, daß die Amerikaner da blieben, wo sie waren, vor allem auch in Deutschland, daß sich die USA also nicht etwa hinter den Atlantik zurückzogen, wie sie das nach dem Ersten Weltkrieg getan hatten. Denn zum einen war 1991 nicht auszuschließen, daß die Auflösung der Sowjetunion und ihres Imperiums ähnlich dramatische Konsequenzen für die Sicherheit in Europa zeitigen würde wie seinerzeit, in den Jahren 1917/18, die Zertrümmerung des Großreiches der russischen Zaren. Auch führte die Auflösung Jugoslawiens den Europäern drastisch ihre politische und militärische Ohnmacht bei der Beilegung heimischer Krisen und Kriege vor Augen. Nicht zuletzt aber galt die amerikanische Präsenz vielen als Garantie, daß die Vereinigung Deutschlands mit der Sicherheit des Kontinents kompatibel sein würde.

Zehn Jahre später, zu Beginn des neuen Jahrhunderts, waren diese Themen vom Tisch. Die problemlose Einbindung des vereinigten Deutschland in die politischen, wirtschaftlichen und militärischen Strukturen des Kontinents war gesichert; die sowjetische Hinterlassenschaft konnte als vorerst kontrollierbar, die Folgen der Auflösungsprozesse in Jugoslawien konnten, den politischen Willen vorausgesetzt, als mit Europas eigenen Kräften beherrschbar gelten. So gesehen, wurden die USA in Europa nicht mehr gebraucht, jedenfalls nicht für die klassischen Aufgaben, wie die NATO sie für sich definiert hatte.

Diese Erkenntnis sowie die hemdsärmelige Brachialdiplomatie der Regierung Bush in der Irak-Krise, gerade auch gegenüber ihren langjährigen europäischen Partnern, waren mit dafür verantwortlich, daß die deutsche Außenpolitik, erstmals seit Bestehen der Republik, den USA die Gefolgschaft verweigerte. Daß ihr dabei anfänglich schwerwiegende handwerkliche Fehler unterliefen, ändert nichts daran, daß man in Berlin grundsätzlich nichts anderes tat, als vom Recht eines politisch souveränen, unter Partnern gleichrangigen Staates Gebrauch zu machen. Zudem konnte der Kanzler das Kapital der hohen Reputation einsetzen, die sich

Deutschland in den voraufgegangenen Jahren mit seinen Auslandseinsätzen erworben hatte. Vor allem das Argument, wonach sich Deutschland seit dem Kosovo-Krieg der internationalen, auch militärischen Verantwortung gestellt habe, mit Tausenden von Soldaten vor allem auf dem Balkan und in Afghanistan engagiert sei und sich dort oder am Horn von Afrika auch am Anti-Terror-Feldzug beteilige, wog schwer. Und es wurde selbstbewußt ins Feld geführt, vor allem gegen amerikanische Forderungen in der Irak-Frage.

Dieser Logik konnte sich schließlich auch die dort immer stärker unter Druck geratende Bush-Administration nicht mehr entziehen, und so setzte sich jenseits des Atlantiks nicht nur die Einsicht in die Grenzen und Möglichkeiten des weltweiten deutschen Engagements, sondern auch die Erkenntnis durch, daß Gerhard Schröder und mit ihm die deutsche Außenpolitik nicht mehr hinter die eigentlich entscheidende Festlegung im Irak-Konflikt zurück konnten, wonach die deutsche Außenpolitik in Berlin gemacht werde und nicht etwa in Washington. Hinter sie wird auch keine künftige Bundesregierung mehr zurückgehen können, ganz gleich, wer sie führt und auf welche Parteienkonstellation sie sich stützt.

Das heißt ja nicht, daß die über Jahrzehnte alles in allem bewährte Zusammenarbeit zwischen den USA und ihren europäischen Partnern, namentlich der Bundesrepublik, beendet werden sollte. Angesichts der engen wirtschaftlichen Verflechtungen und Abhängigkeiten gibt es ohnehin keine vernünftige Alternative. Auch spricht einiges dafür, daß auch für die Vereinigten Staaten ein selbstbewußter, grundsätzlich zu eigenständigem Handeln fähiger europäischer Partner die zukunftsweisendere Option ist. Jedenfalls sollte man es nicht Terroristen oder gefährlichen Irrläufern der internationalen Politik überlassen, einer global scheinbar unbeschränkt handlungsfähigen, aber eben deshalb auch verwundbaren Supermacht ihre Grenzen aufzuzeigen. In dem Maße, in dem das weltweite Krisen- und Konfliktpotential eher noch zunimmt, sollten folglich beide Seiten ein beträchtliches Interesse daran haben, ihre außen- und sicherheitspolitische Zusammenarbeit fortzusetzen, wenn nicht noch zu intensivieren – allerdings auf einer erneuerten Basis. Auf ihr müssen Europäer und Amerikaner, wenn auch vorläufig nicht als militärisch gleichrangige, so doch als politisch, wirtschaftlich oder auch kulturell gleichwertige Partner verkehren – „auf gleicher Augenhöhe", wie Kanzler Schröder klarstellte.[12] So gesehen, gibt es im transatlantischen Verhältnis in der Tat „nicht zu viel Amerika", sondern „zu wenig Europa", kann der „Emanzipationsprozeß" nur „mehr Europa" zum Ziel haben.[13]

Für die deutsche Außenpolitik heißt das nichts anderes, als den dramatisch gewandelten weltpolitischen Konstellationen Rechnung zu tragen und sich, stärker noch als zuvor, in jene Tradition zu stellen, die dann doch die vertrautere ist: die europäische. Die Irak-Krise und der Afghanistan-Einsatz haben den Klärungsbedarf dramatisch erhöht: Immerhin hat der Bundestag am 24. Oktober beziehungsweise 14. November 2003 mit sehr breiter Mehrheit die Mandate für die Teilnahme deutscher Soldaten sowohl an der ISAF-Truppe als auch an den Anti-Terror-Einsätzen im Rahmen von „Enduring Freedom" verlängert, im Falle Afghanistans sogar noch ausgeweitet und der Bundesregierung dabei insofern eine Art Blankoscheck ausgestellt, als sie im Zusammenhang mit der Absicherung freier Wahlen Bundeswehrsoldaten an jedem Ort des Landes einsetzen kann. Soweit diese Entscheidung ohne enge Absprache mit den europäischen Partnern getroffen worden ist, überzeugt sie nicht. Wenn nämlich an den Hängen des Hindukusch oder in anderen Gegenden der Welt Deutschlands Sicherheit auf dem Prüfstand steht, dann zwangläufig mit ihr auch diejenige Europas. Das sagt schon die geopolitische Logik. Wenn man folglich zu der Ansicht kommt, daß das dortige Engagement im europäischen Interesse liegt, spricht alles dafür, es koordiniert, gegebenenfalls arbeitsteilig anzugehen. Der zeitlich und vom Umfang her begrenzte ESVP-Einsatz im Kongo während des Sommers 2003 – die „allererste europäische Operation außerhalb Europas" überhaupt, wie der französische Staatspräsident in Berlin erläuterte[14] – hat angedeutet, wie es gehen kann. Was auch hier vermißt wurde, war eine klare Definition der Interessen, die Europa mit dieser Aktion verfolgte.

Das immer wieder angeführte sogenannte humanitäre Motiv überzeugt nicht, im Kongo nicht und in Afghanistan oder dem Irak auch nicht. Humanitäre Hilfe wird gewiß auch in Zukunft gefordert sein – bei Erdbeben, Flutkatastrophen oder Hungersnöten. Das gilt auch für die deutschen Streikräfte, die hier immer wieder im Rahmen internationaler Aktionen tätig geworden sind. Die Einsätze der Bundeswehr wie der übrigen europäischen Armeen im 21. Jahrhundert haben indessen mit derartigen Hilfsaktionen nichts oder doch nur wenig zu tun. Hier geht es um massive militärische Interventionen, und das heißt auch um Stellungnahme in Kriegen, Bürgerkriegen, ethnischen Konflikten oder anderen Auseinandersetzungen – ob man das will oder nicht.

Um so dringlicher sind überzeugende Antworten auf die eigentlich entscheidende Frage: Wann, mit welchen Mitteln und unter welchen Bedingungen, gegebenenfalls auch mit welchen Verbündeten will Europa in welchen Regionen einschreiten, um für seine eigene Hemisphäre Frieden, Freiheit und Wohlstand zu sichern? Es war ja richtig und konsequent, daß sich Deutschland, Frankreich und andere unter den gegebenen Bedingungen im Irak militärisch bedeckt hielten. Aber reicht das? Welche Alternativen zur fragwürdigen Politik der USA in der Dritten Welt im allgemeinen, im Irak im besonderen haben die Europäer anzubieten, um diesen Ländern Perspektiven zu eröffnen, die sie zu verläßlichen Partnern beispielsweise bei der für Europa lebenswichtigen Energiepolitik werden lassen? Wenn es sein muß, sind die ersten Schritte auf diesem vorgezeichneten Weg von den dazu entschlossenen Mitgliedern der Union zu tun, wie das stets in der langen Geschichte des integrierten Europa der Fall gewesen ist, zuletzt – im Rahmen des Schengener Abkommens – bei der Aufhebung der Personenkontrollen oder bei der Einführung einer gemeinsamen Währung.

Bei der Formulierung eines außen- und sicherheitspolitischen Konzepts der Europäischen Union ist Deutschland in besonderem Maße gefordert – nicht nur wegen seiner traditionellen Vorreiterrolle auf dem Terrain der europäischen Integration, sondern auch wegen seines politischen, wirtschaftlichen und militärischen Gewichts, wegen seiner historisch begründeten Reputation in der Dritten Welt, wo wohl auch in Zukunft die meisten Kräfte gebunden sein werden, und nicht zuletzt wegen der jahrzehntelangen Erfahrung, welche die Bundesrepublik im Umgang mit Souveränitätsverzichten gesammelt hat. Im Falle der europäischen Gemeinschaften war die eingeschränkte Souveränität stets einkalkuliertes Element des Integrationsprozesses; im übrigen gab es keine Wahl: Mehr als vier Jahrzehnte stand die deutsche Außenpolitik unter alliierten Vorbehalten. Es gibt keinen zweiten vergleichbaren Fall. Was damals Ausdruck mangelnder Gleichrangigkeit war, bedeutet heute Vorsprung, werden doch die Formulierung transnationaler Sicherheitsinteressen, die Intensivierung der Europäischen Sicherheits- und Verteidigungspolitik und die anstehende Institutionalisierung einer gemeinsamen Außenpolitik mit schrittweisem Souveränitätsverzicht einhergehen. Auch deshalb hat die Zukunft für die deutsche Außenpolitik längst begonnen.

Anhang

Anmerkungen

1. Einführung

1 Sten. Ber., Bd. 71, S. 21.
2 Thilo Sarrazin, Der Euro. Chance oder Abenteuer?, Bonn 1997, S. 194.
3 Joachim Jens Hesse/Thomas Ellwein, Das Regierungssystem der Bundesrepublik Deutschland, Bd. 1, Opladen ^{7}1992, S. 104.
4 Sarrazin, Der Euro, S. 102.

2. Souveränität durch Integration 1949–1955

1 AdG 16/17 (1946/47), S. 669 f.
2 Andreas Hillgruber, Deutsche Geschichte 1945–1982. Die „deutsche Frage“ in der Weltpolitik, Stuttgart u. a. ^{4}1983, S. 45.
3 Sten. Ber., Bd. 5, S. 3188.
4 EA 5 (1950), S. 3091.
5 Rohan Butler [u. a.] (Hrsg.), Documents on British Policy Overseas [1945 ff.], London 1984 ff., Bd. II/1, S. 140 ff.
6 Kurt Schumacher, Reden – Schriften – Korrespondenzen 1945–1952, hrsg. von W. Albrecht, Berlin/Bonn 1985, S. 806 f.
7 AdG 20 (1950), S. 2588.
8 Adenauer, Erinnerungen 1945–1953, S. 351.
9 Ebd., S. 358.
10 Ebd., S. 359.
11 EA 5 (1950), S. 3518 f.
12 Adenauer, Erinnerungen 1945–1953, S. 468.
13 Im Zentrum der Macht. Das Tagebuch von Staatssekretär Lenz 1951–1953, hrsg. von K. Gotto u. a., Düsseldorf 1989, S. 315.
14 AdG 22 (1952), S. 3485.
15 Adenauer, Erinnerungen 1953–1955, S. 289.
16 Ders., Teegespräche 1955–1958, S. 90 bzw. 181.
17 Ders., Erinnerungen 1945–1953, S. 545.
18 AdG 24 (1954), S. 4804.
19 Ebd. S. 4805.
20 Adenauer, Teegespräche 1950–1954, S. 293.
21 EA 10 (1955), S. 7345 f.

3. Etablierung im Westen 1955–1966

1 DDP III/1, S. 164 f. und 199.
2 Wilhelm G. Grewe, Rückblenden 1976–1951. Aufzeichnungen eines Augenzeugen. Deutsche Außenpolitik von Adenauer bis Schmidt, Frankfurt a. M. u. a. 1979, S. 269.
3 EA 10 (1955), S. 8315 ff.
4 Adenauer, Erinnerungen 1955–1959, S. 157.
5 Ders., Teegespräche 1955–1958, S. 163.
6 Ebd. S. 244.
7 Ders., Erinnerungen 1955–1959, S. 319.
8 NYT, 13. Juli 1956: „Radford Seeking 800,000-Man Cut; 3 Services Resist".
9 So Adenauer am 11. Mai 1957, in: Günter Buchstab (Bearb.), Adenauer: „Wir haben wirklich etwas geschaffen". Die Protokolle des CDU-Bundesvorstands 1953–1957, Düsseldorf 1990, S. 1228.
10 Franz Josef Strauß, Die Erinnerungen, Berlin 1989, S. 310.
11 Sten. Ber., Bd. 35, S. 11332.
12 DDP IV/1, S. 19.
13 Ebd., S. 151 ff.
14 Adenauer, Erinnerungen 1955–1959, S. 132.
15 Ders., Erinnerungen 1953–1955, S. 553.
16 Ders., Erinnerungen 1955–1959, S. 377 f.
17 Heinrich von Siegler, Wiedervereinigung und Sicherheit Deutschlands. Eine dokumentarische Diskussionsgrundlage, Bd. 1: 1944–1963, Bonn u. a. [6]1967, S. 199.
18 DDP IV/6, S. 1349.
19 DDP IV/7, S. 18.
20 Ebd., S. 16.
21 Heinrich Krone, Aufzeichnungen zur Deutschland- und Ostpolitik 1954–1969, in: Rudolf Morsey/Konrad Repgen (Hrsg.), Adenauer-Studien III. Untersuchungen und Dokumente zur Ostpolitik und Biographie, Mainz 1974, S. 180 bzw. 178.
22 Ebd., S. 180.
23 George McGhee, Botschafter in Deutschland 1963–1968, München 1989, S. 71 und 157.
24 Waldemar Besson, Die Außenpolitik der Bundesrepublik Deutschland. Erfahrungen und Maßstäbe, München 1970, S. 336.
25 DDP IV/9, S. 572 ff.
26 DDP IV/8, S. 625.
27 Hans Kroll, Lebenserinnerungen eines Botschafters, Köln/Berlin 1967, S. 540.
28 DDP IV/1, S. 1268.
29 Paul Sethe, Öffnung nach Osten. Weltpolitische Realitäten zwischen Bonn, Paris und Moskau, Frankfurt a. M. 1966, S. 143.
30 Sten. Ber., Anlagen, Bd. 84, Drucksache IV/1252, S. 10.
31 Kurt Birrenbach, Meine Sondermissionen. Rückblick auf zwei Jahrzehnte bundesdeutscher Außenpolitik, Düsseldorf/Wien 1984, S. 172.

32 Franz Josef Strauss, The Grand Design. A European Solution to German Reunification, London 1965, S. 53.
33 Henry A. Kissinger, Bündnisdiplomatie im Atomzeitalter. Wie einig muß die Atlantische Gemeinschaft sein?, in: FAZ, 24. Juni 1964.
34 McGhee, Botschafter in Deutschland, S. 133.
35 EA 21 (1966), D 228f.
36 Willy Brandt, Begegnungen und Einsichten. Die Jahre 1960–1975, Hamburg 1976, S. 219 bzw. 101.
37 DDP IV/10, S. 1026.
38 Strauß, Erinnerungen, S. 341 ff.
39 AAPD 1965, S. 10.
40 Ebd., S. 363.
41 DDP IV/11, S. 207.
42 EA 21 (1966), D 171 f. und 175.
43 Krone, Aufzeichnungen, S. 190.
44 Interview mit der „Zeit“, 8. April 1966.
45 DDP IV/12, S. 812.
46 Heinrich End, Zweimal deutsche Außenpolitik. Internationale Dimensionen des innerdeutschen Konflikts 1949–1972, Köln 1973, S. 46f.

4. Öffnung nach Osten 1966–1975

1 DDP V/1, S. 56f.
2 Bundesgesetzblatt, Nr. 62, Teil II, S. 1569ff., hier S. 1570.
3 DDP V/1, S. 537ff., hier S. 538.
4 Deutsches Institut für Zeitgeschichte (Hrsg.), Dokumente zur Außenpolitik der Deutschen Demokratischen Republik, Bd. 15/2, Berlin [Ost] 1970, S. 1030.
5 Brandt, Begegnungen und Einsichten, S. 184.
6 DDP V/1, S. 60.
7 Ingo von Münch, Dokumente des geteilten Deutschland. Quellentexte zur Rechtslage des Deutschen Reiches, der Bundesrepublik Deutschland und der Deutschen Demokratischen Republik, Stuttgart ²1976, S. 428ff.
8 DDP V/1, S. 1278.
9 Ebd., S. 482.
10 So Artikel 53.2, EA 1 (1946/47), S. 349.
11 AdG 39 (1969), S. 14695.
12 AdG 37 (1967), S. 13020.
13 EA 23 (1968), D 75f.
14 Willy Brandt, Plädoyer für die Vernunft. Deutsche Außenpolitik nach dem 21. August, in: Der Monat, Heft 245 (1969), S. 20ff., hier S. 23.
15 Ebd.
16 Helga Haftendorn, Sicherheit und Entspannung. Zur Außenpolitik der Bundesrepublik Deutschland 1955–1982, Baden-Baden, ²1986, S. 632.
17 EA 22 (1967), D 332ff.
18 EA 24 (1969), D 538.

19 Brandt, Begegnungen und Einsichten, S. 250.
20 Ebd., S. 199.
21 Sten. Ber., Bd. 71, S. 21 bzw. 66.
22 Ebd., S. 31.
23 Brandt, Begegnungen und Einsichten, S. 486.
24 Sten. Ber., Bd. 71, S. 32 f.
25 Dieses „fatale Wort“ prägte der französische Außenminister Michel Debré: Brandt, Begegnungen und Einsichten, S. 283.
26 EA 25 (1970), D 19.
27 Zit. nach Arnulf Baring, Machtwechsel. Die Ära Brandt-Scheel, Stuttgart [3]1982, S. 305.
28 Günther Schmid, Entscheidung in Bonn. Die Entstehung der Ost- und Deutschlandpolitik, Köln 1979, S. 366.
29 Valentin Falin, Politische Erinnerungen, München 1993, S. 101.
30 EA 25 (1970), D 394 f.
31 Ebd., D 394.
32 Helmut Allardt, Politik vor und hinter den Kulissen. Erfahrungen eines Diplomaten zwischen Ost und West, Düsseldorf/Wien 1979, S. 340.
33 EA 25 (1970), D 399.
34 Ebd., D 396.
35 Willy Brandt, Erinnerungen. Mit den „Notizen zum Fall G“. Erweiterte Ausgabe, Berlin/Frankfurt a. M. 1994, S. 213.
36 EA 26 (1971), D 25 f.
37 Ebd., D 18.
38 Ebd., D 17.
39 Brandt, Begegnungen und Einsichten, S. 386.
40 Henry A. Kissinger, Die Vernunft der Nationen. Über das Wesen der Außenpolitik, Berlin 1994, S. 811.
41 Ders., Memoiren 1968–1973, München 1979, S. 442.
42 AdG 40 (1970), S. 15819.
43 EA 26 (1971), D 444.
44 Ebd., D 449.
45 Ebd., D 451.
46 Peter Bender, Neue Ostpolitik. Vom Mauerbau bis zum Moskauer Vertrag, München 1986, S. 188.
47 EA 26 (1971), D 458.
48 Benno Zündorf, Die Ostverträge. Die Verträge von Moskau, Warschau, Prag, das Berlin-Abkommen und die Verträge mit der DDR, München 1979, S. 175.
49 Bulletin, Nr. 72, 18. Mai 1972, S. 1048.
50 Ebd.
51 Manfred Lunda, in: Abgeordnete des Deutschen Bundestages. Aufzeichnungen und Erinnerungen, Bd. 8, Boppard a. Rh. 1990, S. 151.
52 Veröffentlicht in: FAZ, 19. März 1992: „Es wächst die Gefahr des Eindringens des Nationalismus in die DDR“.
53 Ingo von Münch (Hrsg.), Dokumente des geteilten Deutschland [...], Bd. 2: Seit 1968, Stuttgart 1974, S. 260.
54 Der Spiegel, Nr. 17, 20. April 1970, S. 31: „Durchlöcherter Anspruch“.

55 Zündorf, Die Ostverträge, S. 217.
56 EA 28 (1973), D 13f.
57 Timothy Garton Ash, Im Namen Europas. Deutschland und der geteilte Kontinent, München/Wien 1993, S. 225.
58 EA 28 (1973), D 15.
59 Ebd., D 14.
60 Zündorf, Die Ostverträge, S. 224. Unter diesem Pseudonym veröffentlichte Eitel 1979 sein wichtiges Buch.
61 Münch (Hrsg.), Dokumente des geteilten Deutschland, Bd. 2, S. 368f. und 375.
62 Der Spiegel, Nr. 41, 8. Oktober 1973, S. 25.
63 EA 29 (1974), D 66.
64 Helmut Schmidt, Menschen und Mächte, Berlin 1987, S. 217.
65 Ebd., S. 196.
66 EA 28 (1973), D 220ff.
67 Brandt, Erinnerungen, S. 459 bzw. 482.
68 EA 29 (1974), S. 142.
69 Brandt, Begegnungen und Einsichten, S. 420.
70 Ebd.
71 AdG 43 (1973), S. 18317.
72 EA 29 (1974), D 29f., Zitat D 30.
73 Ebd., D. 52f.
74 Ebd.
75 AdG 44 (1974), S. 18571.
76 EA 29 (1974), D 420f.
77 Sten. Ber., Bd. 71, S. 21.
78 EA 30 (1975), D 437–484. Die Zitate entstammen dieser Vorlage.
79 Schmidt, Menschen und Mächte, S. 62.

5. Sicherung des Status quo 1975–1989

1 Bulletin, Nr. 25, 17. Februar 1971, S. 263.
2 Helga Haftendorn, Sicherheit und Stabilität. Außenbeziehungen der Bundesrepublik zwischen Ölkrise und NATO-Doppelbeschluß, München 1986, S. 62, 79f. und 274f.
3 Schmidt, Menschen und Mächte, S. 229.
4 EA 30 (1975), D 668.
5 Sten. Ber., Bd. 108, S. 9487.
6 EA 30 (1975), D 42.
7 Interview Rudolf Augsteins, in: Die Zeit, Nr. 42, 15. Oktober 1993.
8 Presse- und Informationsamt der Bundesregierung (Hrsg.): Dokumentation zu den innerdeutschen Beziehungen. Abmachungen und Erklärungen, [Bonn] [12]1989, S. 43f.
9 Ernst Martin, Zwischenbilanz: Deutschlandpolitik der 80er Jahre, Stuttgart 1986, S. 43f.
10 Zahlen nach Klaus von Beyme, Die Sowjetunion in der Weltpolitik, München/Zürich 1983, S. 100.

11 Zbigniew Brzezinski, Power and Principle. Memoirs of the National Security Adviser 1977–1981, New York ²1985, S. 189.
12 Schmidt, Menschen und Mächte, S. 230.
13 Kissinger, Die Vernunft der Nationen, S. 831.
14 Bulletin, Nr. 112, 8. Nov. 1977, S. 1014f.
15 Ebd.
16 Lothar Rühl, Mittelstreckenwaffen in Europa: Ihre Bedeutung in Strategie, Rüstungskontrolle und Bündnispolitik, Baden-Baden 1987, S. 315.
17 Schmidt, Menschen und Mächte, S. 91.
18 Michail Gorbatschow, Erinnerungen, Berlin 1995, S. 620f.
19 Egon Bahr, Ist die Menschheit dabei, verrückt zu werden?, in: Vorwärts, 21. Juli 1977.
20 Kissinger, Die Vernunft der Nationen, S. 860.
21 EA 35 (1979), D 36f.
22 Sten. Ber., Bd. 120, 14. Jan. 1982, S. 4412.
23 Dokumente zur Außenpolitik der Deutschen Demokratischen Republik 38 (1980), S. 64.
24 Michael Kubina/Manfred Wilke (Hrsg.), „Hart und kompromißlos durchgreifen". Die SED contra Polen 1980/81. Geheimakten [...], Berlin 1995, S. 197ff. und 204ff.
25 Ebd., S. 392.
26 Heinrich Potthoff, Bonn und Ost-Berlin 1969–1982. Dialog auf höchster Ebene und vertrauliche Kanäle. Darstellung und Dokumente, Bonn 1997, S. 627.
27 Sten.Ber., Bd. 110, 17. Mai 1979, S. 12264f.
28 EA 36 (1981), D 657f.
29 Hans-Dietrich Genscher, Erinnerungen, Berlin 1995, bes. S. 573 und 580.
30 EA 35 (1980), S. 385f.
31 EA 42 (1987), D 448.
32 EA 35 (1980), D 382f.
33 Ebd., S. 386.
34 EA 36 (1981), D 164.
35 EA 37 (1982), D 56.
36 Zit. nach: Heinrich Potthoff (Hrsg.), „Die Koalition der Vernunft". Deutschlandpolitik in den 80er Jahren, München 1995, S. 102.
37 Ebd., S. 310. So die Aufzeichnung aus dem Zentralen Parteiarchiv der SED.
38 Ebd., S. 307.
39 Ebd., S. 590f. Ebenfalls nach einer Aufzeichnung aus dem Zentralen Parteiarchiv der SED.
40 EA 41 (1986), D 628 und 637.
41 Genscher, Erinnerungen, S. 567.
42 Ebd., S. 566.
43 Ernst-Otto Czempiel, Machtprobe. Die USA und die Sowjetunion in den achtziger Jahren, München 1989, S. 290.
44 EA 43 (1988), D 109.
45 Sten. Ber., Bd. 149, S. 10303.
46 Financial Times, 31. Oktober 1988: „Bonn faces tricky dilemmas in East-West relations".

47 FAZ, 22. Juli 1988: „Wenn das Gefühl der Bedrohung schwindet".

48 NYT, 2. April 1989: „Once Again, the Allies Get Touchy About Bonn's Commitment".

49 Le Monde, 13. Juni 1989: „Un pont entre l'Est et l'Ouest".

50 NYT, 2. Mai 1989: „Nobody Tells the Truth". Autor dieses Kommentars war A. M. Rosenthal.

51 Time, 8. Mai 1989: „The Implausibly Durable Guardian of *Ostpolitik*". Das Magazin hatte seine Titelgeschichte dem Thema „Genscher's Tune" gewidmet.

52 EA 44 (1989), D 349 und 352 f.

53 Ebd., D 141 f. und 162.

54 EA 41 (1986), D 165.

55 EA 43 (1988), D 132.

56 Yves Boyer, Sprengt die Militärtechnik das transatlantische Bündnis?, in: EA 49 (1994), S. 659 ff., hier S. 661.

57 EUREKA-Büro des Bundesministers für Forschung und Technologie bei der Deutschen Forschungsanstalt für Raumfahrt (Hrsg.), Eureka. Technologische Zusammenarbeit in Europa. Dokumentation 1990, Köln 1990, S. 97.

58 Bundesministerium für innerdeutsche Beziehungen, Materialien zum Bericht zur Lage der Nation im geteilten Deutschland 1987, Bonn 1987, S. 634.

59 Entscheidungen des Bundesverfassungsgerichts, Bd. 77, Tübingen 1988, S. 150.

60 EA 42 (1987), D 533 f.

61 So die Schlagzeile der FAZ, 2. Dezember 1988.

62 Sten. Ber., Bd. 147, S. 8101.

63 FAZ, 15. Dezember 1990: „Willy Brandt und die ‚Lebenslüge'"; Garton Ash, Im Namen Europas, S. 685.

64 Andreas Vogtmeier, Egon Bahr und die deutsche Frage. Zur Entwicklung der sozialdemokratischen Ost- und Deutschlandpolitik vom Kriegsende bis zur Vereinigung, Bonn 1996, S. 287.

6. Aufbruch in die Weltpolitik 1989–1999

1 EA 44 (1989), D 605.

2 In einem Interview mit „Newsweek", 27. Oktober 1986, S. 20.

3 EA 44 (1989), D 382.

4 Neues Deutschland, 10. April 1987: „Kurt Hager beantwortet Fragen der Illustrierten ‚Stern'".

5 Neues Deutschland, 20. Januar 1989: „Schlußbemerkungen Erich Honeckers auf der Tagung des Thomas-Müntzer-Komitees".

6 AdG 59 (1989), S. 33396.

7 Ebd., S. 33888.

8 Ebd., S. 33946.

9 Igor F. Maximytschew/Hans-Hermann Hertle, Die Maueröffnung. Eine russisch-deutsche Trilogie, Teil II, in: DA 27 (1994), S. 1145 ff., hier 1151.

10 Gorbatschow, Erinnerungen, S. 713; Genscher, Erinnerungen, S. 669 ff.
11 Sten. Ber., Bd. 156, S. 2092.
12 Helmut Kohl, „Ich wollte Deutschlands Einheit". Dargestellt von Kai Diekmann und Ralf Georg Reuth, Berlin 1996, S. 160.
13 Interview durch Guido Knopp, 3 SAT, 9. Januar 1991.
14 Sten. Ber., Bd. 151, S. 13510ff.
15 Peter Bender, Episode oder Epoche? Zur Geschichte des geteilten Deutschland, München 1996, S. 125.
16 Wie Anm. 13.
17 AdG 59 (1989), S. 33999.
18 Das sagte er jedenfalls seinem langjährigen Sonderberater: Jacques Attali, Verbatim, Bd. 3, Paris 1995, S. 350.
19 Ebd., S. 322.
20 EA 45 (1990), D 132.
21 AdG 60 (1990), S. 34431.
22 Sten. Ber., Bd. 151, S. 13512.
23 EA 46 (1991), D 574.
24 Attali, Verbatim, Bd. 3, S. 541.
25 Horst Teltschik, 329 Tage. Innenansichten der Einigung, Berlin 1991, S. 160f.
26 AdG 60 (1990), S. 34268.
27 EA 45 (1990), D 193.
28 Fred Oldenburg, Moskau und die Wiedervereinigung Deutschlands, Köln 1991, S. 22.
29 Text des Interviews in: FAZ, 8. März 1990: „Die Interessen der Nachbarn und der übrigen Welt berücksichtigen".
30 DDP, Deutsche Einheit. Sonderedition, München 1998, S. 865.
31 Philip Zelikow/Condoleezza Rice, Sternstunde der Diplomatie. Die deutsche Einheit und das Ende der Spaltung Europas, Berlin 1997, S. 349ff.
32 Oldenburg, Moskau und die Wiedervereinigung Deutschlands, S. 27.
33 EA 45 (1990), S. 456ff.
34 James A. Baker, III, The Politics of Diplomacy. Revolution, War and Peace 1989–1992, New York 1995, S. 231.
35 DDP, Deutsche Einheit, S. 869.
36 EA 45 (1990), D 480.
37 Bulletin, Nr. 27, 20. Februar 1990, S. 215.
38 Christoph-Matthias Brand, Souveränität für Deutschland. Grundlagen, Entstehungsgeschichte und Bedeutung des Zwei-plus-Vier-Vertrages vom 12. September 1990, Köln 1993, S. 246.
39 EA 45 (1990), D 510.
40 EA 46 (1991), D 310.
41 Ebd., S. 172.
42 Brand, Souveränität für Deutschland, S. 264f.
43 Bulletin, Nr. 121, 10. Oktober 1990, S. 1266.
44 Bender, Episode oder Epoche?, S. 62.
45 In diesem Sinne über die Stellung Japans: Ryohei Murata, Die japanische Außenpolitik in den neunziger Jahren, in: EA 48 (1993), S. 577ff., hier S. 578.
46 EA 41 (1991), D 86f.

47 Willy Brandt hatte am 15. September 1990 in einem Schreiben an Genscher betont, daß er „das Ausgraben der Figur ‚Nichtangriffsvertrag' für unglücklich" halte. Faksimile des Schreibens in: Gertrud Lenz, Willy Brandt 1913–1992. Eine Ausstellung der Friedrich-Ebert-Stiftung aus Anlaß des 80. Geburtstages, Bonn 1993, S. 69.
48 EA 45 (1990), D 656 und 658.
49 Baker, The Politics of Diplomacy, S. 359.
50 Auswärtiges Amt (Hrsg.), Außenpolitik der Bundesrepublik Deutschland. Dokumente von 1949 bis 1994, Köln 1995, S. 793.
51 International Herald Tribune, 23. April 1991: „Shaky Ground".
52 FAZ, 25. Februar 1991: „Kohl: Wir stehen fest und unverbrüchlich an der Seite unserer Verbündeten".
53 NYT, 27. Dezember 1991: „Germany Is a Challenge For Post-Soviet Europe".
54 Für Nachweise siehe: Gregor Schöllgen, Deutschlands neue Lage. Die USA, die Bundesrepublik Deutschland und die Zukunft des westlichen Bündnisses, in: EA 47 (1992), S. 125 ff.; Günther Heydemann, Partner oder Konkurrent? Das britische Deutschlandbild während des Wiedervereinigungsprozesses 1989–1991, in: Franz Bosbach (Hrsg.), Feindbilder. Die Darstellung des Gegners in der politischen Publizistik des Mittelalters und der Neuzeit, Köln u. a. 1992, S. 201 ff.
55 Gregor Schöllgen, Der Auftritt. Deutschlands Rückkehr auf die Weltbühne, München 2003.
56 EA 48 (1993), D 192.
57 Peter Molt, Internationale Bemühungen zur Konfliktschlichtung. Mißerfolge in der Region der Großen Seen, in: Internationale Politik 9/1997, S. 27 ff., hier S. 30.
58 EA 48 (1993), Z 26.
59 FAZ, 24. August 1994: „Peres für Einsatz deutscher Soldaten im Nahen Osten".
60 EA 49 (1994), D 430.
61 AdG 64 (1994), S. 39338.
62 Bulletin, Nr. 20, 15. März 1995, Zitate S. 162 f.

7. Der neue Weg 1999–2004

1 Joschka Fischer im Interview mit: Der Spiegel, Nr. 25, 21. Juni 1999.
2 Wie Kap. 7, Anm. 59. Vgl. zur Vorgeschichte auch Kap. 3, S. 81 ff.
3 Bulletin, Nr. 99, 10. Dezember 1997, S. 1280.
4 EA 48 (1993), D 465.
5 http://www.spd.de: Rede von Bundeskanzler Gerhard Schröder zum Wahlkampfauftakt am Montag, 5. August 2002, in Hannover.
6 Sten. Ber., 253. Sitzung, 13. September 2002.
7 Sten. Ber., 186. Sitzung, 12. September 2001.
8 Joschka Fischer im Interview mit: FAZ, 17. März 2003.
9 Der Spiegel, Nr. 13, 24. März 2003: „Du mußt das hochziehen".

10 Botschaft der Vereinigten Staaten von Amerika, Berlin: Die Nationale Sicherheitsstrategie der Vereinigten Staaten von Amerika, September 2002.
11 Wie Anm. 5.
12 Wie Anm. 9.
13 Wie Anm. 6.
14 Sten. Ber., 32. Sitzung, 14. März 2003.
15 Schmidt, Menschen und Mächte, S. 335.
16 Willy Brandt im Interview mit: Der Spiegel, Nr. 46, 10. November 1980.
17 Willy Brandt im Interview mit: Der Spiegel, Nr. 14, 5. April 1982.
18 Gustav Seibt, Kaiser Gerhard II. Schröders Enthemmung: Vom Zusammenbruch der Diplomatie, in: SZ, 12. Februar 2003.
19 Vgl. Jacques Chirac im Interview mit: NYT, 22. September 2003.
20 Vereinte Nationen, Sicherheitsrat: S/2003/15, 7. März 2003.
21 IP 5/2003, S. 84.
22 Bundesverfassungsgericht, 2 BvQ 18/03, 25. März 2003.
23 Bulletin, Nr. 30-1, 3. April 2003.
24 Ministère des Affaires Étrangères: Point de presse conjoint de MM. de Villepin, Ivanov et Fischer, 4. April 2003.
25 FAZ, 21. Januar 2003: „Den Motor wieder anlassen".
26 Johannes Rau, Gemeinsam handeln. Deutschlands Verantwortung in der Welt („Berliner Rede"), in: Bulletin, Nr. 41-1, 19. Mai 2003.
27 Robert Kagan, Macht und Ohnmacht. Amerika und Europa in der neuen Weltordnung, Berlin 2003, S. 62.
28 FAZ, 21. Oktober 2003: „Washington besorgt über EU-Verteidigung".
29 FAZ, 22. September 2003: „Schröder: Keine weiteren Angebote".

8. Bilanz

1 Helmut Plessner, Die verspätete Nation. Über die politische Verführbarkeit bürgerlichen Geistes (1935 bzw. 1959), Frankfurt a. M. 1974.
2 Adenauer, Erinnerungen 1953–1955, S. 435.
3 Die Protokolle des CDU-Bundesvorstandes 1953–1957, S. 255.
4 Strauß, Erinnerungen, S. 310.
5 Schmidt, Menschen und Mächte, S. 89.
6 Wolfram F. Hanrieder, Deutschland, Europa, Amerika. Die Außenpolitik der Bundesrepublik Deutschland 1949–1989, Paderborn u. a. 1991, S. 139.
7 Der Spiegel, Nr. 13, 24. März 2003: „Du mußt das hochziehen".
8 Sten. Ber., 253. Sitzung, 13. September 2002.
9 Waldemar Besson, Die Außenpolitik der Bundesrepublik. Erfahrungen und Maßstäbe, München 1970, S. 44.
10 Brandt, Erinnerungen, S. 14.
11 http://www.spd.de: Rede des SPD-Parteivorsitzenden, Bundeskanzler Gerhard Schröder, auf dem Parteitag der Sozialdemokratischen Partei Deutschlands in Bochum am 17. November 2003.
12 Gerhard Schröder im Interview mit: Der Spiegel, Nr. 17, 19. April 2003.
13 Gerhard Schröder im Interview mit: Die Zeit, 27. März 2003.
14 FAZ, 11. Juni 2003: „Chirac dankt Berlin für ‚bescheidenen' Kongo-Beitrag".

Abkürzungen

AA	Auswärtiges Amt
AAPD	Akten zur Auswärtigen Politik der Bundesrepublik Deutschland
ABC-Waffen	Atomare, Biologische und Chemische Waffen
ABM	Anti-Ballistic Missile
AdG	Archiv der Gegenwart
AWACS	Airborne Warning and Control System
Bulletin	Bulletin des Presse- und Informationsamtes der Bundesregierung
DDP	Dokumente zur Deutschlandpolitik
EA	Europa-Archiv
EFTA	European Free Trade Association
EG	Europäische Gemeinschaft
EGKS	Europäische Gemeinschaft für Kohle und Stahl
EPZ	Europäische Politische Zusammenarbeit
ESVP	Europäische Sicherheits- und Verteidigungspolitik
EURATOM	Europäische Atomgemeinschaft
EUREKA	European Research Coordination Agency
EVG	Europäische Verteidigungsgemeinschaft
EWG	Europäische Wirtschaftsgemeinschaft
EWS	Europäisches Währungssystem
EWWU	Europäische Wirtschafts- und Währungsunion
FAZ	Frankfurter Allgemeine Zeitung
GASP	Gemeinsame Außen- und Sicherheitspolitik
GATT	General Agreement on Tariffs and Trade
IAEO	International Atomic Emergency Agency
INF	Intermediate-Range Nuclear Forces
IP	Internationale Politik (Europa-Archiv)
ISAF	International Security Assistance Force
IWF	Internationaler Währungsfonds
KFOR	Kosovo Force
KPdSU	Kommunistische Partei der Sowjetunion
KSE	Konventionelle Streitkräfte in Europa
KSZE	Konferenz über Sicherheit und Zusammenarbeit in Europa
KVAE	Konferenz für Vertrauens- und Sicherheitsbildende Maßnahmen und Abrüstung in Europa
MBFR	Mutual and Balanced Force Reductions
MIRV	Multiple Independently-targetable Re-entry Vehicle
MLF	Multilateral Nuclear Force
NATO	North Atlantic Treaty Organization
NVA	Nationale Volksarmee [der DDR]

NYT	The New York Times
OECD	Organization for Economic Co-operation and Development
OEEC	Organization for European Economic Cooperation
OPEC	Organization of Petroleum Exporting Countries
SALT	Strategic Arms Limitation Talks
SBZ	Sowjetische Besatzungszone [in Deutschland]
SDI	Strategic Defense Initiative
SFOR	Stabilisation Force
START	Strategic Arms Reduction Talks
Sten. Ber.	Stenographische Berichte des Deutschen Bundestages
SZ	Süddeutsche Zeitung
UdSSR	Union der Sozialistischen Sowjetrepubliken
UNCTAD	United Nations Conference on Trade and Development
UNO	United Nations Organization
VKSE	Verhandlungen über Konventionelle Streitkräfte in Europa
VSBM	Vertrauens- und Sicherheitsbildende Maßnahmen
VVSBM	Verhandlungen über Vertrauens- und Sicherheitsbildende Maßnahmen in Europa

Quellen und Literatur

1. Quellen (einschließlich Memoiren etc.)

Abs, Hermann J.: Entscheidungen [1991], Frankfurt a.M./Berlin 1993.

Adenauer, Konrad: Erinnerungen, 4 Bde., Stuttgart 1965–68.

Ders.: Teegespräche, 4 Bde., bearb. von H. J. Küsters bzw. H. P. Mensing, Berlin 1984–92.

Ders.: Briefe, bearb. von H. P. Mensing, Berlin 1983 ff.

Allardt, Helmut: Politik vor und hinter den Kulissen. Erfahrungen eines Diplomaten zwischen Ost und West, Düsseldorf/Wien 1979.

Auswärtiges Amt (Hrsg.): Außenpolitik der Bundesrepublik Deutschland. Dokumente von 1949 bis 1994, Köln 1995.

Bahr, Egon: Zu meiner Zeit, München 1996.

Barzel, Rainer: Auf dem Drahtseil, München/Zürich 1978.

Birrenbach, Kurt: Meine Sondermissionen. Rückblick auf zwei Jahrzehnte bundesdeutscher Außenpolitik, Düsseldorf/Wien 1984.

Blankenhorn, Herbert: Verständnis und Verständigung. Blätter eines politischen Tagebuchs 1949 bis 1979, Frankfurt a. M. u. a. 1980.

Brandt, Willy: Begegnungen und Einsichten. Die Jahre 1960–1975, Hamburg 1976.

Ders.: Erinnerungen, Berlin/Frankfurt a.M. 1989.

Ders.: Berliner Ausgabe, hrsg. von H. Grebing u. a., Bonn 2000 ff.

Buchstab, Günter (Bearb.): Die Protokolle des CDU-Bundesvorstandes, 1950 ff., Stuttgart 1986 ff.

Bundesarchiv (Hrsg.): Die Kabinettsprotokolle der Bundesregierung, Bd. 1 (1949) ff., bearb. von U. Enders [u. a.], Boppard 1982 ff.

Bundesministerium für Gesamtdeutsche Fragen [bzw. Bundesministerium für Innerdeutsche Beziehungen bzw. Bundesminister des Innern] (Hrsg.): Dokumente zur Deutschlandpolitik 1939 ff., begr. von Ernst Deuerlein, Frankfurt a. M. 1961 ff.
Bundesministerium für Innerdeutsche Beziehungen (Hrsg.): Zehn Jahre Deutschlandpolitik. Die Entwicklung der Beziehungen zwischen der Bundesrepublik Deutschland und der Deutschen Demokratischen Republik 1969–1979. Sonderdruck Dokumentation, o. O. 1980.
Cold War International History Project Bulletin, Washington 1 (1992) ff.
Deutsche Gesellschaft für Auswärtige Politik (Hrsg. seit 1957): Europa-Archiv, Bd. 1 ff., Oberursel bzw. Bonn 1946 ff., seit 1995: Internationale Politik.
Dies. (Hrsg.): Dokumente zur Berlin-Frage 1944–1966, München ³1967.
Dies. (Hrsg.): Dokumente zur Berlin-Frage 1967–1986, München 1987.
Deutscher Bundestag (Hrsg.): Verhandlungen des Deutschen Bundestages. Stenographische Berichte, Bonn 1950 ff.
Ders. (Hrsg.): Materialien der Enquete-Kommission „Aufarbeitung von Geschichte und Folgen der SED-Diktatur in Deutschland", 9 Bde. in 18, Baden-Baden 1995.
Deutsches Institut für Zeitgeschichte (Hrsg.): Dokumente zur Außenpolitik der Deutschen Demokratischen Republik, Bd. 1 ff., Berlin [Ost] 1954 ff.
Genscher, Hans-Dietrich: Erinnerungen, Berlin 1995.
Grewe, Wilhelm G.: Rückblenden 1976–1951. Aufzeichnungen eines Augenzeugen. Deutsche Außenpolitik von Adenauer bis Schmidt, Frankfurt a. M. u. a. 1979.
Institut für Zeitgeschichte (Hrsg.): Akten zur Auswärtigen Politik der Bundesrepublik Deutschland [1949 ff.], hrsg. im Auftrag des Auswärtigen Amtes. München 1994 ff.
Jacobsen, Hans-Adolf u. a. (Hrsg.): Sicherheit und Zusammenarbeit in Europa (KSZE). Analyse und Dokumentation, 2 Bde., Köln 1973–78.
Ders./Tomala, Mieczyslaw (Hrsg.): Bonn – Warschau 1945–1991. Die deutsch-polnischen Beziehungen. Analyse und Dokumentation, Köln 1992.
Kohl, Helmut: „Ich wollte Deutschlands Einheit", dargestellt von Kai Diekmann und Ralf Georg Reuth, Berlin 1996.
Krägenau, Henry/Wetter, Wolfgang: Europäische Wirtschafts- und Währungsunion. Vom Werner-Plan zum Vertrag von Maastricht. Analysen und Dokumentation, Baden-Baden 1993.
Kroll, Hans: Lebenserinnerungen eines Botschafters, Köln/Berlin ³1967.
Krone, Heinrich: Aufzeichnungen zur Deutschland- und Ostpolitik 1954–1969, in: Rudolf Morsey/Konrad Repgen (Hrsg.): Adenauer-Studien III. Untersuchungen und Dokumente zur Ostpolitik und Biographie, Mainz 1974, S. 134–201.
Lenz, Otto: Im Zentrum der Macht. Das Tagebuch von Staatssekretär Lenz 1951–1953, bearb. von K. Gotto u. a., Düsseldorf 1989.
Meissner, Boris (Hrsg.): Moskau-Bonn. Die Beziehungen zwischen der Sowjetunion und der Bundesrepublik Deutschland 1955–1973. Dokumentation, 2 Bde., Köln 1975.
Münch, Ingo von (Hrsg.): Dokumente des geteilten Deutschland. Quellentexte zur Rechtslage des Deutschen Reiches, der Bundesrepublik Deutschland

und der Deutschen Demokratischen Republik, Bd. 1: [bis 1968], Stuttgart 1968; Bd. 2: seit 1968, Stuttgart 1974.
Ders.: Dokumente der Wiedervereinigung Deutschlands. Quellentexte zum Prozeß der Wiedervereinigung von der Ausreisewelle aus der DDR über Ungarn, die CSSR und Polen im Spätsommer 1989 bis zum Beitritt der DDR zum Geltungsbereich des Grundgesetzes der Bundesrepublik Deutschland im Oktober 1990, Stuttgart 1991.
Potthoff, Heinrich (Hrsg.): Die „Koalition der Vernunft". Deutschlandpolitik in den 80er Jahren, München 1995.
Ders. (Hrsg.): Bonn und Ost-Berlin 1969–1982 – Dialog auf höchster Ebene und vertrauliche Kanäle. Darstellung und Dokumente, Bonn 1997.
Presse- und Informationsamt der Bundesregierung (Hrsg.): Bulletin, Bonn bzw. Berlin 1951 ff.
Dass.: Dokumentation zu den innerdeutschen Beziehungen. Abmachungen und Erklärungen, Bonn [12]1989.
Schmid, Carlo: Erinnerungen. Gesammelte Werke, Bd. 3, Bern u. a. 1979.
Schmidt, Helmut: Menschen und Mächte, Berlin 1987.
Schumacher, Kurt: Reden – Schriften – Korrespondenzen 1945–1952, hrsg. von W. Albrecht, Berlin/Bonn 1985.
Siegler, Heinrich von (Bearb. bzw. Hrsg. seit 1945): Archiv der Gegenwart, Bd. 11 ff., Wien u. a. 1941 ff.
Strauß, Franz Josef: Die Erinnerungen, Berlin 1989.
Teltschik, Horst: 329 Tage. Innenansichten der Einigung, Berlin 1991.
Weber, Petra u. a. (Bearb.): Die SPD-Fraktion im Deutschen Bundestag. Sitzungsprotokolle 1949 ff., Düsseldorf 1993 ff.
Wengst, Udo u. a. (Bearb.): FDP-Bundesvorstand. Sitzungsprotokolle 1949 ff., Düsseldorf 1990 ff.

2. Literatur

Bahr, Egon: Der deutsche Weg. Selbstverständlich und normal, München 2003.
Baring, Arnulf: Im Anfang war Adenauer. Die Entstehung der Kanzlerdemokratie, München [2]1982.
Ders.: Machtwechsel. Die Ära Brandt-Scheel, Stuttgart [3]1982.
Bellers, Jürgen: Außenwirtschaftspolitik der Bundesrepublik Deutschland. 1949–1989, Münster 1990.
Bender, Peter: Neue Ostpolitik. Vom Mauerbau bis zum Moskauer Vertrag, München [3]1995.
Ders.: Episode oder Epoche? Zur Geschichte des geteilten Deutschland, München 1996.
Bergstraesser, Arnold u. a.: Die Internationale Politik. Jahrbücher des Forschungsinstituts der Deutschen Gesellschaft für Auswärtige Politik, München 1958 ff.
Besson, Waldemar: Die Außenpolitik der Bundesrepublik. Erfahrungen und Maßstäbe, München 1970.
Bierling, Stephan: Die Außenpolitik der Bundesrepublik Deutschland. Normen, Akteure, Entscheidungen, München/Wien 1999.

Biermann, Rafael: Zwischen Kreml und Kanzleramt. Wie Moskau mit der deutschen Einheit rang, Paderborn u. a. 1997.
Bingen, Dieter: Die Polenpolitik der Bonner Republik von Adenauer bis Kohl 1949–1991, Baden-Baden 1998.
Blumenwitz, Dieter: Die Überwindung der deutschen Teilung und die Vier Mächte, Berlin 1990.
Brand, Christoph-Matthias: Souveränität für Deutschland. Grundlagen, Entstehungsgeschichte und Bedeutung des Zwei-plus-Vier-Vertrages vom 12. September 1990, Köln 1993.
Buchheim, Christoph: Die Wiedereingliederung Westdeutschlands in die Weltwirtschaft 1945–1958, München 1990.
Buchheim, Hans: Deutschlandpolitik 1949–1972. Der politisch-diplomatische Prozeß, Stuttgart 1984.
Cioc, Marc: Pax Atomica. The Nuclear Defense Debate in West Germany During the Adenauer Era, New York 1988.
Conze, Eckart: Die gaullistische Herausforderung. Deutsch-französische Beziehungen in der amerikanischen Europapolitik 1958–1963, München 1995.
Daalder, Ivo H.: The Nature and Practice of Flexible Response: NATO Strategy and Theater Nuclear Forces Since 1967, New York 1991.
Das Gupta, Amit: Handel, Hilfe, Hallstein-Doktrin. Die deutsche Südasienpolitik unter Adenauer und Erhard 1949–1966, Husum 2004.
Deuerlein, Ernst: Die Einheit Deutschlands, Bd. 1: Die Erörterungen und Entscheidungen der Kriegs- und Nachkriegskonferenzen 1941–1949. Darstellung und Dokumentation, Frankfurt a. M./Berlin ²1961.
Doering-Manteuffel, Anselm: Die Bundesrepublik Deutschland in der Ära Adenauer. Außenpolitik und innere Entwicklung 1949–1963, Darmstadt ²1988.
End, Heinrich: Zweimal deutsche Außenpolitik. Internationale Dimensionen des innerdeutschen Konflikts 1949–1972, Köln 1973.
Engel, Ulf: Die Afrikapolitik der Bundesrepublik Deutschland 1949–1999. Rolle und Identitäten, Münster u. a. 2000.
Engelmann, Roger: Annäherung und Abgrenzung. Aspekte deutsch-deutscher Beziehungen 1956–1969, München 1993.
Eschenburg, Theodor u. a.: Geschichte der Bundesrepublik Deutschland, 5 Bde. in 6, Stuttgart/Wiesbaden 1981–87.
Fischer, Frank: „Im deutschen Interesse". Die Ostpolitik der SPD von 1969 bis 1989, Husum 2001.
Fröhlich, Stefan: „Auf den Kanzler kommt es an": Helmut Kohl und die deutsche Außenpolitik. Persönliches Regiment und Regierungshandeln vom Amtsantritt bis zur Wiedervereinigung, Paderborn u. a. 2001.
Fursdon, Edward: The European Defense Community: A History, London/Basingstoke 1980.
Gaddum, Eckart: Die deutsche Europapolitik in den achtziger Jahren. Interessen, Konflikte und Entscheidungen der Regierung Kohl, Paderborn u. a. 1994.
Gardner Feldman, Lily: The Special Relationship between West Germany and Israel, Boston u. a. 1984.

Garton Ash, Timothy: Im Namen Europas. Deutschland und der geteilte Kontinent, München/Wien 1993.
Gillingham, John: Coal, Steel, and the Rebirth of Europe. 1945–1955. The Germans and French from Ruhr Conflict to Economic Community, Cambridge u. a. 1991.
Görtemaker, Manfred: Geschichte der Bundesrepublik Deutschland. Von der Gründung bis zur Gegenwart, München 1999.
Hacke, Christian: Die Außenpolitik der Bundesrepublik Deutschland. Weltmacht wider Willen?, Neuausg. Frankfurt a. M./Berlin 2003.
Hacker, Jens: Deutsche Irrtümer. Schönfärber und Helfershelfer der SED-Diktatur im Westen, Berlin/Frankfurt a. M. 1992.
Haftendorn, Helga: Sicherheit und Stabilität. Außenbeziehungen der Bundesrepublik zwischen Ölkrise und NATO-Doppelbeschluß, München 1986.
Dies.: Deutsche Außenpolitik zwischen Selbstbeschränkung und Selbstbehauptung 1945–2000, Stuttgart/München 2001.
Hajnicz, Artur: Polens Wende und Deutschlands Vereinigung. Die Öffnung zur Normalität 1989–1992, Paderborn u. a. 1995.
Hanrieder, Wolfram F.: Deutschland, Europa, Amerika. Die Außenpolitik der Bundesrepublik Deutschland 1949–1989, Paderborn u. a. 1991.
Hennecke, Hans Jörg: Die dritte Republik. Aufbruch und Ernüchterung, München 2003.
Hertle, Hans-Hermann: Chronik des Mauerfalls. Die dramatischen Ereignisse um den 9. November 1989, Berlin 1996.
Herzfeld, Hans: Berlin in der Weltpolitik 1945–1970, Berlin/New York 1973.
Hillgruber, Andreas: Deutsche Geschichte 1945–1982. Die „Deutsche Frage" in der Weltpolitik, Stuttgart [4]1983.
Ders.: Europa in der Weltpolitik der Nachkriegszeit 1945–1963, München [2]1993.
Hogrefe, Jürgen: Gerhard Schröder. Ein Portrait, Berlin 2002.
Kapstein, Ethan B.: The Insecure Alliance. Energy Crises and Western Politics Since 1944, New York/Oxford 1990.
Kilian, Werner: Die Hallstein-Doktrin. Der diplomatische Krieg zwischen der BRD und der DDR 1955–1973. Aus den Akten der beiden deutschen Außenministerien, Berlin 2001.
Korte, Karl-Rudolf u. a.: Geschichte der deutschen Einheit, 4 Bde., Stuttgart 1998.
Künzel, Matthias: Bonn und die Bombe. Atomwaffenpolitik von Adenauer bis Brandt, Frankfurt a. M. 1992.
Küsters, Hanns Jürgen: Die Gründung der Europäischen Wirtschaftsgemeinschaft, Baden-Baden 1982.
Laitenberger, Volker: Ludwig Erhard. Der Nationalökonom als Politiker, Göttingen 1986.
Lehmann, Hans Georg: Der Oder-Neiße-Konflikt, München 1979.
Lister, Marjorie: The European Community and the Developing World, Aldershot u. a. 1988.
Loth, Wilfried: Die Teilung der Welt 1941–1955. Geschichte des Kalten Krieges, München [7]1989.

Ders.: Der Weg nach Europa. Geschichte der europäischen Integration 1939–1957, Göttingen 1991.
Mahncke, Dieter: Nukleare Mitwirkung. Die Bundesrepublik Deutschland in der atlantischen Allianz 1954–1970, Berlin/New York 1972.
Militärgeschichtliches Forschungsamt (Hrsg.): Aspekte der deutschen Wiederbewaffnung bis 1955, Boppard 1975.
Morsey, Rudolf: Die Bundesrepublik Deutschland. Entstehung und Entwicklung bis 1969, München ⁴2000.
Ders./Repgen, Konrad (Hrsg.): Adenauer-Studien, 5 Bde., Mainz 1971–86.
Noack, Paul: Das Scheitern der Europäischen Verteidigungsgemeinschaft. Entscheidungsprozesse vor und nach dem 30. August 1954, Düsseldorf 1977.
Nolte, Ernst: Deutschland und der Kalte Krieg, München ²1985.
Nuttall, Simon J.: European Political Co-Operation, Oxford 1992.
Potthoff, Heinrich: Im Schatten der Mauer. Deutschlandpolitik 1961 bis 1990, Berlin 1999.
Reed, Jr., John A.: Germany and NATO, Washington 1987.
Rödder, Andreas: Die Bundesrepublik Deutschland 1969–1990, München 2004.
Rühl, Lothar: Mittelstreckenwaffen in Europa: Ihre Bedeutung in Strategie, Rüstungskontrolle und Bündnispolitik, Baden-Baden 1987.
Rupps, Martin: Helmut Schmidt. Eine politische Biographie, Stuttgart/Leipzig 2002.
Schmid, Günther: Entscheidung in Bonn. Die Entstehung der Ost- und Deutschlandpolitik 1969/70, Köln 1979.
Schöllgen, Gregor: Die Macht in der Mitte Europas. Stationen deutscher Außenpolitik von Friedrich dem Großen bis zur Gegenwart, München ²2000.
Ders.: Geschichte der Weltpolitik von Hitler bis Gorbatschow 1941–1991, München 1996.
Ders.: Willy Brandt. Die Biographie, Taschenbuchausg. München 2003.
Ders.: Der Auftritt. Deutschlands Rückkehr auf die Weltbühne, München 2003.
Schwarz, Hans-Peter (Hrsg.): Handbuch der deutschen Außenpolitik, München ²1976.
Ders.: Adenauer, 2 Bde., Stuttgart 1986–91.
Siebenmorgen, Peter: Gezeitenwechsel. Aufbruch zur Entspannungspolitik, Bonn 1990.
Staadt, Jochen: Die geheime Westpolitik der SED 1960–1970. Von der gesamtdeutschen Orientierung zur sozialistischen Nation, Berlin 1993.
Stent, Angela: From Embargo to Ostpolitik. The Political Economy of West German-Soviet Relations, 1955–1980, Cambridge u. a. 1981.
Stromseth, Jane E.: The Origins of Flexible Response. NATO's Debate over Strategy in the 1960s, Houndmills u. a. 1988.
Thoß, Bruno (Hrsg.): Vom Kalten Krieg zur deutschen Einheit. Analysen und Zeitzeugenberichte zur deutschen Militärgeschichte 1945 bis 1995, München 1995.
Troche, Alexander: „Berlin wird am Mekong verteidigt." Die Ostasienpolitik der Bundesrepublik in China, Taiwan und Süd-Vietnam 1954–1966, Düsseldorf 2001.

Urwin, Derek W.: The Community of Europe: A History of European Integration since 1945, London/New York 1991.
Weber, Hermann: Die DDR 1945–1990, München [3]2000.
Weilemann, Peter: Die Anfänge der Europäischen Atomgemeinschaft. Zur Gründungsgeschichte von EURATOM 1955–1957, Baden-Baden 1983.
Weingardt, Markus A.: Deutsche Israel- und Nahostpolitik. Die Geschichte einer Gratwanderung seit 1949, Frankfurt a. M. 2002.
Zelikow, Philip/Rice, Condoleezza: Sternstunde der Diplomatie. Die deutsche Einheit und das Ende der Spaltung Europas, Berlin 1997.
Zündorf, Benno: Die Ostverträge. Die Verträge von Moskau, Warschau, Prag, das Berlin-Abkommen und die Verträge mit der DDR, München 1979.

Gregor Schöllgen im Verlag C. H. Beck

Geschichte der Weltpolitik von Hitler bis Gorbatschow 1941–1991

1996. 573 Seiten mit 14 Abbildungen. Leinen

„Die Darstellung ist stets kenntnisreich, auf der Höhe der zeitgeschichtlichen Forschung, präzise und auf das wesentliche orientiert... Schöllgen bewährt sich in diesem Buch als zuverlässiger Chronist der Nachkriegszeit mit geschliffener Sprache und glänzender Erzähltechnik."
Süddeutsche Zeitung

„Der Historiker Schöllgen hat den großen Wurf gewagt: ... Ein großartiges Panorama der Ereignisse ... Das Buch ist überreich an richtigen Informationen über die wichtigsten Problemfelder. Es ist sehr gut geschrieben, konzentriert und doch leserfreundlich."
Berliner Zeitung

Ulrich von Hassell 1881–1944

Ein Konservativer in der Opposition
2004. Aktualisierte Neuausgabe. 280 Seiten mit 12 Abbildungen. Paperback
Beck'sche Reihe Band 1560

„Die stilistisch brillante Biographie des Erlanger Historikers ist nicht nur ein Beitrag zur Erforschung des Widerstandes im Dritten Reich, sondern zugleich ein Lesevergnügen ersten Ranges."
Süddeutsche Zeitung

„Schöllgens Buch erweist den hohen Rang einer politischen Biographie und ist ein gewichtiger Beitrag zum Problem der Kontinuitäten wie der Brüche in der deutschen Zeitgeschichte; zu seinen Verdiensten gehört auch, dass es zu vertiefendem Nachdenken über Nationalstaat und Nationalismus insgesamt anregt."
Frankfurter Allgemeine Zeitung

Max Weber

1998. 188 Seiten mit 7 Abbildungen. Paperback
Beck'sche Reihe Band 544
Reihe Denker
Herausgegeben von Otfried Höffe

„Gregor Schöllgen hat eine originelle und brisante Studie vorgelegt."
Der Tagesspiegel

Verlag C. H. Beck München